公司银行业务管理丛书

丛书总主编：黎玖高

公司银行业务：
衍生金融工具

林 晓 主编

经济科学出版社

责任编辑:王长廷　袁　溦
责任校对:王凡娥
版式设计:代小卫
技术编辑:邱　天

图书在版编目(CIP)数据

公司银行业务:衍生金融工具/林晓主编. -- 北京:经济科学出版社,2010.6

(公司银行业务管理丛书)

ISBN 978 - 7 - 5058 - 9457 - 0

Ⅰ.①公… Ⅱ.①林… Ⅲ.①商业银行—银行业务 Ⅳ.①F830.33

中国版本图书馆 CIP 数据核字(2010)第 096954 号

公司银行业务:衍生金融工具
林晓　主编
经济科学出版社出版、发行　新华书店经销
社址:北京市海淀区阜成路甲 28 号　邮编:100142
编辑室电话:88191336　　发行部电话:88191540
网址:www.esp.com.cn
电子邮件:esp@esp.com.cn
北京密兴印刷厂印装
787×1092　16 开　15.75 印张　290000 字
2010 年 7 月第 1 版　　2010 年 7 月第 1 次印刷
ISBN 978 - 7 - 5058 - 9457 - 0　　定价:66.00 元
(图书出现印装问题,本社负责调换)
(版权所有　翻印必究)

前　　言

综观全球银行业的发展，任何一个银行都至少有两个业务条线是少不了要开展衍生金融活动的，一个是银行的资金业务条线，另一个则是公司银行业务条线（也叫公司金融业务条线，或对公业务条线等）。而且，在公司银行业务领域，衍生金融产品或工具的运用已越来越显示其必要性和重要性。据统计，在世界最大的500家公司中，超过99%的公司目前都在利用衍生金融工具，来更好地管理汇率、利率和商品价格等市场因素波动所产生的风险。

在公司银行业务领域，传统型业务人员总以为衍生金融产品非常复杂和神秘，不敢大胆地尝试和运用。其实，根据我们的经验和经历，只要有机会实际应用几次，任何人都能掌握几种基本的衍生金融工具。人们普遍都不理解这样一个事实：在金融市场中，许多常常使用衍生金融工具的人并不精通高等数学。对他们来说，重要的不是掌握高等数学知识，而是掌握如何在实践中应用衍生金融工具，从而为客户的风险管理、投资决策和交易战略选择提供新的解决方案。

本书的写作目的就是，针对公司银行业务领域的现实需要，通过一系列实例、案例和图表的浅近讲解和分析，来帮助读者一步一步地了解最常用的几种衍生金融产品，并最终掌握设计和执行最佳应用方案的本领。相对于市面上的同类书籍，本书最突出的特色是真正立足于公司银行业务人员的现有知识结构，完全避免了烦琐的数学运算和数学模型。本书是中国银行业近百万公司银行从业人员学习衍生金融工具的首选，也适合银行资金管理人员和其他业务条线人员学习和参考。

林　晓

2010年5月

目录

第1章 市场背景 (1)
几种基本的衍生金融产品 (1)
市场参与者 (2)
衍生金融产品的起源与发展 (4)
衍生金融产品的现代场外交易市场 (7)
交易所中进行的期货与期权合约交易 (9)
本章小结 (10)

第2章 股票与货币远期 (11)
概述 (11)
远期价格 (12)
远期外汇交易 (15)
货币风险管理 (16)
利用远期外汇交易规避货币风险 (17)
远期汇率 (18)
远期外汇交易的点差 (20)
外汇互换 (21)
外汇互换的应用 (22)
本章小结 (22)

第3章 远期利率协议 (24)
概述 (24)
远期利率协议的应用:公司借款人 (24)
远期利率协议交易 (29)
远期利率 (30)
本章小结 (31)

第 4 章　商品和债券期货 ………………………………………… (32)

　　概述 ……………………………………………………………… (32)
　　商品期货 ………………………………………………………… (34)
　　债券期货 ………………………………………………………… (36)
　　最便宜可交割债券 ……………………………………………… (39)
　　本章小结 ………………………………………………………… (39)

第 5 章　利率期货与股票指数期货 ……………………………… (41)

　　概述 ……………………………………………………………… (41)
　　利率期货 ………………………………………………………… (41)
　　股票指数期货 …………………………………………………… (45)
　　保证金制度 ……………………………………………………… (47)
　　单一股票期货 …………………………………………………… (49)
　　本章小结 ………………………………………………………… (50)

第 6 章　利率互换 ………………………………………………… (52)

　　概述 ……………………………………………………………… (52)
　　英镑利率互换 …………………………………………………… (52)
　　美元利率互换 …………………………………………………… (55)
　　利率互换工具的应用 …………………………………………… (56)
　　互换利率与信用风险 …………………………………………… (58)
　　交叉货币利率互换 ……………………………………………… (59)
　　本章小结 ………………………………………………………… (62)

第 7 章　股权与信用违约互换 …………………………………… (64)

　　股权互换 ………………………………………………………… (64)
　　股权互换的其他应用 …………………………………………… (65)
　　股票指数互换 …………………………………………………… (67)
　　信用违约互换 …………………………………………………… (69)
　　本章小结 ………………………………………………………… (72)

第 8 章　期权的相关基本知识 …………………………………… (73)

　　概述 ……………………………………………………………… (73)
　　看涨期权合约的内在价值和时间价值 ………………………… (74)

看跌期权的内在价值和时间价值 …………………………………… (78)
本章小结 ………………………………………………………………… (81)

第9章 利用期权工具避险 …………………………………………… (82)

概述 ………………………………………………………………………… (82)
再论利用远期工具避险 ………………………………………………… (83)
保护性看跌期权战略 …………………………………………………… (85)
保护性看跌期权战略的损益 …………………………………………… (86)
股票上下限战略 ………………………………………………………… (88)
权利金等于标的资产远期价格的上下限战略 ……………………… (91)
基于障碍期权的保护性看跌期权战略 ……………………………… (93)
卖出有保护之看涨期权合约战略(买标的—卖期权) ……………… (95)
本章小结 ………………………………………………………………… (96)

第10章 交易所中交易的股票期权合约 ……………………………… (98)

概述 ………………………………………………………………………… (98)
伦敦国际金融期货与期权交易所中交易的英国股票期权合约 …… (99)
股票期权：从买方的角度分析期权合约交易的损益 ……………… (101)
美国股票期权合约 ……………………………………………………… (102)
标准普尔500指数期货期权 …………………………………………… (103)
金融时报100种股票指数期权 ………………………………………… (105)
金融时报100种股票指数看涨期权合约交易的损益情况 ………… (106)
行使金融时报100种股票指数期权 …………………………………… (107)
本章小结 ………………………………………………………………… (108)

第11章 外汇期权 ………………………………………………………… (110)

概述 ………………………………………………………………………… (110)
外汇期权与外汇远期 …………………………………………………… (111)
避险和不避险的结果比较 ……………………………………………… (112)
零成本上下限避险战略 ………………………………………………… (114)
降低利用期权工具规避汇率风险而必须承担的权利金成本 ……… (116)
复合期权 ………………………………………………………………… (117)
交易所中交易的货币期权合约 ………………………………………… (118)
卖出有保护之看涨货币期权合约 ……………………………………… (121)

本章小结 ………………………………………………………… (123)

第12章 利率期权 ……………………………………………… (124)

概述 ……………………………………………………………… (124)
场外交易市场中的利率期权产品 ……………………………… (125)
利率上限、利率下限与利率上下限 …………………………… (128)
互换期权 ………………………………………………………… (130)
欧洲美元利率期货期权 ………………………………………… (132)
欧元与英镑利率期货期权 ……………………………………… (133)
债券期权 ………………………………………………………… (134)
本章小结 ………………………………………………………… (137)

第13章 期权合约的定价 ……………………………………… (138)

概述 ……………………………………………………………… (138)
预期支付的概念 ………………………………………………… (139)
布莱克—斯科尔斯模型要求的信息 …………………………… (141)
历史波动率 ……………………………………………………… (142)
隐含波动率 ……………………………………………………… (144)
股价模拟 ………………………………………………………… (146)
看涨与看跌期权合约的价格 …………………………………… (147)
外汇期权合约的定价 …………………………………………… (150)
利率期权合约的定价 …………………………………………… (152)
本章小结 ………………………………………………………… (153)

第14章 期权合约价格的敏感度 ……………………………… (154)

概述 ……………………………………………………………… (154)
δ 值 ………………………………………………………… (155)
γ 值 ……………………………………………………… (158)
θ 值 ……………………………………………………… (161)
K 值 …………………………………………………………… (162)
ρ 值 ………………………………………………………… (163)
期权合约价格敏感度指标的正负号 …………………………… (164)
本章小结 ………………………………………………………… (165)

第15章　期权合约交易风险管理 (166)

概述 (166)

看涨期权空头的 δ 风险 (166)

德尔塔避险与 γ 指标 (168)

持有看涨期权空头的利润 (170)

追赶 δ (171)

德尔塔避险法的局限性 (173)

本章小结 (174)

第16章　期权合约交易战略 (175)

概述 (175)

牛市价差战略 (176)

买入二元期权合约 (177)

熊市价差战略 (180)

熊市价差头寸 (181)

熊市比率价差战略 (182)

多头跨式组合战略 (183)

买入后定期权合约战略 (185)

空头跨式组合战略 (187)

伽玛(γ)风险管理 (189)

日历价差战略 (190)

本章小结 (191)

第17章　可转换债券与可交换债券 (193)

概述 (193)

可转换债券的投资者 (194)

可转换债券的发行者 (195)

可转换债券价值的衡量指标 (196)

转换溢价与平价 (198)

可转换债券价值的其他影响因素 (199)

参与率 (200)

强制性可转换和可交换债券 (202)

强制性可交换债券的有效利用 (203)

本章小结 (205)

第18章　结构性证券举例 ………………………………………（206）

概述 …………………………………………………………………（206）

股票挂钩债券 ………………………………………………………（207）

100%资本保护股票挂钩债券的到期价值 ………………………（208）

100%参与率股票挂钩债券 ………………………………………（209）

投资回报封顶的100%资本保护和参与率股票挂钩债券 ………（210）

平均价格股票挂钩债券 ……………………………………………（212）

锁住临时收益 ………………………………………………………（213）

资产证券化 …………………………………………………………（214）

合成资产证券化 ……………………………………………………（216）

本章小结 ……………………………………………………………（218）

附录　金融指标计算 ………………………………………………（219）

资金的时间价值 ……………………………………………………（219）

终值(FV) ……………………………………………………………（220）

约当年利率 …………………………………………………………（221）

现值(PV) ……………………………………………………………（222）

投资回报率 …………………………………………………………（224）

利率期限结构 ………………………………………………………（225）

远期利率的计算 ……………………………………………………（225）

远期利率与远期利率协议 …………………………………………（227）

远期利率与利率互换 ………………………………………………（228）

布莱克—斯科尔斯期权合约定价模型 ……………………………（231）

历史波动率 …………………………………………………………（232）

参考文献 ………………………………………………………………（235）

第1章

市场背景

几种基本的衍生金融产品

衍生金融产品是一种资产，其价值依赖于其他资产(称作标的资产)的价值。想象一下，你签署了一份法律合同，通过支付一笔权利金，你获得了这样一项权利：在随后3个月内的任何时间，以100美元的固定价格购买一定数量的黄金。目前，世界市场上黄金的价值是90美元。你签署的实际上是一张期权合约，产生了一种金融产品叫期权，它的标的资产是黄金。如果黄金的价值有所提高，期权的价值也将提高，因为期权赋予你按合约规定价格购买标的资产的权利(但不是义务)。

例如，假设黄金的市场价格在期权合约签署后的几周内猛涨，合约项下的那些黄金目前价值150美元。黄金价值的升高将带动期权合约的价值也升高。如果你此时决定行使期权合约赋予你的权利，以100美元的价格买入黄金，你转手就能赚到50美元的差价。相反，如果黄金的价格大幅下跌，导致合约项下的黄金只值50美元。这时，期权合约变得毫无价值，你绝不会行使它赋予的权利。

衍生金融产品的标的资产范围很广，包括黄金和白银，小麦和橙汁等商品，石油和天然气等能源，股票、债券和外汇等金融资产。无论标的资产是什么，衍生金融产品与它的联系都是价值。按固定价格购买股票的期权，其标的资产是股票，因为一旦股票价格上涨，期权的价值也将相应提高。

目前，衍生金融产品种类繁多。它们的交易在有组织的交易所或所谓的场外交易市场进行。在场外交易市场，交易通过电话或电子媒体完成。令人高兴的是，更为复杂的衍生金融产品都是建立在以下基本的衍生产品基础上：

远期合约。远期合约由交易双方直接签订。交易一方同意在未来某个确定的日期,按约定的固定价格买入标的商品或金融资产。交易另一方同意按约定价格卖出标的商品或资产。远期合约对交易双方都具有法律约束力。交易双方都承担着必须严格履行合约义务的法律责任,无论交割时标的商品或资产的价值如何。由于远期合约是由交易双方直接协商签署的,因此他们可以根据需要拟定合约的具体条款。然而,违约风险依然存在,即交易一方可能拒绝履行合约义务。

期货合约。期货合约在本质上与远期合约相同,只是期货合约交易要在有组织的交易所中进行,而不是由交易双方直接协商进行。交易一方同意在未来某个确定的日期或某段时间内,按合约规定的固定价格卖出标的商品或金融资产。交易另一方同意按合约条款买入标的资产。交易双方都担负着必须严格履行合约义务的法律责任。期货合约与远期合约的主要区别在于:(1)期货合约的相关违约风险由于清算所的担保,而得到了有效规避;(2)期货合约有标准化的格式;(3)损益每日结算。

互换合约。互换合约指交易双方约定,在未来某个确定的日期互换某种资产。互换交易在场外交易市场进行,因此具有违约风险。互换工具被普遍用于规避利率、汇率和价格波动风险。例如,当公司按浮动利率向银行借款时,为了防范利率升高导致借款成本增大的风险,公司可以利用互换工具锁定借款利率。①

期权合约。期权总体上分为看涨期权和看跌期权两类。看涨期权,也叫买方期权,其买方有权在未来某个确定日期,按预定价格买入标的资产。看跌期权,也叫卖方期权,其买方有权在未来某个日期,按预定价格卖出标的资产。为了得到期权赋予的权利,期权买方必须支付一笔权利金给期权的卖方。期权买方可根据具体情况,自主决定行使或不行使期权赋予的权利。期权交易可以在场外交易市场上进行,也可以在有组织的交易所中进行。交易所提供的期权合约通常有标准化的格式,一些交易所还引入了某些条款可由交易双方自主拟定的期权合约。

市场参与者

衍生金融产品在商业和金融领域的应用十分广泛。衍生金融产品市场的主要参与者可分为四类:交易商、避险者、投机者和套利者。在不同的市场环境下,同一个人或组织可能同时充当着几个不同的角色。大量的个人和组织以多种方式支持着衍生金融产品市场。

交易商。衍生金融合约的买卖方是在大型银行和证券交易所工作的交易商。

---

① 虽然互换合约经常被认为是基本的衍生金融产品,但它实际上是由一系列远期合约组成的。

衍生金融合约的交易同时在交易所或场外交易市场中进行。在大型投资银行,衍生金融合约的买卖如今已成为高度专门化的事务。营销和销售人员将客户的需要转达给这方面的专家,然后专家利用远期、期货、互换和期权等衍生金融产品满足客户的需要。银行在为其客户提供专门产品时所承担的风险,由银行中负责衍生金融产品交易账簿的交易商管理。同时,风险管理人员负责监控银行面临的整体风险水平,数量分析师负责设计给新产品定价所需的工具。

避险者。公司、投资机构、银行和政府都在利用衍生金融产品,降低利率、股价、债券价格、货币汇率和商品价格等市场变量波动的风险。例如,一位农场主卖出期货合约,以在未来某个确定的日期按合约价格出售农产品。这张期货合约的买方可能是希望在未来以某个价格购买生产原料的食品加工公司。再如,一家公司将在未来某个日期收到一笔外币货款,为了避免因汇率波动而遭受损失,该公司与银行签署了一张远期合约,承诺按合约规定的汇率将外币兑换成本币。这家公司也可以购买一张期权合约,使自己拥有按某个汇率卖出外币的权利,而不是义务。

投机者。衍生金融产品很好地满足了投机者的需要,他们利用商品价格、金融资产价格、利率、股价和货币汇率等市场变量的波动赚取收益。通常而言,与实际买卖标的商品或资产相比,借助衍生金融产品进行投机买卖的风险和成本要小得多,但潜在收益却大得多。例如,一名交易商预测,某商品的市场价格将因需求增加或供给减少而升高。由于立即购买并储存该商品的成本很高,该交易商决定购买一张期货合约,同意在未来某个确定的日期按合约规定的价格买入商品。如果商品的价格升高,合约的价值也将增大,交易商转手就能获利。

套利者。套利是指利用市场价差赚取无风险利润的交易。例如,交易商在一个地区以较低的价格买入资产,并同时安排在另一个地区以较高的价格卖出资产。这种机会不可能持续很长时间,因为随着越来越多的套利者到价格较低地区采购,资产在该地区的价格将不断提高直到与其他地区持平。在衍生金融产品的交易中,套利机会出现的原因通常是,一种产品可以由其他产品通过不同方式组合而成。如果产品的卖价高于其构成产品的买入成本之和,无风险利润就会产生。实际上,由于交易成本的存在,只有较大的市场玩家才能从套利机会中获利。

此外,还有一些个人和组织,他们发挥着支持衍生金融产品市场和帮助确保交易有序、高效进行的作用。例如,那些不是期货和期权交易所成员的个人,他们必须委托经纪人出面替他们完成交易。经纪人是实际交易商的代理,他们就自己提供的服务收取一定的费用或佣金。衍生金融交易通常由政府指定的监管机构监督和管理。例如,1974年,美国国会成立了商品期货交易委员会(Commodity Futures Trading Commission,CFTC),该委员会是专门负责监管美国商品期货和期权市场的独立机构。

市场参与者也建立了他们自己的支持与自我监管机构,如国际互换与衍生金融产品协会(International Swaps and Derivatives Association,ISDA)和美国全国期货协会(National Futures Association,NFA)等。路透社(Reuters)和彭博社(Bloomberg)等电子新闻服务机构将交易所的交易信息定期在全世界范围内进行报告和发布。信息技术公司为市场提供了包括衍生金融产品估价、交易商报价发布和交易记录与结算系统在内的必备基础设施。

衍生金融产品的起源与发展

衍生金融产品的历史非常悠久。古希腊哲学家亚里士多德(Aristotle,公元前384~前322年)在《政治学》(Politics)第一卷中叙述了这样一个故事:

一年冬季的一天,古希腊哲学家泰勒斯(Thales)夜观天象,推算出橄榄在来年春天将获得大丰收。于是,他当即决定用自己的所有积蓄换取在来年旺季众多橄榄压榨机的使用权。由于当时是淡季,所以他支付的租用费很低。当第二年春天橄榄获得大丰收时,每个人都在四处寻找可租用的压榨机。这时,泰勒斯开始行使他的使用权,他将自己租来的压榨机以很高的价格转租,结果赚了一大笔钱。

最终,泰勒斯向世界证明了,只要哲学家愿意,他们可以很容易地成为富翁。然而,亚里士多德却不以为然。他认为,泰勒斯是靠垄断橄榄压榨机租赁市场,而不是巧妙地利用橄榄丰收前景实现了致富。我们暂且不去讨论这一观点的对错,泰勒斯的做法至少表明,期权合约交易很早就出现了。

远期和期货合约交易的历史同期权一样悠久。在中世纪的欧洲集市上,卖家就曾签订过承诺在未来某个日期交割货物的契约。商品期货可以追溯到17世纪在日本大阪市进行的大米交易。当时,日本的封建领主收取大米形式的地租,然后再把大米拿到市场上竞价销售,以换取现金。竞价成功的人会得到封建领主签发的凭据。这种凭据可以自由转让。随着不断的发展,直接签署标准的大米合约变成了可能,类似于现今的期货合约。买方支付相当于合约项下大米价值很小比例的一笔定金,卖方承诺出售大米。除了交易商,大米市场还吸引了投机者,以及力图规避大米市价波动风险的避险者。

17世纪的荷兰见证了一场令人不可思议的郁金香热潮。荷兰人民显然极其喜爱他们的国花,郁金香花球的价格由于公众狂热的买卖不断攀高。在阿姆斯特丹,一株花球在1637年2月曾一度卖到6 700荷兰盾,"同阿姆斯特丹运河边带走廊、带花园的漂亮房子一样贵"。疯狂的种植者通过买入看跌期权合约和卖出期货合约,保证自己能以较好的价格卖出郁金香花球。疯狂的分销商则通过买入看涨期权合约和期货合约,保护自己避免遭受价格上涨导致的潜在损失。疯狂的零售商购买看涨期权合约,来保证自己在需要时能以一个合理的价格收购郁金香。此外,投机者也很快加入进来,他们想利用不同地区的价差获取利润。

随着伦敦取代阿姆斯特丹成为欧洲的金融中心,伦敦市场上也开始出现衍生金融产品交易。然而,衍生金融产品的发展引起了争议。19世纪20年代,伦敦证券交易所的一些成员公然对期权合约交易提出了指责。面对指责,其他成员争论道,期权交易大大增加了交易所的交易量,他们强烈反对任何干预企图。监管伦敦证券交易所的委员会曾打算终止期权合约交易,但最后被迫打消了这个念头,原因是他了解到,一些交易所成员明确表示如果期权合约交易被禁止,他们将共同捐资另外建立一家交易所。与此同时,在美国的纽约证券交易所(New York Stock Exchange)成立后不久,18世纪90年代就出现了股票期权。

1848年,82名芝加哥商人自发成立了芝加哥期货交易所(Chicago Board of Trade,CBOT)。自1851年进行了首笔远期合约交易,远期合约交易很快流行了起来。1865年,由于相继发生了几起远期合约违约事件,该交易所决定对谷物类商品的交易进行规范,推出了标准的期货合约。在该交易所进行谷物类商品交易的买方和卖方都必须缴纳一笔押金作为履约保证金,一旦违约,保证金将被交易所没收,不予退还。期货交易随后还吸引了投机者、食品生产企业和食品加工企业的频繁加入。19世纪末20世纪初,伴随着1870年纽约棉花交易所(New York Cotton Exchange)和1919年芝加哥商业交易所(Chicago Mercantile Exchange,CME)等一大批新交易所的相继成立,期货合约的交易量不断扩大。期货合约的标的资产涉及众多商品和金属。

基于金融资产的期货合约交易出现得较晚。1972年,芝加哥商业交易所率先推出了基于七种外币的期货合约,他们是世界上首批建立在非实物商品基础上的期货合约。之后,芝加哥期货交易所于1975年推出了美国国库券期货合约,并于1982年又推出了与债券期货相联系的、交易所中交易的期权合约。1981年,芝加哥商业交易所又根据欧洲美元利率推出了欧洲美元期货合约,这种期货合约是银行和交易商广泛使用的一种避险工具。这些期货或期权合约交易的损益以现金形式结算,交易双方无须实际交割标的资产。

1973年,芝加哥期货交易所成员成立了芝加哥期权交易所(Chicago Board Options Exchange,BOE),该交易所规范了在正规交易所挂牌交易的股票期权合约,使股票期权交易发生了革命性的变化。在此之前,美国的股票期权合约交易都是在不正规的场外交易市场上进行。芝加哥期权交易所率先推出了基于16只股票的看涨期权合约,而后又于1977年推出了相应的看跌期权合约。期权交易在短短几年的时间内变得如此盛行,以至于其他交易所也开始制定自己的期权合约。1983年,芝加哥期权交易所又推出了股票指数(包括标准普尔500指数)期权合约。令芝加哥期权交易所感到万分庆幸的是,在其成立之时,由费希尔·布莱克(Fischer Black)、迈伦·斯科尔斯(Myron Scholes)和罗伯特·默顿(Robert Merton)共同设计的、被业内奉为标准的期权合约定价模型也正式发表。该模型使期权合约统一定价首次变成了可能。

让我们再回到欧洲,1982年,伦敦国际金融期货与期权交易所(London International Financial Futures and Options Exchange, LIFFE)挂牌成立。1996年与伦敦商品交易所合并后,该交易所也开始提供各种商品期货合约。2002年,伦敦国际金融期货与期权交易所被泛欧证券交易所(Euronext)收购。

伦敦国际金融期货与期权交易所在欧洲的主要竞争对手是,1998年德国期货与期权交易所(Deutsche Terminbörse, DTB)和瑞士期权与金融期货交易所(Swiss Options and Financial Futures Exchange, SOFFEX)合并后组成的欧洲期货交易所(Eurex)。欧洲期货交易所是世界范围内欧元计价衍生金融产品的主要交易市场,同时也是全世界交易量最大的交易所。2003年,该交易所的交易量高达10亿张合约,其中德国政府债券交易占的比例最大。同年,芝加哥商业交易所的交易量为6.402亿张合约。欧洲期货交易所有进军国际市场的野心,他于2004年2月在美国成立了一家完全电子化的期货与期权交易所。

在交易所不断扩大业务的同时,远期、互换和期权合约交易的场外交易市场在过去20年里也呈现出迅猛的发展势头。1982年,首张利率互换合约成功签署。我们可以从下一部分中给出的数据看出,互换合约交易市场如何迅速由小做大(参见表1.1)。如今,许多交易所也将期货合约运用到互换交易中,并且为了防范违约风险,他们还要求第三方提供担保。在场外交易市场中,交易商提供了一系列更为复杂的衍生金融产品,包括障碍期权、棘轮期权、后定期权和数位期权等后来出现的期权产品。

在衍生金融产品发展的漫长历史过程中,普通民众曾多次将它们与金融灾难和金融丑闻联系到一起。1995年,霸菱银行(Barings Bank)之所以突然倒闭,就是因为该银行的交易员尼克·利森(Nick Leeson)在日本股票市场上进行投机交易而造成该银行损失14亿美元。这样的金融丑闻还有很多,有些涉案金额甚至更大。在1998年9月,美联储被迫出面召集多家金融巨头筹集36.25亿美元,以拯救因交易损失巨大而濒临绝境的长期资本管理公司(Long-Term Capital Management),其部分损失与衍生金融产品交易有关。2002年,联合爱尔兰银行(Allied Irish Bank)美国分行因约翰·拉斯奈克(John Rusnack)进行的货币交易而损失了约7亿美元。然而,不可否认的是,这些金融灾难或丑闻发生的根本原因并不是衍生金融产品本身有问题,而是公司的风险控制和管理不力。尽管如此,与发放贷款和买卖债券一样普通的衍生金融产品交易毕竟使金融机构损失了几十亿美元。

衍生金融产品的真正优势在于,它们能促进管理和转移风险。担心谷物市场价格无常波动的农场主能通过签订合适的远期、期货或期权合约,将价格风险转嫁给交易商或愿意承担风险以获取丰厚回报的投机者。为了防范贷款无法收回的风险,银行也可以利用衍生金融产品将风险转移给愿意承担风险以换取更大回报的另一方。在世界范围内,每天都有大量类似这样的交易在进行。

经济学家、诺贝尔经济学奖得主肯尼思·阿罗(Kenneth Arrow)曾考虑过建立一家风险共担机构,让该机构对任何程度和任何类型的风险进行保险的可能性。这样一家机构将促进经济繁荣,因为人们将更敢于从事有风险的活动。此外,他也能提高我们对自然或人为灾害预测的准确性。然而,在肯尼思·阿罗提议的这种机构出现前,衍生金融产品始终将是我们在全球范围内评估、管理和分散风险的有效工具。

衍生金融产品的现代场外交易市场

表1.1展示了,2001年和2002年年底时,场外交易市场中衍生金融产品的交易数据。交易的数额相当大,例如,2002年年底,未平仓利率互换合约的名义本金总额为790 000亿美元。名义本金数额具有误导性,因为许多互换合约的名义本金最终并没有交换,名义本金只是起了计算交易双方应支付数额之基础的作用。2002年年底,利率互换合约的市值是38 600亿美元。若按市值衡量,利率互换合约当时在市场中占的份额最大。

表1.1   全球场外交易市场中衍生金融产品的交易数据

单位:10亿美元

	名义本金数额		总市值	
	2001年12月31日	2002年12月31日	2001年12月31日	2002年12月31日
总和	111 178	141 737	3 788	6 359
外汇合约	16 748	18 470	779	881
远期	10 336	10 723	374	468
交叉货币互换	3 942	4 509	335	337
期权	2 470	3 238	70	76
利率合约	77 568	101 699	2 210	4 267
远期	7 737	8 792	19	22
互换	58 897	79 161	1 969	3 864
期权	10 933	13 746	222	381

续表

	名义本金数额		总市值	
	2001年12月31日	2002年12月31日	2001年12月31日	2002年12月31日
股票挂钩合约	1 881	2 308	205	255
远期与互换	320	364	58	61
期权	1 561	1 944	147	194
商品合约	598	923	75	85
黄金	231	315	20	28
其他商品	367	608	55	57
其他合约	14 384	18 337	519	871

资料来源:BIS Derivatives Market Statistics.

下面,我们进一步从计价币种的角度,对外汇衍生金融品的场外交易市场进行分解,如表1.2所示。在统计涉及每种货币的交易金额时,同一笔交易被当成了两笔交易,其金额实际上被统计了两次。但在统计涉及所有货币的交易(即所有外汇交易)金额(参见表1.2第一行)时,同一笔交易只是一笔交易,其金额未被重复计算。例如,发生了一笔涉及美元与欧元的外汇衍生品交易,交易金额为10万美元。这笔交易既是涉及美元的外汇交易,也是涉及欧元的外汇交易。因此,我们要将涉及美元或欧元的外汇交易的金额分别增加10万美元,但我们只能将涉及所有货币的外汇交易金额增加10万美元。因此,涉及美元和欧元等各种货币的交易金额总和等于涉及所有货币外汇交易金额的两倍。从表1.2中我们可以看出,美元依然占据着主导地位。以美元为计价货币的未平仓外汇衍生金融合约在2002年年底时的名义本金数额比2001年年底时增加了7%。然而,以欧元为计价货币的未平仓合约名义本金数额同期却增长了近23%。

表1.2　　　　全球场外交易市场中外汇衍生金融产品的交易数据　　　　单位:10亿美元

	名义本金数额		总市值	
	2001年12月31日	2002年12月31日	2001年12月31日	2002年12月31日
所有货币	16 748	18 469	779	881
美元	15 410	16 509	704	813
欧元	6 368	7 819	266	429
日元	4 178	4 800	313	189
英镑	2 315	2 462	69	98
瑞士法郎	800	936	28	49
加元	593	701	25	22
瑞典克朗	551	708	18	31
其他币种	3 281	3 003	135	131

资料来源:BIS Derivatives Market Statistics.

最后，我们还从计价币种的角度，分析了全球单一货币利率衍生金融产品的场外交易市场。如表 1.3 所示，欧元利率衍生金融产品的交易近年来增长很快。

表 1.3　　　　全球场外交易市场中单一货币利率衍生金融产品的交易数据

单位：10 亿美元

	名义本金数额		总市值	
	2001 年 12 月 31 日	2002 年 12 月 31 日	2001 年 12 月 31 日	2002 年 12 月 31 日
所有货币	77 568	101 699	2 210	4 267
美元	27 427	34 400	952	1 917
欧元	26 230	38 429	677	1 499
日元	11 799	14 691	304	379
英镑	6 216	7 442	148	252
瑞士法郎	1 362	1 726	21	71
加元	781	828	29	31
瑞典克朗	1 057	1 094	16	26
其他币种	2 696	3 089	63	92

资料来源：BIS Derivatives Market Statistics.

在这些数据发布后，全球场外交易市场中的衍生金融产品交易飞速发展的势头还在延续。据国际清算银行(Bank for International Settlements)统计，截至 2003 年 6 月底，场外交易市场中未平仓衍生金融合约的名义本金数额为 1 697 000 亿美元，较 2002 年 12 月底增长了 20%；市值同期增长 24%，达到 79 000 亿美元。利率互换合约交易占的份额依然最大，未平仓利率互换合约的名义本金数额在 2003 年 6 月底达到 950 000 亿美元。

交易所中进行的期货与期权合约交易

交易所中衍生金融产品交易的发展经历了一段时间的停滞后，在 21 世纪又一次迎来了发展契机。其中，增长较快的是利率期货与期权合约交易。交易的参与者大部分是银行、规避风险的交易商和利用市场利率短期或长期波动牟利的投机者。

表 1.4 展示了 2001 年和 2002 年年底，交易所中未平仓金融期货与期权合约的名义本金数额，以及这两年的全年总成交金额。值得注意的一点是，与场外交易市场相比，在交易所中进行的货币衍生金融产品交易较少。在这一时期，交易所陆续推出了一系列新的股票挂钩产品，促进了交易所中衍生金融产品交易的增长。

截至 2003 年上半年，交易所中未平仓衍生金融合约的名义本金数额较 2002

年 12 月底增长了 61%，大大高于场外交易市场同期实现的 20% 的增长率。利率衍生金融合约的交易表现得最为抢眼，增长率高达 65%。在美国，芝加哥商业交易所面向零售市场成功地推出了基于标准普尔 500 指数的电子迷你型期货合约，大大推动了股票挂钩衍生金融产品交易的发展。

表 1.4　　　　交易所中进行的，基于金融资产的期货与期权合约交易

单位：10 亿美元

	名义本金数额		销售额	
	2001 年 12 月 31 日	2002 年 12 月 31 日	2001 年 12 月 31 日	2002 年 12 月 31 日
所有期货合约	9 673	10 332	446 360	501 918
利率期货	9 265	9 951	420 934	472 201
货币期货	66	47	2 499	2 513
股票指数期货	342	334	22 927	27 204
所有期权合约	14 126	13 542	148 548	191 622
利率期权	12 493	11 760	122 766	154 510
货币期权	27	27	356	423
股票指数期权	1 605	1 755	25 426	36 689

资料来源：BIS Derivatives Market Statistics.

本章小结

衍生金融产品的价值依赖于其他标的资产的价值，标的资产可以是商品、股票、债券或外币等。某些衍生金融产品的交易在有组织的正规交易所进行，某些交易在所谓的场外交易市场中由交易双方直接完成。交易所中进行交易的双方通常要签订标准的合约，并交纳用于结算的保证金。

衍生金融产品主要包含三类：远期与期货、互换以及期权。远期合约是交易双方签订的、关于未来按预定价格交割资产的协议。期货合约实际上等于在交易所签订的远期合约。互换合约是交易双方签订的、关于在某段时间内交换现金流量的协议，它由一系列远期合约组成。期权合约是交易双方签订的，其中一方有权按预定价格买入或卖出标的资产的协议。这些衍生金融产品被广泛用于管理风险、投机买卖和达成无风险或套利交易。目前，全球未平仓衍生金融合约的名义本金数额高达数万亿美元。

第 2 章

股票与货币远期

概　述

　　远期合约是交易双方直接签订的,关于在未来某个确定的日期,按双方商定的价格买卖商品或金融资产的协议。远期合约交易在场外交易市场中进行,交易双方中至少有一方通常是银行或其他类型的金融机构。场外交易使公司和投资机构能根据各自的具体需要拟定合约条款。期货合约的经济效应与远期合约相同,它们的区别在于,期货合约是交易双方在有组织的交易所中签订的标准化合约,而远期合约则是交易双方在场外交易市场中直接签订的非标准化合约。远期交易具有交易对手风险,即交易对方拒绝履行合约规定义务的风险。

　　假设一名交易商签订了一张远期合约,承诺一年后以 100 美元的价格购买一定数量的股票。从此人的角度看,这张合约是远期买入合约。该交易商的潜在收益和损失取决于交割时股票的价格,如图 2.1 所示。例如,如果一年后股票的价格涨至 150 美元,交易商买下股票后转手就能赚取每股 50 美元的利润。然而,如果一年后股票的价格跌为 50 美元,由于交易商必须以 100 美元的价格买入股票,他将遭受每股 50 美元的损失。

　　上述远期合约的另一方(交易对方)承诺,一年后以 100 美元的价格向那名交易商出售股票。从交易对方的角度看,这张合约则是远期卖出合约。如果交割时,股票的价格低于 100 美元,交易对方将获利;反之,如果交割时股票的价格高于 100 美元,交易对方将遭受损失。图 2.2 表明了交割时股票价格与交易对方损益之间的关系。

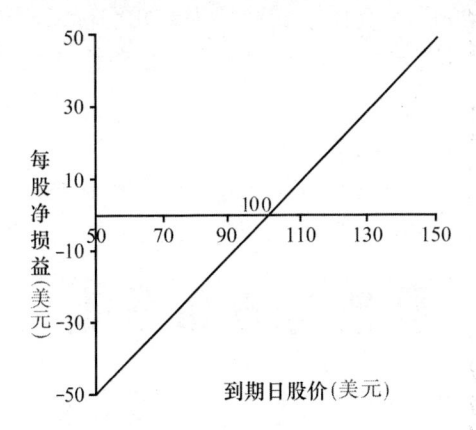

图 2.1　交易商在远期买入合约到期日的损益情况（买价为 100 美元）

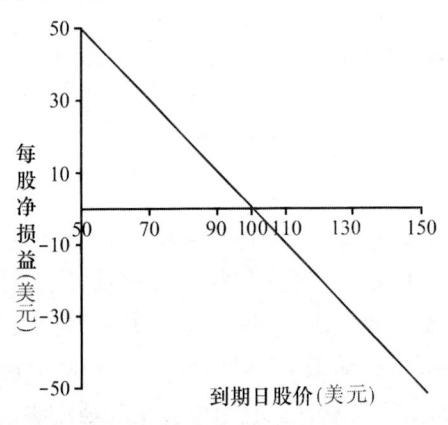

图 2.2　交易商在远期卖出合约到期日的损益情况（卖价为 100 美元）

远期价格

　　签署远期合约的交易双方承诺在未来某个确定的日期，按约定的某一价格（远期价格）买卖标的资产。这里，存在这样一个问题：交易双方商讨决定的远期价格是否公允、合理？为了保证远期价格合理，可以采用现购自持法计算价格。现购自持法假设，交易活跃而高效的市场中不应存在套利机会。套利是指，利用资产价差赚取无风险利润的交易行为。一些商人将这种机会形象地称为"免费的午餐"。

　　下面，让我们通过一个示例，说明如何使用现购自持法计算出合理的远期价格。假设，目前某股票的即期价格是每股 10 美元。即期市场指股票或其他金融产品成交后，交割义务在极短的时间内（1~2 个营业日）即被履行的市场，也叫现货市场。有两名交易商希望签订一张一年后买卖这种股票的远期合约。针对这张远期合约,我们如何确定一个公允的远期价格呢？我们可以向一些研究分析师征求意见,或在分析股价近期走势的基础上预测未来变动趋势,以准确地估计交割时股票最可能的市场价格。问题是,这种定价方法完全是推测性的。如果推测失误,将价格定得过低,卖方将遭受巨大损失。

是否存在一种既能避免这种风险,又能保证远期价格公允的方法？答案是肯定的,我们可以采用现购自持法。假设,我们从银行贷款了10美元,然后到即期市场上购买股票,并持有股票直到远期合约的交割日。一年期贷款的年利率是6%,每股股票每年的股息是0.20美元。一年后,我们必须向银行偿还10美元的本金和0.60美元的利息,0.20美元的股息抵销了借款的部分利息成本。图2.3展示了,为了确保一年后能履行交割义务而持有股票头寸到期引起的现金流动。

现在 ——————————————— 一年后

借款10美元　　　　　　　　　　本金偿还=-10美元
购买1股股票-10美元　　　　　　利息=-0.60美元
　　　　　　　　　　　　　　　股息收入=0.20美元
　　　　　　　　　　　　　　　净现金流量=-10.40美元

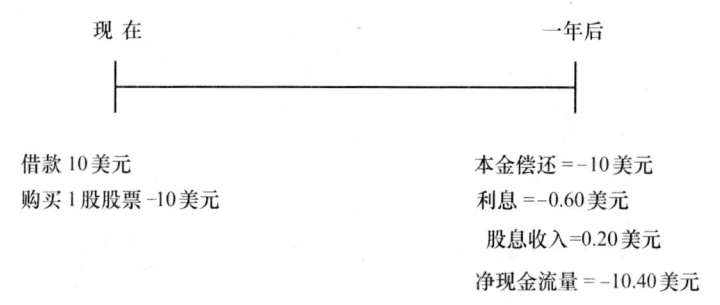

图2.3　持有股票头寸到期导致的现金流动

持有股票一年导致的净现金流量为-10.40美元。因此,为了达到盈亏相抵,远期价格必须不低于10.40美元。因此,根据现购自持法,10.40美元是理论上公允的远期价格。

远期价格的构成要素

前面计算出的理论上公允的远期价格由两部分组成:(1)现购成本,在即期市场上购买股票的成本。(2)自持成本,持有股票头寸到期的净成本。自持成本也包含两部分:应付利息和股息收入。

公允远期价格(10.40美元) = 现购成本(10美元)
　　　　　　　　　　　　　+ 自持成本(0.40美元)
自持成本(0.40美元) = 应付利息(0.60美元)
　　　　　　　　　　- 股息收入(0.20美元)

由于股息收入可以用于再投资,所以自持成本有可能小于0.40美元。假设我们不考虑这一因素,与客户签订了一张远期合约,承诺一年后以10.05美元的固定价格卖出股票。然后,我们用借来的10美元到即期市场上购买了1股股票,并一直持有股票头寸直到远期合约到期。1年后的交割日,我们以10.50美元的价格卖出股票,减去10.40美元的总成本,我们将获得0.10美元的利润(套利利润)。从理论上讲,这一交易不存在风险,虽然从实践上讲,存在交易对方违约的风险。如果我们能以低于0.10美元的成本防范交易对方违约风险,我们实现的才是真正的套利利润。

在现实世界中,这种"免费的午餐"不应持续很长时间。交易商争相进行10.50美元的远期卖出交易,并与此同时到即期市场上用借款筹集的10美元购买股票。这将导致远期价格降至套利机会不复存在的水平,或现货市场上的股票价格升至套利机会不复存在的水平。潜在的套利利润促使远期价格保持在现购自持法计算出的公允水平上下。

如果远期价格低于公允水平,交易商将签订远期买入合约,然后卖空股票。交易商向股票持有人借股,并承诺在未来某个日期如数归还,然后他们到即期市场上出售借来的股票,将出售股票赚到的钱存到货币市场以赚取利息收入。这种交易的大批进行,也将导致远期价格最终升至公允水平。

事实上,即使不存在套利机会,股票和债券等金融资产的实际远期价格也可能在某种程度上偏离基于现购自持法的公允远期价格。这是因为存在交易成本,如经纪人佣金和其他收费等。

对于基于非金融资产的远期合约,现购自持法的适用性如何呢?对于持有目的是投资的黄金和白银这两种非金融资产,现购自持法通常非常适用。然而,对于主要持有目的是消费的商品类非金融资产,使用现购自持法计算其远期合约价格必须格外谨慎。

如果远期合约的标的资产是新鲜水果等商品,现购自持法则完全不适用。因为,存储这些商品以备在未来某个日期交割之用是不切实际的。对于标的资产为石油等商品的远期合约,现购自持法的适用有一定的局限性。石油的即期价格往往高于它的远期价格。很多消费者愿意在即期市场上溢价买入石油,以确保供给不会因故中断。

远期价格与预期支付

资产的远期价格通常被认为是交割日当天资产的预期现货价格。换言之,远期价格是交易双方在签订远期合约时根据他们当时掌握的所有信息,对资产在交割日到来时的实际价格进行的预测。

至少有一个理由能使我们认同这一观点:如果远期价格被歪曲,制定有利可图的交易战略将成为可能。假设远期价格有低估未来实际现货价格的趋势,像往常一样签订远期买入合约的交易商盈利的几率很可能大于亏损的几率。这看似不可能,但根据经济学家约翰·梅纳德·凯恩斯(John Maynard Keynes)提出的论据,这一现象确实存在,交易商因此获得的利润最终还吸引了投机者也加入进来。截至目前,围绕远期价格是否被歪曲这一问题展开的实证调查很多,但调查结果并未得到明确的结论。

如果我们假设资产的远期价格是未来交割日当天资产的预期现货价格,这一假设有重要的隐含意义。远期价格是基于现有信息的预期。远期合约签订后,还会有新信息不断出现。如果新信息是随机的,某些信息将是好消息,其他则是坏消息。因此,在交割日当天,标的资产的现货价格可能高于或低于远期价格。如果新信息确实是随机的,现货价格高于或低于远期价格的几率将等于50:50。所以,远期合约交易盈利或亏损的几率也等于50:50,交易的平均支出约等于零。

签订远期卖出合约的平均支出也等于零。因此,哪一方在签订远期合约时都不应向另一方支付溢价,因为哪一方最初都不具有优势。注意,在期权合约交易中,情况则完全不同。期权的买方要向卖方支付权利金(即溢价),因为买方最初具有一个优势:买方有权在有利条件下履行合约,在不利条件下让合约过期作废。

远期外汇交易

即期外汇交易是按预先协定的汇率将一种货币兑换为另一种货币,且在交易后的第2个营业日完成交割的交易行为。唯一例外的是美元和加元之间的即期外汇交易,它们之间的即期外汇交易在交易后的第1个营业日完成交割。货币的实际交换日期叫作交割日。直接远期外汇交易是指,交易双方约定在未来某个日期(交易达成2个营业日之后),按协定汇率交换两种货币。

虽然两种货币的实际交换在交割日进行,但汇率却是在交易日确定的。广泛参与直接远期外汇交易的机构是,必须在未来某个日期以外币支付款项或预期在未来某个日期收到外币款项的公司。公司可以与银行签订远期外汇合约,预先确定汇率,从而避免不利汇率波动造成的损失。即使交割日当天即期市场上的汇率对公司而言更有利,公司也必须按合约的汇率卖出或买入外币。也就是说,为了防范汇率风险,公司牺牲了有利汇率波动带来的潜在收益。

银行开出的远期直接汇率,建立在两种货币即期汇率和相关利率的基础上。交易商有时将这称为货币头寸的持有成本。事实上,银行在确定远期直接汇率时考虑的是避险成本,即为了规避签订直接远期外汇协议的相关风险而承担的成本。如果交易双方约定的远期汇率偏离理论上公允的远期汇率水平,交易一方将可能获得无风险或套利利润。

货币风险管理

在这一部分,我们通过一个简单的例子,说明直接远期交易的实际应用。一家美国公司向其客户(英国的一家进口公司)出口了一批货物。根据销售合同,英国公司必须在2个月后,向美国公司支付1 000万英镑的货款。

目前,英镑和美元之间的即期汇率是1英镑兑换1.5美元。如果合同要求英国公司立即支付货款,美国公司则可以将收到的1 000万英镑拿到即期外汇市场出售,从而得到1 500万美元。然而,付款时间是两个月以后。如果英镑兑美元汇率在这两个月内出现了下跌,美国公司兑换的美元将少于1 500万,这将导致他的利润率降低。假设,美国公司这笔出口贸易的总成本是1 350万美元,他计划实现不低于10%的利润率。

表2.1展示了2个月后付款时的汇率水平对美国公司利润和利润率的影响。第(1)栏表示英镑兑美元的汇率;第(2)栏表示按即期汇率兑换1 000万英镑得到的美元数额;第(3)栏表示美国公司的利润或亏损,基于该笔交易的总成本是1 350万美元;第(4)栏表示利润率。

表2.1 　　　　　　　　即期汇率对利润和利润率的影响

(1) 即期汇率 (英镑兑美元)	(2) 1 000万英镑兑换 的美元数(美元)	(3) 利润或损失 (美元)	(4) 利润率 (%)
1.0	10 000 000	-3 500 000	-26
1.1	11 000 000	-2 500 000	-19
1.2	12 000 000	-1 500 000	-11
1.3	13 000 000	-500 000	-4
1.4	14 000 000	500 000	4
1.5	15 000 000	1 500 000	11
1.6	16 000 000	2 500 000	19
1.7	17 000 000	3 500 000	26
1.8	18 000 000	4 500 000	33
1.9	19 000 000	5 500 000	41
2.0	20 000 000	6 500 000	48

如果付款时的即期汇率是1英镑兑换1.5美元,美国公司卖出1 000万英镑将

得到1 500万美元,该笔交易的利润是150万美元(1 500万美元－1 350万美元),利润率是11%。如果付款时的即期汇率是1英镑兑换1.4美元,美国公司出售1 000万英镑将只能得到1 400万美元,他实现的利润只有50万美元(1 400万美元－1 350万美元),利润率仅为4%,大大低于10%的预期水平。因此,付款时的即期汇率对公司的获利能力有很大的影响。

当然,英镑兑美元的汇率也可能在2个月内上涨。如果付款时1英镑能兑换1.6美元,美国公司将实现19%的利润率。问题的关键是,公司是否具有准确预测汇率走势所需的专业知识。许多公司认为他们不具备这方面的知识,因此积极地规避汇率风险。接下来,我们将讨论上述那家美国出口公司,如何通过进行直接远期外汇交易来消除汇率风险。

利用远期外汇交易规避货币风险

前面提到的美国出口公司找到其开户银行,与之签署了一张有效期2个月的直接远期外汇合约。协定的远期汇率是1英镑兑换1.4926美元。2个月后,该公司要求银行按这一汇率将1 000万英镑兑换成1 492.6万美元。

无论交割时英镑与美元的即期汇率是多少,美国出口公司都能得到1 492.6万美元。远期合约义务是法律义务,交易双方都必须履行各自的义务。表2.2比较了利用远期外汇交易规避汇率风险和承担这一风险对美国出口公司该笔交易利润的影响。表2.2的第(1)栏表示付款时各种可能的即期汇率水平;第(2)栏表示按即期汇率兑换1 000万英镑得到的美元数额;第(3)栏表示按远期汇率兑换1 000万英镑得到的美元数额;第(4)栏比较了第(2)栏和第(3)栏数值的差异,例如,如果付款时的即期汇率是1英镑兑换1美元,不进行远期外汇交易将导致美国出口公司损失492.6万美元。

表2.2　　　　　　　　　　避险和不避险的比较

(1) 即期汇率 (英镑兑美元)	(2) 按即期汇率兑换 的美元数(美元)	(3) 按远期汇率兑换 的美元数(美元)	(4) 差异 (美元)
1.0	10 000 000	14 926 000	－4 926 000
1.1	11 000 000	14 926 000	－3 926 000
1.2	12 000 000	14 926 000	－2 926 000
1.3	13 000 000	14 926 000	－1 926 000
1.4	14 000 000	14 926 000	－926 000

续表

（1） 即期汇率 （英镑兑美元）	（2） 按即期汇率兑换 的美元数（美元）	（3） 按远期汇率兑换 的美元数（美元）	（4） 差异 （美元）
1.5	15 000 000	14 926 000	74 000
1.6	16 000 000	14 926 000	1 074 000
1.7	17 000 000	14 926 000	2 074 000
1.8	18 000 000	14 926 000	3 074 000
1.9	19 000 000	14 926 000	4 074 000
2.0	20 000 000	14 926 000	5 074 000

图2.4将表2.2中第（2）栏和第（3）栏的数值反映在了坐标图中。其中，虚线表示美国出口公司通过签订能消除汇率风险的远期外汇交易，按合约约定汇率兑换1 000万英镑货款得到的美元数额；实线表示该公司在不规避汇率风险的情况下得到的美元数额。按1英镑兑换1.4926美元的远期汇率兑换1 000万英镑，美国出口公司将得到1 492.6万美元，减去1 350万美元的交易总成本，该公司将实现10.6%的利润率，达到了10%的预期目标。远期外汇交易不仅规避了风险，也保证了预期利润率目标的实现。

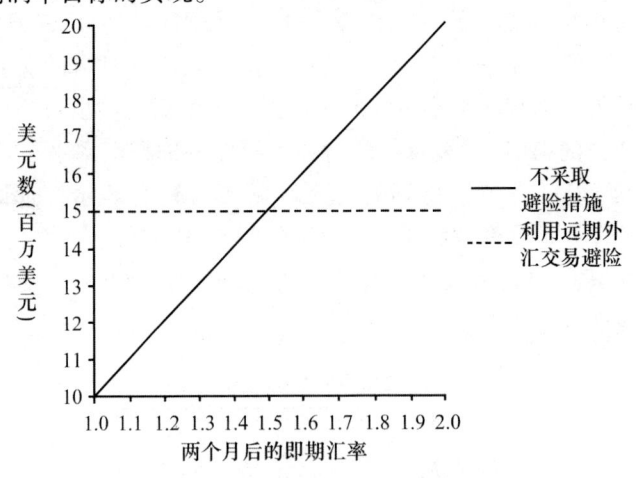

图2.4 避险措施对所得美元的影响

远期汇率

理论上公允的远期汇率取决于即期汇率和相关两种货币的利率。计算公允的远期汇率,也可以采用现购自持法。在前面的例子中,美国出口公司决定按1.4926的远期汇率将英镑兑换成美元,以规避汇率风险。这一远期利率是否公允？为了回答这一问题,假设我们拥有以下市场信息：

- 英镑兑美元的即期汇率 = 1.5
- 美元的利率 = 每年3% = 2个月0.5%
- 英镑的利率 = 每年6% = 2个月1%

为了使问题简化,我们进一步假设美元和英镑的借款和贷款利率相等,英镑的买入和卖出汇率也相等。然而,在实际中,借款利率并不等于贷款利率,买入汇率也不等于卖出汇率。根据现有信息,在即期外汇市场上,1英镑可兑换1.5美元;投资英镑2个月的利率是1%;投资美元2个月的利率是0.5%。图2.5展示了投资100英镑和150美元2个月的回报。

即 期　　　　　　　　　　　　　2个月后

100英镑　　　　　　　　　　　　101英镑
150美元　　　　　　　　　　　　150.75美元

图2.5　投资英镑和美元2个月赚取的回报

在即期市场上,100英镑可兑换150美元。由于2个月后,100英镑将增加为101英镑,150美元将增加为150.75美元。这表明,2个月后,101英镑值150.75美元,即1英镑值1.4926美元。

101英镑 = 150.75美元

所以,1英镑 = 1.4926美元

1英镑兑换1.4926美元就是理论上公允的2个月远期汇率。合约中规定的远期汇率必须围绕这一汇率,否则套利机会将产生。为了说明这一点,假设两名交易商正准备达成一笔远期外汇交易,协定的远期汇率刚好等于即期汇率:1英镑兑换1.5美元。这时,套利者发现有利可图,进行了以下交易：

- 借款交易。借款150美元,期限2个月,期间利率为0.5%。到期还款时,套利者连本带息应偿还150.75美元。
- 即期外汇交易。在即期外汇市场上,将150美元兑换成100英镑。
- 存款交易。将100英镑存起来,存期2个月,期间利率为1%。到期取款时,套利者连本带息将得到101英镑。

与此同时,套利者还签订一张直接远期外汇合约,承诺2个月后按1英镑兑换

1.5 美元的汇率卖出 101 英镑。2 个月后,套利者要进行以下交易:

- 还款交易。连本带息共需偿还 150.75 美元。
- 取款交易。连本带息共取出 101 英镑。
- 履行远期外汇交易合约的义务。按 1 英镑兑换 1.5 美元卖出 101 英镑,得到 151.5 美元。

这样,无论即期汇率如何波动,套利者都能赚取 0.75 美元(151.5 美元 − 150.75 美元)的无风险利润。如果交易额不是 150 美元而是 1 500 万美元,套利利润将高达 7.5 万美元。套利者之所以能获得套利利润,是因为远期汇率是 1 英镑兑换 1.5 美元。如果远期汇率是 1 英镑兑换 1.4926 美元,套利利润将不复存在。这个简单的例子说明了远期外汇交易的汇率要围绕公允汇率的原因。否则,套利者将抓住机会赚取套利利润,这将促使远期汇率逐渐接近公允水平。在实践中,外汇交易点差(银行买卖外汇的价差)和交易成本的存在使问题变得略为复杂,但基本原理仍然适用。

远期外汇交易的点差

在前面的例子中,公允的远期汇率是 1.4926,低于 1.5 的即期汇率。鉴于此,市场参与者会觉得,交割时英镑的价值与美元相比降低了,即与即期汇率相比,按远期汇率兑换相同数额英镑得到的美元数额较小。导致这一结果的原因是,英镑和美元的利率不同。英镑的假设年利率是 6%,美元的假设年利率是 3%。关于如此假设的原因,我们可以从经济学的角度分析。与投资美元相比,很多原因导致投资者对投资英镑有更高的收益要求,例如:

- 以英镑计价的资产风险更大。
- 投资者认为,英镑资产实际价值的下降速度更快,因为英镑的通胀率高于美元。

还有其他原因,如国际投资者可能对英国政府积极推行货币政策缺乏信心。然而,通货膨胀方面的考虑显然是主要原因。如果投资者预计英镑的通胀率高于美元,他们对英镑计价资产的投资要求将高于美元计价资产,这是对他们承担更大风险的补偿。同理,英镑兑美元的远期汇率要低于即期汇率,因为从购买力的角度看,英镑实际价值的下降速度要比美元快。远期汇率经常表示为与即期汇率的点差。例如:

即期汇率 = 1.5000
远期汇率 = 1.4926

点差 = -0.0074

美元与英镑的点差是 74 点，1 点代表 0.0001 美元，因此，74 点等于 1 英镑兑换 0.0074 美元。

外汇互换

外汇互换合约交易将外汇即期和远期交易结合了起来，交易双方约定在某一日期按即期汇率交换一定数额的外币，然后在未来某一日期，按约定的汇率（即远期汇率）再一次交换相同数额的外币。如果第 1 笔外汇交易不是即期交割，这样的外汇互换交易经常被称为远期对远期互换。接下来列举的外汇互换交易示例，仍基于前面设置的以下假设：

英镑兑美元的即期汇率 = 1.5
英镑 2 个月利率 = 1%
美元 2 个月利率 = 0.5%
英镑兑美元的 2 个月远期汇率 = 1.4926

一名交易商与银行签订了包含以下条款的外汇互换合约：交易商按即期汇率卖给银行 1 000 万英镑，得到 1 500 万美元；2 个月后，交易商按远期汇率将 1 492.6 万美元卖给银行，换回 1 000 万英镑，交易商在即期交易中用 1 000 万英镑换得了 1500 万美元，但在远期交易中只付出了 1492.6 万美元就换回了 1 000 万英镑，有 7.4 万美元的差额。出现这一差额的原因是英镑和美元的利率不同。在合约的有效期内，交易商将利率较高的货币（英镑）换给了银行，自己持有利率较低的货币（美元），因此必须得到补偿。7.4 万美元实际上是以美元计价的，两种货币利率差异导致交易商成本增加的部分。图 2.6 从交易商的角度分析了外汇互换交易导致的现金流动。

```
   即期                       2 个月后
    |————————————————————————————|
  -1 000 万英镑               +1 000 万英镑
  +1 500 万美元               -1 492.6 万美元
```

图 2.6　外汇互换交易引起的现金流动

相反，如果交易商与银行签订了这样一张外汇互换合约：交易商按即期汇率卖给银行 1 500 万美元，得到 1 000 万英镑；2 个月后，交易商按远期汇率将约 1 005

万英镑卖给银行,换回 1 500 万美元。交易商为换回美元而多支付的约 5 万英镑是对银行将较高收益货币换给交易商而损失利息的补偿。

外汇互换的应用

养老基金管理人员可以利用外汇互换交易,在一段时间内将现金换为一种外币,对外国股票和债券进行投资,以促进投资的多元化和投资收益率的提高。按即期汇率兑换得到外币,一段时间后能按预先确定的远期固定汇率将外币兑换回本币。这有助于管理购买外币资产而产生的汇率风险。

外汇互换还被银行用于管理货币市场交易引起的现金流动。例如,图 2.6 中外汇互换交易的银行方必须支付 1 500 万美元给交易商。由于银行同时得到 1 000 万英镑,因此他可以进行一笔相反的外汇互换交易,将这 1 000 万英镑按即期汇率换成 1 500 万美元。这样做的结果是将银行提前 2 个月持有了英镑和美元头寸(如图 2.7 所示),同时银行无须进行借款或贷款交易。与借款或贷款不同,进行外汇互换交易对资产负债表没有影响。

即 期　　　　　　　　　　　　　2 个月后

+1 000 万英镑
-1 500 万美元 } 即期外汇交易引起的现金流动

-1 000 万英镑
+1 500 万美元 } 外汇互换交易 { +1 000 万英镑
-1 492.6 万美元

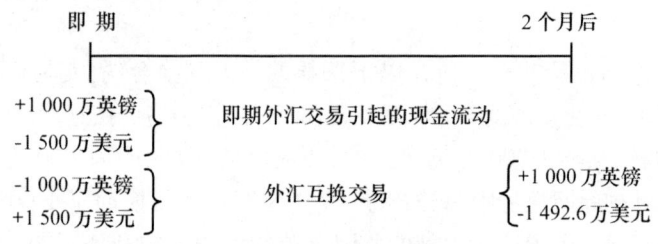

图 2.7　利用外汇互换交易管理现金流动

本章小结

远期合约是交易双方签订的,关于在未来某个确定的日期,按预定价格交割商品或金融资产的协议。在许多情况下,理论上公允的远期价格可以使用现购自持法计算。现购自持法的依据是,远期价格必须足以弥补合约的买方为了避免违约,在即期市场上购买资产并一直持有资产而承担的成本,目的是保证自己在合约规定的交割日当天能够履行合约义务。如果远期价格偏离公允水平,套利机会则可能出现。当远期价格达到公允水平时,交易双方的预期支付都等于零。与期权合约不同,没有哪一方应向另一方支付溢价。对于容易腐烂的商品,现购自持法则不适用。

　　直接远期外汇交易被投资机构、银行和公司普遍地用于规避汇率波动风险。公允的远期汇率取决于即期汇率和相关货币的利率。外汇互换结合了两笔交割日不同的即期和远期外汇交易。外汇互换交易能在银行的现金流动管理和养老基金外币资产投资的风险规避中发挥作用。

第 3 章

远期利率协议

概　述

　　远期利率协议是交易双方签订的,固定某笔名义本金未来一段时间内计息利率的远期合约。通过签订这种协议,买方可以锁定未来的借款利率,卖方并没有借给买方名义本金的义务,约定利率仅适用于针对利息差额进行的结算或补偿。如果在合约有效期内,参考或基准利率高于合约规定的利率,远期利率协议的卖方要将利息差额以现金形式支付给买方作为补偿。反之,如果参考或基准利率低于交易双方约定的利率,买方要对卖方进行补偿。

　　远期利率协议的买方一般是,想规避利率升高风险的公司借款人,卖方一般是货币市场上想规避利率降低风险的投资者。由于远期利率协议的价值依赖于即期市场利率,即当前的存贷款利率,因此它是一种衍生金融产品。

　　远期利率协议与交易所推出的短期利率期货合约十分相似,它们之间的唯一区别是,远期利率协议是在交易双方场外交易市场中达成的。如前所述,场外交易市场中达成的衍生金融合约是交易双方直接签订的,有约束力的法律协议。远期利率协议也具有交易对手风险,即另一方无法或拒绝履行合约义务的风险。协议条款灵活,交易双方可根据需要拟定。目前,银行推出的远期利率协议涉及多种货币和期限。

远期利率协议的应用：公司借款人

　　假设一家公司有一笔待偿还的 1 亿英镑贷款。贷款利率等于英镑 6 个月伦敦银行同业拆利率(London Interbank Offered Rate,LIBOR)再加上每年0.50%,每半年调整一次。LIBOR利率是英国银行家协会(British Bankers' Association)在每个伦敦营业日当天确定的主要基准利率。伦敦市场上的主要银行按这一利率进行彼此间的贷款。商业银行之间的贷款按同业拆借利率计算利息,当他们面向客户贷款时适用的贷款利率则要高于同业拆借利率,以赚取利润并在一定程度上防范客户拒绝偿还贷款的违约风险。LIBOR利率涉及很多种货币和期限。英镑6个月LIBOR利率是指自英国银行家协会确定这一利率的具体数值之日起,适用于银行间未来6个月期英镑贷款的利率。

在我们的例子中,假设接下来6个月内适用的贷款利率刚刚确定。然而,公司财务部经理担心,利率在这6个月内可能会大幅提高,借款成本的增加将对公司利润产生严重的负面影响,并可能影响公司的股价。因此,财务部长决定向一名交易商购买一张远期利率协议,具体条款如表3.1所示。

表3.1　　　　　　　　　　远期利率协议条款

名义本金:	1亿英镑
交易类型:	客户购买远期利率协议
合约利率:	每年5%
起算日:	现在
结算日:	6个月后
到期日:	12个月后
合约期:	6个月后开始的6个月
参考利率:	英镑6个月LIBOR利率

这是一张6×12的远期利率协议,"6×12"指起算日和结算日之间相隔6个月,起算日和到期日之间相隔12个月。如果合约期内英镑6个月LIBOR利率大于每年5%的合约利率,公司将获得交易商支付的现金补偿。反之,公司则要对交易商进行现金补偿。补偿金额基于1亿英镑的名义本金。公司和交易商签署的远期利率协议是具有约束力的法律文书。

在这个例子中,结算日在合约生效后6个月。到那时,协议双方将确定合约期内英镑6个月LIBOR利率的具体值。LIBOR利率信息定期会在路透社或彭博社等市场信息系统中公布。如果我们假设实际的英镑信息利率是每年6%,卖出远期利率协议的交易商则必须对买入协议的公司进行补偿,因为6%的参考利率大于5%的合约利率。交易商应在协议到期日将现金补偿支付给公司,具体补偿数额的计算如下(注意,我们使用的利率都是年利率,而协议的期限是6个月):

$$补偿金额 = 1 \times (6\% - 5\%) \times 6/12$$
$$= 50(万英镑)$$

公司可以用交易商补偿的50万英镑,抵销部分借款利息。公司向银行借的1亿英镑的贷款利率是LIBOR利率加上每年0.5%。如果LIBOR利率被定为每年6%,公司的贷款利率则为每年6.5%。考虑到交易商的补偿,公司的实际利息成本等于:

$$贷款利息 = 1 \times 6.5\% \times 6/12 = 325(万英镑)$$
$$净借款成本 = 贷款利息 - 远期利率协议补偿$$
$$= 325 - 50 = 275(万英镑)$$
$$有效借款利率 = 275/1$$
$$= 2.75\%(每6个月) = 5.5\%(每年)$$

利用远期利率协议避险的结果

通过签订远期利率协议,公司事实上将协议期内的利率锁定为每年5.5%,如表3.2所示。第(1)栏表示适用于协议有效期的实际LIBOR利率的各种可能值;第(2)栏和第(3)栏分别表示公司的贷款利率和必须支付的贷款利息;第(4)栏表示远期利率协议的补偿支付额,当实际利率高于参考利率时,公司要对交易商进行现金补偿;反之,交易商要对公司予以补偿;第(5)栏和第(6)栏分别表示净现金流量(净借款成本)和有效借款利率。

表3.2　　　　　　　　　　　利用远期利率协议避险的结果

(1) LIBOR利率 (每年%)	(2) 贷款利率 (每年%)	(3) 贷款利息 (百万英镑)	(4) 远期利率协议补偿(百万英镑)	(5) 净现金流量	(6) 有效借款利率(每年%)
4.0	4.5	-2.25	-0.50	-2.75	5.5
4.5	5.0	-2.50	-0.25	-2.75	5.5
5.0	5.5	-2.75	0.00	-2.75	5.5
5.5	6.0	-3.00	0.25	-2.75	5.5
6.0	6.5	-3.25	0.50	-2.75	5.5
6.5	7.0	-3.50	0.75	-2.75	5.5
7.0	7.5	-3.75	1.00	-2.75	5.5

如果协议期内实际的LIBOR利率是每年4%,贷款利率则为每年4.5%,公司的贷款利息等于225万英镑。由于4%的参考利率低于5%的合约利率,所以公司必须向出售远期利率协议的交易商支付50万英镑(1亿英镑×1%×6/12)的现金补偿。这样一来,公司的净借款成本将增加为275万英镑,有效借款利率是每年5.5%。

如果协议期内实际的 LIBOR 利率是每年 5%，公司的贷款利率则为每年 5.5%，贷款利息是 275 万英镑。在这种情况下，由于参考利率等于合约利率，签订远期利率协议的公司和交易商都无须对另一方进行补偿。因此，公司的净借款成本等于贷款利息，有效借款利率等于贷款利率，即 5.5%。

实际 LIBOR 利率高于合约利率的情况，我们已在前面讨论过了。随着这一参考利率不断升高，直到高于合约利率，公司的贷款利息也将随之增大。但与此同时，根据远期利率协议，公司将得到交易商支付的一定现金补偿。这一补偿部分地抵销了公司的贷款利息，并最终使公司的净借款成本保持在 275 万英镑的固定水平上，有效借款利率被锁定为 5.5%。

图 3.1 将表 3.2 中的结果反映在坐标图中。横轴表示协议期内 LIBOR 利率的各种可能值，竖轴表示借款利率。虚线表示公司通过买入远期利率协议锁定的有效借款利率，实线表示公司在未买入远期利率协议情况下承担的借款利率。

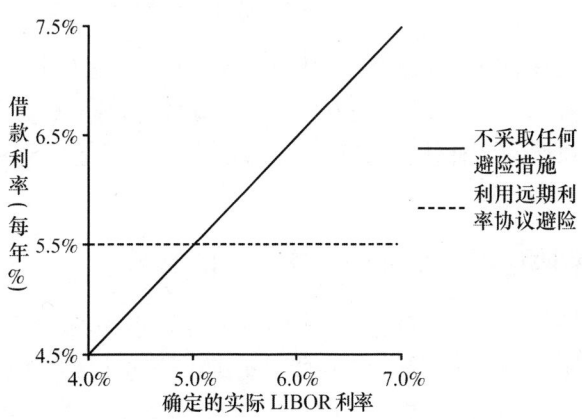

图 3.1 利用远期利率协议规避利率风险和不采取避险措施的比较

如果公司买入了远期利率协议，其实际借款利率将被锁定为每年 5.5%，无论实际 LIBOR 利率为多少。这使公司避免了因利率升高而必须承担更多的借款成本。然而，公司同时也放弃了利率降低导致借款成本减少的潜在收益。因此，可以说公司实际上是用潜在收益换取了借款成本的确定性。通过控制借款成本，公司能更好地计划业务运营。利用远期利率协议规避利率风险，还可能帮助公司降低收益的不稳定性，促进股价上涨。

远期利率协议的付款日和结算

图 3.2 列出了远期利率协议涉及的各种日期。名义本金是 1 亿英镑。起算日

是今天,即开始计算名义贷款利息的日期;①结算日指结算补偿金的日期;到期日指名义贷款到期的日期;合约期是从今天算起,6个月之后的6个月。

```
今天            6个月后           1年后
 |───────────────|───────────────|
起算日           结算日            到期日
```

图3.2　远期利率协议交易的主要日期

在实践中,远期利率协议的现金补偿通常是在结算日,而不是在到期日支付。如果前面例子中的实际LIBOR利率是每年6%,补偿金的计算如下:

$$到期日应支付的补偿金 = 1 \times (6\% - 5\%) \times 6/12$$
$$= 50(万英镑)$$
$$结算日应支付的补偿金 = 50 万英镑 / [1 + (0.06 \times 6/12)]$$
$$= 485\ 437(英镑)$$

补偿通常在结算日而非到期日支付的主要原因是,这有助于降低信用风险。在结算日当天,协议双方都已清楚一方应支付的补偿金数额,付款的任何延迟都会增加违约风险。虽然现金补偿在结算日支付,但为了计算合约期,必须明确规定合约的到期日。

将远期利率协议看作包含两个支付方的交易

如图3.3所示,我们可以将远期利率协议看成是包含两个支付方的交易。这样,在前面列举的远期利率交易示例中,买入远期利率协议的公司必须按每年5%的利率,在1亿英镑本金的基础上,向协议卖方支付6个月的利息;卖出远期利率协议的交易商必须按合约期内参考利率的实际值,就1亿英镑的本金,向协议买方支付6个月的利息;利息金额较大的一方将利息差额以现金形式支付给利息金额较小的另一交易方。

```
               每年5%
         ┌──────────────→┐
    ┌─────────┐        ┌──────────┐
    │  公司   │        │ 远期利率 │
    │         │        │ 协议交易商│
    └─────────┘        └──────────┘
         └←──────────────┘
              LIBOR利率
```

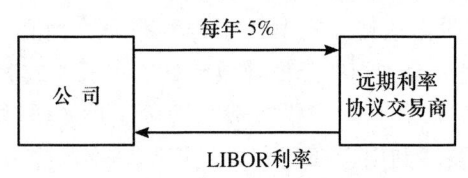

图3.3　远期利率协议交易的两个支付方

---

① 交易币种为美元或欧元的远期利率协议的起始日通常是协议签署后第2个营业日。

例如,假设英镑6个月LIBOR利率为每年6%。结算金或补偿金的计算如下:

- 公司应付利息 = 1亿英镑 × 5% × 6/12 = 250(万英镑)
- 交易商应付利息 = 1亿英镑 × 6% × 6/12 = 300(万英镑)
- 交易商应向公司支付50万英镑的现金,即结算金。
- 如果交易商在结算日支付结算金,他则应支付485 437英镑的现金。

图3.4表明了公司签订的远期利率协议,以及他希望通过这一协议规避利率风险的相关贷款。远期利率协议使公司将贷款利率固定在了5.5%的水平上:

LIBOR + 0.5% − LIBOR + 5% = 5.5%

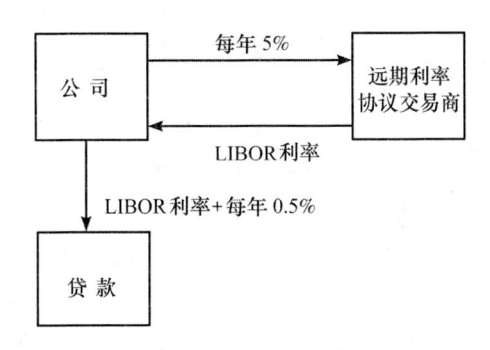

图3.4 贷款加远期利率协议交易

远期利率协议交易是迷你型利率互换合约交易(参见第6章)的一种。它与利率互换合约交易的主要区别在于,在利率互换交易中,结算金不是一次性全部支付,而是分几次支付,而且付款通常被延后。经常被用作解释利率互换交易的流程图与图3.4十分相似。

远期利率协议交易

本章前面几部分所举示例中的交易商卖出了一张6×12的远期利率协议,合约约定的利率为每年5%。如果交易商的交易账簿上只有这一笔交易,他面临着利率升高导致损失的风险。如果最终确定的实际参考利率高于每年5%,交易商将必须向远期利率协议的买方支付一笔现金形式的结算金。

交易商可能预计利率有走低的趋势,因此愿意承担这一风险。如果最后确定的实际参考利率低于每年5%,交易商则将得到协议买方支付的一笔现金补偿。然而,如果交易商不具备准确预测利率未来变化趋势的专业知识,采取一定措施规避利率风险则十分必要。一种方法是到正规的交易所买入一张利率期货合约(参见第 5 章）。此外，交易商也可以另外买入一份远期利率协议，如图 3.5 所示。

```
         每年 5%
   ┌──────────────→┌──────────┐
 公司              远期利率
   │              协议交易商
   │←──────────────│
   │   LIBOR 利率  │
   │              │
   │   LIBOR 利率  │ 每年 4.95%
   │←──────────────│
                  ↓
              ┌──────────┐
              │基金管理人员│
              └──────────┘
```

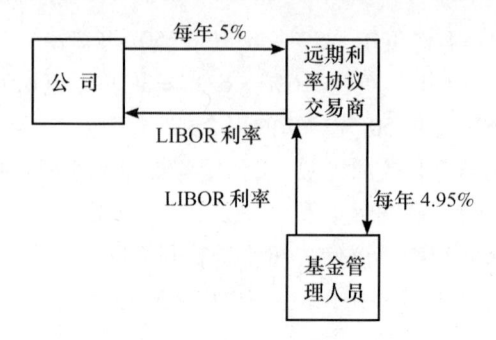

图 3.5　交易商分别买入和卖出相互抵销的远期利率协议

交易商买入的这张 6×12 远期利率协议，名义本金也是 1 亿英镑，唯一不同的是合约约定利率为每年 4.95%。这张远期利率协议的买方是担心利率降低的基金管理人员，利率降低将对其基金的投资收益产生不利影响。如果最终确定的参考利率低于每年 4.95%，基金管理人员将得到补偿；反之，交易商将得到补偿。

每年 4.95% 的利率是交易商买入这张远期利率协议支付的价格，称作买入价；每年 5% 的利率是其卖出之前一张远期利率协议的价格，称作卖出价。卖出价和买入价的价差是 0.05%。价差不仅能使交易商从远期利率协议交易中获利，也在一定程度上防范了利率风险。

远期利率

协议双方在签署协议时面临的一个主要问题是，确定一个合理的远期利率。合理的远期利率能避免套利机会产生。远期利率协议能使市场参与者锁定未来的借款利率和投资收益率。例如，交易商现在进行了以下交易：

- 借款：币种是英镑，利率固定，期限为 1 年。
- 存款：利率固定，期限为 6 个月。
- 卖出一张 6×12 的远期利率协议：币种是英镑，以将存款收益在合约期内实现的再投资收益率固定。

如果投资和再投资借入英镑获得的收益大于借款成本，交易商就成功地进行了一笔套利交易，得到了一份免费的午餐。在有效的金融市场中，套利机会不应存在或不应持续较长时间。理论上公允的远期利率，应基于不存在套利机会的假设。6×12 远期利率协议的合理利率应建立在 12 个月和 6 个月借款和贷款利率的基础上。

然而,在实践中,远期利率协议固定的利率通常参考交易所中相关短期利率期货合约的价格(第5章将对此进行详细论述)。由于许多市场参与者自由而频繁地进行着英镑、美元和欧元等主要货币的利率期货合约交易,这些合约的价格经常被看作市场对这些货币未来利率的一致预期,并被用于价值依赖未来预期利率的远期利率协议和利率互换等场外衍生金融产品的定价。

本章小结

远期利率协议是交易双方签订的,将某笔名义本金未来一段时间内的利率加以固定的远期合约。从本质上看,远期利率协议并未赋予协议任何一方实际的贷款义务,协议双方在名义本金的基础上进行合约利率与参考利率的差额结算。如果确定的参考利率高于合约利率,买方将得到补偿;反之,卖方将得到补偿。

远期利率协议的买方主要是担心利率升高而遭受损失的公司,卖方主要是忧虑再投资收益率降低的基金管理人员。理论上公允的远期利率以即期市场利率为基础。在实践中,主要货币远期利率协议的约定利率通常以短期利率期货合约的价格为参照,短期利率期货合约是与远期利率协议对等的,在正规交易所交易的衍生金融产品。

第 4 章

商品和债券期货

概　述

　　期货合约是交易双方在正规交易所中签订的,约定在未来某个确定的日期或某段时间内,按协定的价格买卖一定数量的商品或金融资产的协议。与交易双方在场外交易市场直接签署的远期合约不同,期货合约有标准化的格式,这是期货交易最显著的特征。合约义务的履行有与交易所联系的清算所的保证。买入期货合约的交易商将持有期货多头;卖出期货合约的交易商将持有期货空头。交易所每天都会对交易商的持有状况进行结算。

　　期货合约交易既可以通过交易所内的公开叫价系统以拍卖的形式完成,也可以通过基于电子屏幕的交易系统完成。2003 年,芝加哥的交易所先后启动了这两套系统。在运行公开叫价系统的交易所中,交易员代表银行、公司或个人等其他场外客户进行交易;此外,购买了交易所席位的交易所会员也有资格在交易所内为自己进行交易。交易一旦达成,具体的交易细节将立即由有关人员输入到交易所的价格报告系统中。交易所的交易数据将在世界各地的网站上公布,并同时被路透社或彭博社等电子新闻服务机构发布。如今,交易所中达成的期货合约交易可以通过手持电子装置记录,而不再只局限于古老的卡纸板票。

　　伦敦国际金融期货与期权交易所,以及由德国期货与期权交易所和瑞士期权与金融期货交易所合并后组成的欧洲期货交易所,都是完全电子化的期货交易市场。如今,在伦敦国际金融期货与期权交易所内进行的期货合约交易都可以通过电脑系统完成,有形的交易大厅已于 2000 年关闭。交易所的主要职能是:促进交易;监控交易行为,确保交易原则被遵守;发布交易价格。交易所并不买卖期货合约。芝加哥期货交易所等一些交易所是非营利性组织;芝加哥商业交易所等其他一些交易所是在证券交易所挂牌的公开上市公司(芝加哥商业交易所在纽约证券交易所挂牌上市)。

标准化的期货合约促进了交易,清算所的保证消除了信用或违约风险。在进行期货合约交易之前,交易商必须建立一个经纪人账户,并在该账户中存入一笔初始保证金。保证金是为了确保交易商严格履行合约义务。初始保证金最低限额由清算所根据合约类型作出规定,额度大约等于合约价格每天的最大波动幅度。

每个交易日结束时,交易所都会根据当天的收盘价对交易商的保证金账户进行调整结算,这就是逐日结算制度。如果交易商持有多头,即买入的期货合约相对卖出的较多,合约价格降低给交易商造成的损失将从其保证金账户中扣除。在某些交易所,这意味着交易商必须支付变动保证金,以使保证金数额恢复到初始水平。一些交易所实行了所谓的维持保证金制度,当保证金账户余额低于要求的维持保证金数额时,交易商必须补缴保证金,即变动保证金。只有大型的银行和金融机构才是交易所的清算会员,他们在清算所直接开立了账户。非清算会员都必须通过清算会员将保证金存入清算所。

总而言之,实行保证金制度是为了防范违约风险。交易前,交易商必须通过他们的经纪人在清算所中存入初始保证金。所有未平仓头寸必须逐日结算。如果交易日结束时,期货合约价格低于前一交易日的收盘价,持有多头的交易商遭受的损失将从保证金账户中扣除,持有空头的交易商获得的收益将添加到他们的账户中。反之,如果当前交易日的收盘价高于前一交易日的收盘价,交易所将在持有多头交易商的保证金账户中借记他们的损失,在持有空头交易商的账户中贷记他们的收益。如果交易商未能及时补缴变动保证金,期货头寸通常会被强制结束。

期货合约交易的参与者主要分为三类。在不同情况下,同一个组织或个人可能充当不同的角色。

• 避险者。避险者进行期货合约交易的目的是,避免商品价格、股票指数、利率和债券价格等发生不利变化。例如,防范小麦市场价格降低风险的农场主、防范债券价格降低的基金管理人员和银行,以及防范短期利率波动的商业银行。

• 投机者。投机者参与期货合约交易的目的是,借商品价格和利率等波动之机获利。投机者愿意承担避险者不愿承担的风险,他们为期货合约交易市场提供了流动资金。他们促进了期货合约交易,帮助确保了任何时候期货合约的买方和卖方都存在。

• 套利者。套利者从事期货合约交易的目的是,利用价格反常获利。当期货合约的价格偏高时,套利者会决定持有空头,并同时到即期市场上购买标的资产。这样一来,套利者就避免了资产价格波动的风险,因为期货合约交易的损益将与即期交易的损益相互抵销。然而,当期货合约价格呈现出向合理市场价格回落的趋势时,套利者将获利。

商品期货

一些读者可能看过1983年派拉蒙影业公司(Paramount Pictures)发行的电影《你整我,我整你》(Trading Places),主演是丹·阿克罗伊德(Dan Ackroyd)和埃迪·默菲(Eddie Murphy)。电影中的一个主要场景描绘了冷冻浓缩橙汁的期货合约交易。交易在纽约棉花交易所(New York Cotton Exchange)中进行,这间交易所于1870年成立,自1998年起成为纽约期货交易所(New York Board of Trade)的一部分。

冷冻浓缩橙汁的期货合约交易最早出现于1966年。每张合约的规模都是15 000磅,但没有对橙汁的原产国作出限制。可用于交割的冷冻浓缩橙汁的质量也有规定,交割也被要求在美国各地持有执照的仓库进行。2005年5月起,交易所将冷冻浓缩橙汁期货合约分为了两类:产地为美国佛罗里达州或巴西的A类;产地不限的B类。A类冷冻浓缩橙汁期货合约的规定条款如表4.1所示。所有合约都由纽约清算公司(New York Clearing Corporation)担保。

表4.1　　　　纽约期货交易所中冷冻浓缩橙汁期货合约的规格

交易单位:	15 000磅冷冻浓缩橙汁
报价:	每磅冷冻浓缩橙汁的价格精确到0.01美分
交易月份:	1月、3月、5月、7月、9月和11月

资料来源:CME。

与其他期货合约一样,大多数商品期货合约都没有达到交割月。期货合约被多次买卖,在交割月开始前,交易商就着手结束头寸。持有多头的交易商卖出已买入的合约,持有空头的交易商回购已卖出的合约。就全部交易所的整体而言,到达交割月的期货合约估计不足4%,有时甚至不足1%。所幸,世界上也没有可用于期货合约交割的足够实物商品。

主导橙汁市场的供应商活跃于美国佛罗里达州和巴西,很多橙汁被加工成浓缩产品。这两个地区的橙生长季节不同,这样橙汁市场全年不分淡季和旺季,橙汁价格在全年中没有剧烈的波动。影响冷冻浓缩橙汁期货合约价格的主要因素是影响橙汁即期价格的市场供给和需求。

期货价格与基差

表 4.2 列出了 2003 年 8 月某个交易日的冷冻浓缩橙汁期货合约交易数据。每磅冷冻浓缩橙汁的报价以美分为单位。当天,9 月期货合约的开盘价是 80.45 美分。在表 4.2 中,"流量"指当天交易的合约数量;"未平仓量"指尚未平仓的合约数量。注意,最近交割月 2003 年 9 月的未平仓量最大。这是期货合约普遍具有的特点。随着期货合约的交割日不断临近,交易商开始纷纷结束头寸,交割月的未平仓量将不断减少。愿意承担风险的交易商会在下一个交割月重新建立头寸。

表 4.2 冷冻浓缩橙汁的期货价格

月份	收盘价（美分）	开盘价（美分）	流量（合约张数）	未平仓量（合约张数）
2003 年 9 月	78.65	80.45	554	17 101
2003 年 11 月	80.55	82.25	257	4 576
2004 年 1 月	82.55	84.00	12	1 814
2004 年 3 月	84.55	82.85	20	1 064

资料来源:NYBOT.

正如我们在第 2 章中论述过的,资产理论上公允的远期价格等于即期市场上购买该资产的成本(现购成本)与持有资产直到交割日的成本(自持成本)之和。自持成本可能包括融资、仓储和保险费用等。虽然期货合约交易与远期合约交易略有不同,但现购自持法仍适用于某些期货合约价格的计算。现购自持法适用于标的资产为金融资产和某些商品的期货合约定价。例如,在石油市场上,即期价格经常高于期货价格,虽然现购自持法的计算结果表明实际情况应相反。即期价格与期货价格的差额叫做基差。当即期价格高于期货价格时,市场处于现货升水状态。当期货价格高于即期价格时,市场处于期货升水状态。

期货合约交易的一个重要特点是,基差是不断变化的。这意味着,期货价格并非每天都随标的资产价格的变动同步变化。基差的变化不仅取决于利息等自持成本,也受投机交易的影响。在某些市场,资产期货价格的波动比即期价格更为剧烈。

随着期货合约逐渐接近其交割日,它的价格必须与其标的资产的即期价格趋于一致,因为到了交割日那天,期货合约交易将变成即期市场交易。在交割日当天,即期价格与期货价格之差,即基差必须等于零。这一事实使得避险者能利用期货合约交易,防范商品价格剧烈波动的风险。例如,担心橙汁价格升高的食品加工公司可以买入冷冻浓缩橙汁期货合约。如果橙汁价格升高,该公司可以在交割日之前卖出已买入的期货合约,赚取的现金利润可用于抵销其在即期市场上购买橙汁而增加的成本。

利用期货合约交易避险的一个潜在陷阱,因德国金属公司(Metallgesellschaft AG)的案例而突显出来。该公司1993年在石油期货自持成本交易中损失了15亿美元。他签订了几张在未来某些日期(最远的交割日在10年之后),按固定价格交割大量原油的远期合约。为了规避风险,德国金属公司买入了交割日相对较近的汽油与民用燃料油期货合约。不幸的是,石油价格出现了下跌,该公司不得不就其持有的多头补缴大量保证金。一些人认为,从长远的角度看,这将与期货合约交易的收益相抵。但高层管理者非常重视补缴保证金对现金流量的影响。最终,公司结束了头寸,并通过协商与其客户取消了远期合约。

债券期货

30年期美国国库券期货合约自1975年起开始在芝加哥期货交易所正式挂牌交易,并很快成为美国交易最为活跃的期货合约。1982年,芝加哥期货交易所推出了国库券期货期权合约,交易商支付一定权利金后,可以获得在未来一定时间内买入(或卖出)期货合约的权利。此后,芝加哥期货交易所又相继推出了一系列其他的债券期货合约,包括基于期限短于30年的美国国库券的期货合约。表4.3列出了非常受欢迎的10年期美国国库券期货合约的规定条款。对于不熟悉这些条款的人来说,真正的困难就在于,报价要表示为美元的分数形式,而不是小数形式。

表4.3　　　　　　　　　　10年期美国国库券期货合约

交易单位:	面值为100 000美元的美国国库券
可交割债券:	到期时间介于6.5~10年之间的美国国库券
最小变动价位:	1/64点(每100美元面值)
最小变动值:	每张合约15.625美元
报价:	整数点加上若干个1/32点
合约月份:	3月、6月、9月和12月
最后交易日:	交割月份最后1个营业日之前的第7个营业日
最后交割日:	交割月份的最后1个营业日

资料来源:CBOT Reprinted by permission of the Board of Trade of the City of Chicago, Inc. Copyright 2004. ALL RIGHTS RESERVED.

简言之,期货合约的卖方承诺按固定价格交割符合合约要求的100 000美元面值美国国库券,买方承诺按固定价格购买国库券。交割月份为3月、6月、9月和12月。交割可以在卖方选择的交割月份的任何一个营业日进行。期货合约报价以每100美元面值为单位,表示为整数美元加上若干个1/32美元,不足1/32美元

的部分计作最接近的 1/32 美元的一半。例如,假设某期货合约的交易价格是 110—15.5,换算成小数形式是:

110—15.5 = 110 + 15.5/32 = 每 100 美元面值 110.484375 美元
= 100 000 美元合约金额 110 484.375 美元

最小变动价位是指报价允许的最小变动幅度。如果表示为小数,最小价格变动单位是每 100 美元 0.015625 美元,折合为全部合约金额(100 000 美元)是 15.625 美元。因此,每张合约的最小变动值等于 15.625 美元。在实践中,交易所在每个交易日结束时,根据合约的收盘价结算多头和空头;每日交易的收益计入保证金账户,损失从账户中扣除。例如,假设一名交易商在价格为 110—15.5 美元时买入了一张期货合约,当天交易结束时合约收于 110—16 美元。因此,这名交易商赚了 15.625 美元(100 000 × 1/64%),其保证金账户余额将增加 15.625 美元。

需要强调的重要一点是,债券期货合约基于名义或假想的美国国库券。这一点非常重要,因为如果是真正的国库券,期货合约交易在国库券到期后才能进行。当然,交割假想资产是不可能的,为此,芝加哥期货交易所公布了可用于交割的真实美国国库券和所谓的转换因子清单。设置转换因子,是为了解决不同证券交易价格不同这一问题。在伦敦国际金融期货与期权交易所,转换因子被称作价格因子。现实中,交易商很少会进行实物交割。在交割月份到达前,大多数持有多头或空头的交易商都会出售或回购已买卖的期货合约来进行平仓。

美国国库券期货合约的转换因子计算是基于所有可交割债券票面利率约为每年 6% 的假设。如果不设置转换因子,持有空头的交易商往往会交割价格和票面利率较低的国库券。转换因子调整了空头交易商将国库券卖给多头交易商得到的付款。票面利率偏低债券的发票金额被调高,利息偏高债券的发票金额则被调低。本章稍后将详细介绍发票金额的计算方法。

英国政府债券期货与德国政府债券期货

目前,世界上存在很多种债券期货合约。例如,伦敦国际金融期货与期权交易所提供的英国政府债券期货合约,这种合约与芝加哥期货交易所中交易的美国国库券期货合约相似。每张合约都相当于作出了这样一个承诺,即按固定价格交割票面利率为 6% 的 100 000 英镑名义英国政府债券。报价是小数形式,以 100 英镑名义面值为单位。最小变动价位是每 100 英镑面值 0.01 英镑,每张合约的最小变动值等于 10 英镑。这意味着,如果一名交易商以 110.00 英镑的价格买入了一张英国政府债券期货合约,当期货价格升到 110.01 英镑时,这名交易商便实现了 10 英镑的利润。

伦敦国际金融期货与期权交易所会公布一张可交割英国政府债券的清单。期货合约的卖方有权选择在交割月份的哪个营业日交割哪种债券。发票金额要经过实际交割债券的价格(转换)因子调整。交易通过交易所的电子系统完成。

最后再举一个例子。表4.4展示了欧洲期货交易所德国政府债券期货合约的规定条款。该债券期货合约自推出以来备受欢迎,2003年6月的交易量约为0.253亿张。交易单位是面值100 000欧元的德国政府债券;交割月份和最小变动价位与英国政府债券期货合约相同。

表4.4　　　　　　　　　　　德国政府债券期货合约

交易单位:	面值为100 000欧元,票面利率为6%的德国政府债券
可交割债券:	到期时间介于8.5~10.5年之间的德国政府债券
最小变动价位:	0.01欧元(每100欧元面值)
最小变动值:	每张合约10欧元
报价:	基于每100欧元面值,保留两位小数
合约月份:	3月、6月、9月和12月
最后交易日:	交割日之前的2个交易日
交割日:	交割月份之第10个日历日

资料来源:Eurex.

表4.5列出了在2003年12月,可用于完成债券期货合约交割的德国政府债券,以及它们各自的转换因子。对于德国政府债券期货合约,交割只能在交割月份的第10天进行。

表4.5　　　　　　2003年12月可交割的德国政府债券及转换因子

债券到期日	债券的票面利率(%)	转换因子
2012年7月4日	5.00	0.934155
2013年1月4日	4.50	0.897301
2013年7月4日	3.75	0.839498
2014年1月4日	4.25	0.870183

资料来源:Eurex.

假设一名交易商卖出一张2003年12月交割的债券期货合约。在最后交易日那天,交易所根据最后10笔交易的平均价格计算出了最终的期货收盘价(中部欧洲时间下午12点30分)。这名交易商决定交割哪种或哪几种可交割债券给期货合约的买方。发票金额取决于期货合约的收盘价和实际交割债券的转换因子,并包括最近一次支付利息到交割日这段时间内积累的债券利息。

表4.5中的转换因子都小于1,原因是实际交割债券的票面利率小于期货合约基于的名义债券的票面利率。可交割债券的利息越少,它的转换因子越小,发票金

额也越小(如果用于交割)。票面利率为6%的可交割债券的转换因子等于1;票面利率大于6%的可交割债券的转换因子大于1。

最便宜可交割债券

于某个月份交割的债券期货合约一旦开始交易,交易所就会公布相关的可交割债券及它们的转换因子清单。转换因子是固定的,交易开始后不得调整。这对于通过卖空规避债券期货交易多头风险的交易商而言十分重要,因为他们只有知道转换因子才能计算出需卖出的期货合约数量。不幸的是,转换因子并不能使发票金额准确地反映可交割债券的实际市值。转换因子的计算基于所有可交割债券的票面利率都相同。然而,事实上,债券因为到期期限不同,它们的票面利率并不相同。

这实际上意味着,在任何一个时点上,都存在一种所谓的最便宜可交割债券。"最便宜"的意思是交割成本最小,即交易商在即期市场上借款购买债券并一直持有债券直到交割之时的成本最小。大多数持有空头的交易商往往都选择交割最便宜可交割债券,持有多头的交易商也期望收获这种债券。因此,债券期货合约就好比以最便宜可交割债券作为标的资产,其价格随着这种债券的市值变化而不断波动。

在债券期货合约的有效期内,最便宜的可交割债券可能会发生变化,原因是受市场利率水平的影响。这个问题十分复杂,简而言之就是:当市场利率低于名义债券的票面利率时,最便宜可交割债券往往是期限相对较短的高利率债券;反之,当市场利率高于名义债券的票面利率时,最便宜可交割债券往往是期限相对较长的低利率债券。

打算通过卖出债券期货合约来避免持有债券期货多头潜在损失的避险者,在计算他们必须卖出的期货合约数量时,通常假设期货合约的价值将随目前最便宜可交割债券价值的变化而变化。这是一个合理的假设。然而,如果最便宜可交割债券发生了变化,期货合约的价格将与预期严重偏离,避险目的很可能无法实现。

本章小结

期货合约是通过交易所作出的,关于在未来某个确定的日期交割一定数量的商品或金融资产的承诺。在某些情况下,交割日并不局限于某一天。与远期合约不同,期货合约有清算所的担保。最早出现的期货合约交易与小麦等商品有关,目前金融期货合约交易已十分发达。金融期货合约的公允价格可以使用现购自持法计算,即计算在现货市场上购买标的资产的成本与持有标的资产直到交割日的成本之和。由于期货合约的交易价格并非总等于它们理论上的公允价格,从而导致了套利机会的产生。即期价格与期货价格的差额叫做基差。基差不是固定不变的,它受利率变化和投机行为等因素的影响。

债券期货合约是关于在未来某个日期或某段时间内,交割名义债券的承诺。交易所会及时公布特定债券期货合约的可交割债券清单及它们的转换因子。设置转换因子的目的是,根据实际交割的债券价值调整发票金额。在任何一个时点上,都存在一种最便宜可交割债券。债券期货合约往往是在跟踪这种债券的价值变动。这对利用债券期货工具管理债券或债券组合风险的避险者不利,因为最便宜可交割债券可能变化,从而使避险者无法有效地规避风险。最便宜可交割债券受短期和长期市场利率的影响,这为投机者和套利者创造了机会。

第 5 章

利率期货与股票指数期货

概 述

1981年,芝加哥商业交易所推出了欧洲美元利率期货合约。欧洲美元期货合约被银行和其他金融机构广泛地用于防范利率风险。此外,它同时也被交易商用于依靠短期美元利率的波动来获利。在欧洲,伦敦国际金融期货与期权交易所提供的欧元短期存款期货合约也极受欢迎。2003年,欧元短期存款期货合约的交易量达到 137 692 241 张,较 2002 年增长了 30%。

欧洲美元利率期货合约开创了期货交易的新领域,因为它以现金结算为基础,并不要求交易双方进行商品或金融资产的现货交割。如今,全世界的交易所普遍推出了大量按这种方法结算的期货合约。例如,股票指数期货合约,交易商如今能在不实际买卖标的股票的情况下,从主要股市指数的变化中获利或有效地规避指数波动风险。这有助于降低交易成本,使交易商能以小于买卖标的股票的成本建立多头或空头头寸。

利率期货

芝加哥商业交易所 3 个月期欧洲美元利率期货合约的规格,如表 5.1 所示。欧洲美元是指在美国境外商业银行的美元定期存款。欧洲美元的交易市场主要集中在英国伦敦。"欧洲美元"是一个历史称谓,其实际含义与字面上体现的并不相同。

表 5.1　　　　芝加哥商业交易所欧洲美元利率期货合约的规格

交易单位：	本金 100 万美元、存期 3 个月的欧洲美元定期存款
合约月份：	3 月、6 月、9 月、12 月，以及 4 个最近的月份
最后交易时间：	合约月份之第 3 个星期三前 2 个营业日的伦敦时间上午 11 时
报价：	100.00 减去利率
最小变动价位：	0.01（年利率）
每张合约的最小变动值：	25 美元
最后结算：	依据最后交易日当天上午 11 点确定的欧洲美元 3 个月期 LIBOR 利率

资料来源：CME。

欧洲美元存款是存期为 1 周、3 个月和 6 个月等一段特定时间的银行定期存款。绝大多数欧洲美元利率期货合约都以存期不超过 1 年的欧洲美元存款作为标的资产。存期内利率是固定的，存款到期时银行将本金和利息一次性支付给存款人。欧洲美元存贷款的主要参考利率是美元 LIBOR 利率，该利率定期由英国银行家协会于每个伦敦营业日的上午 11 点公布。英国银行家协会为期限从隔夜一直到 1 年的银行间借贷分别确定一个平均利率。[①]

芝加哥商业交易所欧洲美元利率期货合约基于未来某个日期起算的，3 个月期 100 万欧洲美元的名义存款。事实上，卖方并没有存储名义本金的义务。合约价格随合约有效期内的预期利率每天变化。例如，9 月份期货合约的价格取决于 9 月第 3 个星期三开始起算，存期 3 个月的 100 万欧洲美元存款的预期利率。价格变化将导致持有多头或空头的交易商获利或亏损。

欧洲美元利率期货合约的最后交易日稍有不同。交易止于合约月份第 3 个星期三前 2 个营业日的伦敦时间上午 11 时，因为合约有效期内实际的 3 个月期 LIBOR 利率每天这个时候由英国银行家协会准时公布。这一利率确立了期货合约的最终结算价。在最后交易日当天仍未平仓的期货合约将按此价格自动平仓。

利率期货交易

与远期利率协议不同，欧洲美元利率期货合约的报价并不是利率形式。如表 5.1 所示，它的报价形式是 100.00 减去有效合约期的年利率。例如，如果 9 月份利率期货合约的报价是 96.02，这说明自 9 月份第 3 个星期三起算的，未来 3 个月内的预期利率是每年 3.98%。这种报价惯例方便了交易场中的经纪人和场内交易员。国库券和债券的价值与市场利率呈反比关系。如果利率降低，持有国库券多头的交易商将获利；反之，如果利率升高，持有国库券空头的交易商将获利。

[①]　第 3 章已经介绍了关于 LIBOR 利率的其他信息。

这一关系也适用于利率期货交易。例如,假设9月份利率期货合约的报价是96.02,这表明9月份第3个星期三起算的,未来3个月的利率是每年3.98%。一名预期未来3个月实际LIBOR利率将低于3.98%的交易商购买了一张9月份利率期货合约。事实证明,这名交易商的预测十分准确,在合约最后交易日当天,英国银行家协会公布的未来3个月利率是每年3.80%。因此,合约的最后结算价等于96.20(100.00-3.80),由于结算价高于买价,交易商将因此获利。如果公布的实际利率大于3.98%,最后结算价将低于买价,交易商将遭受损失。

期货合约的最小变动价位是0.01,即0.01%的年利率。例如,如果9月份利率期货合约的价格从96.02升至96.03,这表示期货价格变动了一个最小价位。预期利率从每年3.98%降为每年3.97%。期货合约的交易单位是100万美元的3个月期存款。因此,期货价格每变动一个单位,期货合约的价值也将相应增加或减少25美元,即最小变动值:

$$每张合约的最小变动值 = 1\,000\,000 \times 0.01\% \times 3/12 = 25(美元)$$

一名交易商以96.02的价格购买了一张利率期货合约,如果最后结算价是96.20,这笔期货合约交易的利润(不考虑经纪人佣金)则等于:

$$期货价格的变动量 = 96.20 - 96.02 = 0.18 = 18 个最小变动价位$$
$$利润 = 18 \times 25 = 450(美元)$$

从利率的角度看,以96.02的价格购买9月份利率期货合约,表示交易商估计9月份起算的,3个月LIBOR利率的实际值将低于每年3.98%。如果最终公布的LIBOR利率是每年3.80%,交易商将获得的利润也可以采取以下方法计算:

$$名义本金 = 1\,000\,000 美元$$
$$合约有效期 = 3 个月$$
$$利润 = 1\,000\,000 \times (3.98\% - 3.80\%) \times 3/12 = 450(美元)$$

在实践中,许多交易商往往都选择在最后交易日之前结束他们的头寸。然而,基本的交易原则却是一样的。如果交易商按一定价格购买了利率期货合约,并且市场上的预期是合约有效期的实际利率将低于期货价格表明的利率,期货价格将因此升高。这时,交易商可以将期货合约转卖,以实现现金利润。

利用利率期货工具避险

与远期利率协议一样,欧洲美元利率期货合约也能锁定未来借款利率或再投资回报率。假设现在是6月中旬,一名投资者打算3个月以后对100万美元的现金进行为期3个月的再投资。用于再投资的现金来源于3个月后到期的当前投资。如果投资者不针对利率风险进行避险操作,一旦利率下降,再投资回报率将受到不利影响。为了规避利率风险,投资者以 96.02 的价格购买了一张 9 月份欧洲美元利率期货合约。

表 5.2 表明了避险结果。为了简化问题,我们这里暂且忽略借款利率与贷款利率的差额,以及期货合约交易的保证金制度。第(1)栏表示投资到期时,实际 3 个月利率的各种可能值;第(2)栏表示 100 万美元存储 3 个月的利息;第(3)栏和第(4)栏分别表示期货合约的最终结算价和期货价格的变动量;第(5)栏表示期货交易的损益(合约有效期内,每天补缴的变动保证金与保证金账户余额增加额抵销后的结果)。例如,如果实际利率被确定为每年 3.80%,9 月份期货合约的最后结算价则为 96.20。这一最后结算价与合约买价相比高了 18 个最小变动价位,因此投资者能从这笔期货交易中获得 450 美元的利润(最小变动值是 25 美元)。第(6)栏将再投资回报和期货交易损益进行了加总,第(7)栏计算了有效投资回报率。通过持有利率期货多头,投资者成功地将再投资回报率锁定为 3.98%。

表 5.2　　　　　　　　利用短期利率期货工具避险

(1) 实际利率 (每年%)	(2) 存款利息 (美元)	(3) 期货最后 结算价	(4) 期货价格 变动量(最小 变动价位)	(5) 期货 交易损益 (美元)	(6) 利息 + 损益 (美元)	(7) 有效 投资回报 率(每年%)
3.80	9 500	96.20	18	450	9 950	3.98
3.90	9 750	96.10	8	200	9 950	3.98
4.00	10 000	96.00	−2	−50	9 950	3.98
4.10	10 250	95.90	−12	−300	9 950	3.98
4.20	10 500	95.80	−22	−550	9 950	3.98

利率期货合约的价格

欧洲美元利率期货合约能锁定未来美元再投资回报率的事实,意味着期货合约的市场价格必须与美元的即期利率紧密相关。即期利率指现在起算的一段时间内借款和贷款的利率。如果期货价格表明的利率偏离即期利率,就会产生套利机会。

例如,假设 6 月中旬时,9 月份期货合约的价格是 95.00,而非 96.02。这意味着,如果交易商此时购买一张期货合约,他就能将 3 个月后对美元进行 3 个月再投资回报率锁定为每年 5%。此时,即期市场上美元 6 个月期借款利率是每年 3%,3 个月期存款利率是每年 2%。在这种情况下,套利机会就产生了。交易商可以先到即期市场上以每年 3% 的利率进行美元借款交易,期限 6 个月。然后,再将借到的美元款项存起来，期限3个月，利率为每年2%。待存款于9月份到期时，交易商连同本金和利息进行3个月的再投资。这样，贷款6个月后到期时，交易商的再投资也将同时到期，收回的投资本金和实现的投资回报使交易商有足够的现金偿还贷款及利息。交易商通过在6月中旬以95.00的价格购买一张9月份欧洲美元利率期货合约，将再投资回报率锁定为每年5%。借款交易、存款交易、再投资交易和期货交易共同为交易商创造了套利利润。在头3个月，存款利率是每年2%，借款利率是每年3%。然而，在后3个月，再投资回报率是每年5%，借款利率是每年3%。

后3个月的净收益足以抵销头3个月的净损失。交易商因此获得了一份免费的午餐。套利机会产生的前提是，期货价格必须在96.00左右，这样3个月后对美元进行为期3个月再投资的回报率才能达到每年4%左右。如果再投资回报率为4%，交易商的损益将相互抵销。

事实上，通过购买欧洲美元利率期货合约锁定实现的再投资回报率略低于每年4%，因为用于再投资的资金不仅有存款本金，还包括存款利息。导致套利机会消失的再投资回报率是每年3.98%，因此9月份期货合约理论上的公允价格是96.02。在实践中，期货价格还要考虑到交易成本等因素，尤其是期限较长的利率期货。

股票指数期货

股票指数期货合约是交易双方在正规期货交易所内，约定一个以股票指数代表的价格，在未来根据约定的股票指数和实际的股票指数就价值差额进行现金结算的交易。流动性最强的股票指数期货合约，是芝加哥商业交易所于1982年率先推出的标准普尔500指数期货合约。与芝加哥商业交易所的其他期货合约一样，股票指数期货合约交易目前也同时由代表客户交易的经纪人（佣金经纪人）和为自己账户交易的场内交易员（自营经纪人），通过电子系统或在交易大厅完成。标准普尔500指数期货合约标的指数的实际水平由标准普尔公司计算。任何时点上的指数点数都代表一个包含500种美国主要股票这样一种股票组合的价值。组合中每种股票的权重与公司市值（股价与流通股票数之积）相当。

股票指数期货的主要特点是，结算以现金形式进行，交易双方无须进行现货交割。这种惯例与第4章讲述的商品期货和债券期货相反。想象一下，如果一名持有标准普尔500指数期货空头的交易商必须实际交割500种股票，操作起来是何等困难。以现金形式结算损益则容易得多。为了实现现金结算，芝加哥商业交易所将标准普尔500指数每1点的价值规定为250美元。①

　　与大多数衍生金融工具一样,股票指数期货合约的报价单位也以标的资产为准。例如,标准普尔500指数期货合约的报价单位是指数点。标的指数水平反映了指数包含的500种股票的现货价格。期货价格受标的指数即期水平的直接影响,受指数各构成股票现货价格的间接影响。然而,股票指数即期市场和期货市场间的关系并不完全稳定。换言之,即使即期市场上股票指数上涨了一定点数,期货市场上股票指数可能并不会出现相同幅度的上涨。

　　如前所述,即期价格与期货价格的差额叫做基差。基差不固定的原因之一是持有成本(利率减指数包含股票的股息收益率)经常变化。此外,供求变化也影响基差。如果市场预期股票指数期货的价格将下滑,交易商将纷纷抛售期货合约,这经常会导致期货价格以很快的速度迅速下降。如果市场预期期货的价格将上涨,交易商将纷纷回购股票指数期货合约来结束空头,从而导致期货合约价格暴涨。

　　下面,我们通过一个例子,说明股票指数期货合约的现金结算过程。假设,现在是8月,9月份标准普尔500指数期货合约的价格目前为1 000指数点。一天,一名交易商购买了一张价格为1 000指数点的9月份标准普尔500指数期货合约。这名交易商认为,标的指数当天将收于更高的点数。如果事实果真如此,期货价格也将相应地升高。交易商委托了一名经纪人代表其传达交易指令,并缴纳了初始保证金。初始保证金相当于履行合约义务的担保存款,期货头寸结束后将退还给交易商。

　　在这个例子中,我们假设交易商的预测经事实证明非常准确,9月份标准普尔500指数期货合约的价格在交易商买入期货合约的当天收于1 050点,原因是即期标的指数水平出现了强烈反弹。交易商可以很容易地通过出售期货合约,结束多头头寸。由于每个指数点价值250美元,买卖期货合约的利润(忽略经纪人佣金和融资成本)是12 500美元。

$$利润 = 1 \times 250 \times (1\ 050 - 1\ 000) = 12\ 500(美元)$$

　　股票指数期货工具并非总被投机者利用。股票组合管理人员也可以通过出售合适的股票指数期货合约,避免因股市下跌而遭受损失。如果股市下跌,股票组合损失将被期货合约买方缴纳的变动保证金所抵销。然而,如果股市上涨,股票组合收益将被持有股票指数期货空头导致的损失所抵销。采用这种避险方法的关键在于,要瞄准时机,即清楚应何时出售股票指数期货合约来降低风险,以及何时不宜利用股票指数期货工具来避险。

---

①　芝加哥商业交易所如今还提供非常成功的电子迷你型标准普尔500指数期货合约,每个指数点的价值为50美元。2003年3月,每日交易量首次突破了100万张合约。

保证金制度

交易所及其关联清算所的作用是促进期货交易,对交易进行结算,公布交易价格,以及确保市场有序运行。此外,交易所还扮演着集中交易对手的角色,保证所有期货合约义务都依约定履行。建立股票指数期货头寸前,交易商必须在经纪人账户中存入一笔初始保证金。交易日结束时,如果头寸没有结束,交易账户将根据当天的收盘指数进行结算,实现的收益计入保证金账户,发生的损失从该账户中扣除。

接下来,我们以金融时报100种股票指数期货合约为例,说明保证金制度的执行。金融时报100种股票指数期货合约是伦敦国际金融期货与期权交易所推出的,其规格如表5.3所示。

表5.3 金融时报100种股票指数期货合约

标的:	金融时报100种股票指数
报价单位:	指数点
点值:	每点价值10英镑
交割月份:	3月、6月、9月和12月

资料来源:LIFFE Administration Management.

第一个交易日

9月份金融时报100种股票指数期货合约当前的价格是5 000点。一名交易商决定购买10张这种期货合约,并与一名经纪人取得了联系。经纪人向交易商索要初始保证金。清算所根据股市的波动情况,设置了经纪人必须向交易商收取的最低初始保证金额度。经纪人索要的初始保证金可能高于最低额度要求。在这个例子中,我们假设经纪人针对每张期货合约索要了30 000英镑的保证金。

交易商将总共30 000英镑的初始保证金存入了经纪人账户,后者随后又将保证金存入了清算所。经纪人代表交易商购买了10张9月份金融时报100种股票指数期货合约,价格为5 000点。这时,清算所开始发挥集中交易对手的作用,介入交易成为所有卖方的买方和所有买方的卖方。清算所的介入有助于避免交易对手的信用风险。

在买入期货合约的当天,交易商就可以通过另外出售10张9月份期货合约,来结束多头头寸。但交易商决定到下一个交易日再进行平仓操作,他因而面临股票指数发生不利波动而遭受损失的风险。假设,交易商所买期货合约当天收于 4 970 点,比买入价低了 30 点。这导致交易商损失了 3 000 英镑。这一损失将从保证金账户中扣除,交易商因此必须补缴 3 000 英镑的变动保证金:

$$变动保证金 = -30 \times 10 \times 10 = -3\,000(英镑)$$

保证金制度实际上实现了交易利润和损失的每日入账。如果交易商不补缴变动保证金,经纪人可以出售 10 张期货合约来结束头寸,将初始保证金扣除交易损失和其他成本后的余额退还给交易商。假设交易商按要求补缴了变动保证金,现金将通过经纪人存入清算所。在这个例子中,期货价格出现了下降,因此清算所要向持有多头的交易商收取变动保证金。对于持有空头的交易商,购买期货合约获得的利润将计入他们的账户。

第二个交易日

假设 9 月份期货合约在第二个交易日收于 5 020 点。这一结算价格比前一个交易日的收盘价高出了 50 点。因此,交易商拥有的 10 个期货多头部位将为其带来 5 000 英镑的收益,他将收到 5 000 英镑的变动保证金:

$$变动保证金 = 50 \times 10 \times 10 = 5\,000(英镑)$$

期货价格如果升高,持有期货空头的那些交易商则必须缴纳变动保证金。

第三个交易日

在第三个交易日,交易商命令经纪人于当天以最高的市场价格或不低于某一特定水平的价格出售 10 张 9 月份期货合约。假设,经纪人卖出期货合约的价格是 5 030 点。由于这一价格比前一个交易日的最后结算价格高了 10 点,交易商又将得到一笔变动保证金。

$$变动保证金 = 10 \times 10 \times 10 = 1\,000(英镑)$$

交易结果

现在,头寸已结束,交易商可以取回 30 000 英镑的初始保证金。期货交易的净利润等于补缴和收到的变动保证金之总和。

$$净利润 = 5\,000 + 1\,000 - 3\,000 = 3\,000(英镑)$$

净利润也等于期货合约的买卖价差与指数点值的乘积。

$$净利润 = (5\,030 - 5\,000) \times 10 \times 10 = 3\,000(英镑)$$

注意，这一利润是在投资 30 000 英镑初始保证金的基础上获得的。当股票指数为 5 000 点时，每张期货合约（点值为 10 英镑）表示的股市投资额与购买价值 50 000 英镑的指数构成股票相同。这意味着，交易商必须对股票进行 500 000 英镑的投资，才能达到与购买 10 张股票指数期货合约相同的股市投资额。初始投资额大很多，投资回报率却低很多。

变动保证金程序每天重复进行，直到头寸结束。金融时报 100 种股票指数期货合约的最后交易日是交割月份第 3 个星期五，交易于伦敦时间上午 10 点半停止。在最后交易日，所有未结束的头寸将被结束，结算价为当天上午 10 点 10 分至 10 点半之间金融时报 100 种股票指数即期水平的平均值。这一结算价被称作交易所交割结算价（Exchange Delivery Settlement Price）。

根据标的指数即期水平结束交易商在最后交易日当天仍持有的头寸，确保了期货合约价格与即期价格不断趋于一致。在合同期内，期货价格可以偏离即期价格，但在最后交易日当天，期货价格必须等于即期价格。

单一股票期货

2001 年 1 月，伦敦国际金融期货与期权交易所推出了基于一种股票的期货合约。目前已开始交易的单一股票期货合约主要涉及报价币种是美元、欧元和英镑的股票。芝加哥商业交易所等交易所如今也推出了类似的期货合约。伦敦国际金融期货与期权交易所英国单一股票期货合约的规格如表 5.4 所示。

表 5.4　　　　　　　　　　英国单一股票期货合约

币种：	英镑
报价单位：	每股若干便士
合约规模：	通常是 1 000 股
交割月份：	3 月、6 月、9 月、12 月和其他月份
交割：	现金结算
最后交易日：	交割月份之第 3 个星期三

资料来源：LIFFE Administration Management.

英国单一股票期货合约也具有现金结算的特点，交易双方无须进行现货交割。例如，一名投资者希望建立 BT 股的多头期货头寸。股票的现行价格是每股 500 便士或 5 英镑。这名投资者以每股 510 便士的价格购买了 20 张 BT 股期货合约，从而确立了 20 000 BT 股的多头头寸。如果投资者实际购入标的股票，总的采购成本将是100 000英镑（5英镑/每股×20 000股）。因此，进行期货交易的一个好处就是，交易商只需投资一定数额的初始保证金，就能达到相同的股市投资额。假设，20张BT股期货合约总的初始保证金要求额度是10 000英镑，仅为标的股票总价值的10%。

现金结算的意思是，虽然投资者是以每股510便士的价格买入了期货合约，但他或她并没有以这一价格实际买入股票的义务。如果期货价格高于510便士，投资者将获利；反之，如果期货价格低于510便士，投资者将亏损。假设，在投资者买入期货合约的当天，期货价格上升了10便士，原因是BT股的价格上涨了10便士。如果投资者决定出售20张BT股期货合约来结束多头部位，他将实现2 000英镑的利润：

$$利润 = 0.1 \times 1\ 000 \times 20 = 2\ 000（英镑）$$

令投资者更加高兴的是，区区10 000英镑的投资就为其带来了2 000英镑的收益，投资回报率高达20%：

$$投资回报率 = (2\ 000/10\ 000) \times 100 = 20\%$$

如果投资者以每股5英镑的价格买入了20 000BT股，投资额共计100 000英镑。如果BT股的价格上涨10便士，投资者得到的收益仍是2 000英镑，但投资回报率则只有2%。投资期货交易的回报率是投资股票的10倍，因为期货交易要求的初始保证金仅为购买标的股票成本的10%。

在英国，与直接购买股票相比，进行股票期货交易还有税收优势。购买股票要向政府缴纳印花税。但进行现金结算的期货交易无须缴纳印花税。期货交易的另一个优势是，建立头寸十分容易，联系经纪人买入或卖出期货合约即可。

一些投资者似乎不愿遵守期货交易的保证金制度，原因可能是监控保证金缴付的不便和需要或心理方面。所持股票表现不佳的投资者总想象着股价可能会回升，而不愿采取措施解决问题。单纯股票交易的损失只体现在纸面上。然而，保证金制度让期货交易的损失每天都能感受得到。虽然它可能给人们造成不便，但它确实鼓励了交易自律行为。

本章小结

短期利率期货合约建立在未来某个确定日期起算的名义存款利率基础上。它的报价形式为100减预期利率。如果最终确定的实际利率大于合约价格标明的预期利率，期货合约的卖方将获利。如果实际利率小于预期利率，期货合约的买方将获利。

主要币种的短期利率期货价格是远期利率协议远期价格确立的基础。由于利率期货工具能用于固定未来的借款利率和再投资回报率，它们的价格必须与即期利率密切相关，否则套利机会就可能产生。

股票指数期货合约是在正规交易所中签订的，在股票指数价值的基础上进行现金结算的协议。交易双方无须进行股票的现货交割。股票指数期货工具可以用于依靠股价的上涨或下跌来获得投机利润。初始保证金投资通常是在股票市场实际购买股票成本的很小一部分。在英国，进行股票指数期货交易还有税收优势。基金管理人员可以通过持有股票指数期货空头，来避免股票组合损失风险。近年来，伦敦国际金融期货与期权交易所和芝加哥商业交易所相继推出了若干种单一股票期货合约。

第6章

利率互换

概　述

　　互换,也叫做掉期,它指互换双方达成协议,在未来一段特定的时间内,定期相互交换根据不同方法计算的某些资产。最普通的利率互换是同种货币浮动利率与固定利率之间的互换,交易一方将基于固定利率的利息款项与另一方基于浮动利率的利息款项相交换。浮动利率定期根据伦敦同业银行拆借利率等基准利率调整。这类利率互换的一个变体是交叉货币互换,即不同货币浮动利率与固定利率之间的互换。

　　在股票互换交易中,一方支付的款项根据一种股票、一篮子股票或一种股票指数价值的变化计算。在商品互换交易中,一方支付的款项根据实物商品的价值计算。各类互换工具被公司、投资机构和银行广泛地用于管理利率、货币、股价、商品价格和贷款违约的风险。此外,它们也被投机者用于谋取投机利润。

英镑利率互换

　　利率互换最普遍、最基本的形式是浮动利率与固定利率之间的标准利率互换,其实质就是在未来将两笔分别基于浮动利率和固定利率的利息款项进行交换。标准利率互换的特点包括:
　　● 名义本金在最初确定后不得变更。
　　● 利息款项的计算以名义本金为基础。

- 一方同意在未来约定一段时间内,在名义本金的基础上按固定利率支付利息。
- 另一方同意在未来约定的一段时间内,在同一笔名义本金的基础上按浮动汇率支付利息。
- 计算基于浮动利率的利息款项时,采用的实际利率要根据基准利率确定。

下面,我们通过一个例子说明标准利率互换交易。假设 A、B 两方签署了一张标准利率互换合约,主要条款如表 6.1 所示。图 6.1 表明了这笔交易的两个支付方。

表 6.1　　　　　　　　　　　英镑利率互换合约

名义本金:	1 亿英镑
固定利率支付方:	A,利率为每年 5%
浮动利率支付方:	B,利率为英镑 12 个月 LIBOR 利率
付款方式:	每年终了支付一次
起算日:	今天
期限:	10 年
初始 LIBOR 利率:	每年 3.75%

图 6.1　利率互换交易的支付方

根据合约,第一次利息支付应在起算日 1 年后进行。注意,浮动利率支付方第一笔利息付款计算依据的实际浮动利率,是交易双方签署合约时确定的。因此,交易双方明确知道他们在第一个支付日应支付的利息款额。在这个例子中,名义本金是 1 亿英镑,第一个支付日时采用的浮动利率是每年 3.75%。因此,在起算日 1 年后的第一个利息支付日,A 方必须支付给 B 方 500 万英镑的利息,B 方必须支付给 A 方 375 万英镑的利息,A 方要付给 B 方 125 万英镑的利息差额。

由于合约有效期是 10 年,A、B 双方还要进行 9 次利息的相互支付。起算日 2 年后的第二个利息支付日时采用的浮动利率,由双方在第一个利息支付日确定。起算日 3 年后的第三个利息支付日使用的浮动利率,将在第二个利息支付日确定。以此类推,如果在互换合约到期时加上本金交换的现金流(这样假设完全不会改变互换交易的性质),利率互换则可以看作固定利率债券和浮动利率债券的交换。在本例中,A方持有的头寸类似于浮动利率债券多头和固定利率债券空头。他的交易对手B方的头寸情况刚好与其相反。

利用利率互换工具避险

在上个示例中,A方非常清楚,起算日1年后自己必须向B方支付125万英镑的利息差额,他为什么仍然愿意与B方进行这笔交易?在市场预期利率将提高的情况下,固定利率支付方在利率互换合约生效的最初几年内要支付利息差额是正常的。假设,利率后来的确升高,固定利率支付方将在合约生效后几年内收到利息差额。合约中规定的固定利率,是确定的第一年基准利率值和未来几年基准利率远期或预期值的平均水平。

为了搞清楚A方愿意进行利率互换交易的原因,假设A方是一家向银行贷了1亿英镑的公司,这笔贷款10年后到期。贷款利息每年终了偿还一次,此时距下一次利息偿还刚好有1年的时间。贷款利率等于每年重新确定的英镑12个月LIBOR利率加上每年0.75%。

由于贷款利率不是固定的,每隔一年调整一次,A公司因而面临着利率升高的风险。利息升高将导致借款成本增加,并可能对公司的利润产生影响。于是,A公司找到了B方,一家从事互换交易的银行,双方签署了表6.1表明的利率互换合约。图6.2将A公司贷款的利息支付与互换交易的利息支付结合了起来。

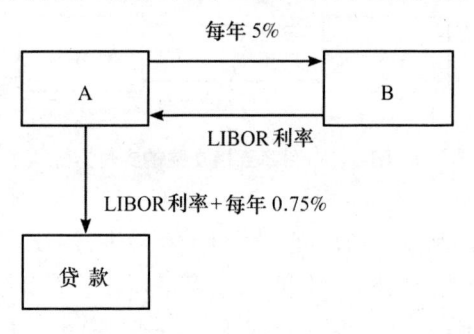

图 6.2 贷款加利率互换

如果在贷款和互换合约有效期内的某一年,英镑12个月LIBOR利率被定为每年6%,A公司该年则必须按6.75%的利率向贷款银行支付675万英镑的贷款利息,并向B银行按5%的利率支付500万英镑的利息。此外,A公司还会收到B银行按6%的利率支付给他的600万英镑。因此,连同银行贷款和互换交易,A公司该年支付的净利息是575万英镑。LIBOR利率对A公司净利息的支付额是否有影响呢?表6.2展示了在LIBOR利率若干可能的水平下,A公司的贷款利息、互换固定利息支付额、互换浮动利息收到额和他们共同决定的净利息。

表6.2　贷款和利率互换交易利息支付相互抵销后的净利息额

(1) LIBOR 利率 （年%）	(2) 贷款利率 （年%）	(3) 贷款利息 （百万英镑）	(4) 互换固定 利息支付额 （百万英镑）	(5) 互换浮动 利息收到额 （百万英镑）	(6) 净利息 支付额 （百万英镑）
4.00	4.75	-4.75	-5.00	4.00	-5.75
5.00	5.75	-5.75	-5.00	5.00	-5.75
6.00	6.75	-6.75	-5.00	6.00	-5.75
7.00	7.75	-7.75	-5.00	7.00	-5.75

表6.2 的第（6）栏表明，无论就特定年份确定的实际 LIBOR 利率是多少，A 公司的净利息支付额都为 575 万英镑。通过进行利率互换交易，A 公司成功地将浮动利率（LIBOR 利率 + 每年 0.75%）贷款变成了固定利率（每年 5.75%）贷款。从另一个角度看，如果 LIBOR 利率未来稳定升高，A 公司通过互换交易获得的利息差额将抵销利率升高导致其借款成本增加的部分。利率互换工具能用于规避利率风险，锁定贷款利率。在这个示例中，贷款利率被锁定在每年 5.75% 的水平上。如图 6.2 所表明的，贷款利率的浮动部分（LIBOR）被互换交易的浮动利率所抵销，剩下的就是贷款利率的固定部分和互换交易的固定利率：

锁定的贷款利率 = LIBOR + 0.75% – LIBOR + 5%
　　　　　　　= 5.75%（每年）

美元利率互换

前一部分列举的示例是非常简单的利率互换交易。不仅如此，该示例还有一点特殊之处，因为支付双方都是每年向对方支付一次利息。在 LIBOR 部分，我们将给出一个较为复杂的示例，一个计价货币为美元的利率互换交易。

表6.3 给出了一张美元利率互换合约的具体条款。交易双方是一家银行和他的客户 ABC 公司。银行是浮动利率支付方，ABC 公司是固定利率支付方。名义本金是 1 亿美元。与其他计价货币为美元的互换交易一样，这笔美元利率互换交易的起算日也是成交后的第二个营业日。银行支付利息自起算日起，每 6 个月终了进行一次；ABC 公司支付利息自起算日起，每年终了进行一次。计算利息时采用的天数计算法是实际数/360。这一方法源于美国货币市场，也被用于计算美元 LIBOR 利率。

表 6.3　　　　　　　　　　美元利率互换合约

名义本金：	1 亿美元
固定利率支付方：	ABC 公司，利率为每年 4.75%，利息每年终了支付一次
浮动利率支付方：	银行，利率为美元 6 个月 LIBOR 利率，利息每半年终了支付一次
天数计算法（适用于交易双方）：	实际数/360
交易日：	2003 年 7 月 31 日
起算日：	2003 年 8 月 4 日
到期日：	2013 年 8 月 4 日
初始 LIBOR 利率：	每年 1.13875%

2004 年 2 月 4 日，银行将首次按最初确定的每年 1.13875% 的利率向 ABC 公司支付 6 个月的利息。这 6 个月共有 184 个日历日，因此，银行应支付的利息是 58.2 万美元（1 亿美元 × 1.13875% × 184/360）。在 2004 年 2 月 4 日这一天，交易双方还要确定 2004 年 8 月 4 日到期的随后 6 个月浮动利息计算依据的美元 LIBOR 利率。2004 年 2 月 4 日与 2004 年 8 月 4 日这中间相隔的 6 个月共有 182 个日历日。假设，针对这 6 个月浮动利息计算确定的美元 LIBOR 是每年 2%，银行在 2004 年 8 月 4 日则应支付 101.11 万美元（1 亿美元 × 2% × 182/360）的利息。

此外，在 2004 年 8 月 4 日，银行还将收到 ABC 公司每年应支付给他的一笔利息。ABC 公司支付的利息按每年 4.75% 的固定利率计算。2003 年 8 月 4 日和 2004 年 8 月 4 日之间共相隔 366 个日历日，因此 ABC 公司第一年应向银行支付 482.92 万美元的利息（1 亿美元 × 4.75% × 366/360）。

这笔美元利率互换交易的有效期是 10 年。在交易于 2013 年 8 月 4 日终止前，银行总共要向 ABC 公司按浮动利率支付 20 笔利息，ABC 公司必须按固定利率向银行支付 10 笔利息。同其他利率互换交易一样，交易双方并不进行本金的交换。

利率互换工具的应用

利率互换工具可以被投机者用于利率投机行为。例如，当投机者认为利率上涨的空间大于市场预期时，他们会作为固定利率支付方进行利率互换交易。如果事实果真如投机者所预计的那样，他们从交易对方收到的浮动利息将大于他们支付的固定利息，这样他们就赚取了利润。然而，大多数利率互换工具的使用者是想控制借款成本和规避利率风险的公司，以及想在固定收益率和浮动收益率之间进行转换的投资机构。以下是可以利用利率互换工具解决的几方面问题：

- 问题1：一家信用评级达到最高的知名公司从银行贷款的利率是LIBOR加上一个比率。这家公司希望能以更低的浮动利率筹集到资金。

解决方案：这家公司发行一种固定利率的债券。由于该公司拥有最高的信用评级，且享有很高的知名度，他可以将债券的票面利率定得相对较低。然后，这家公司再作为浮动利率支付方签署一份利率互换协议。公司可以将通过互换交易收到的利息用于债券利息的支付。取决于协议中规定的利率，公司经常能实现低于LIBOR的融资成本率。

- 问题2：一名货币市场投资者的一笔存款即将到期，目前他正在为利率下降导致再投资收益率降低而担心。

解决方案：这名投资者可与一名交易商签署一张利率互换合约，投资者按浮动利率支付利息，交易商按固定利率向投资者支付利息。合约的名义本金规定为投资者打算再投资的现金数额。这笔交易能将投资者合约有效期内的再投资收益率锁定为一个固定值。

- 问题3：一名投资者持有固定利率债券，但其担心利率可能将升高，从而导致债券价值降低。投资者可以出售债券，来了却这份担心。然而，投资者认为问题是暂时的，并愿意继续持有债券。

解决方案：投资者可以作为固定利率支付方，与其他交易商达成一笔利率互换交易。如果利率升高，投资者收到的利息将大于支付的利息，形成的利息差额将抵销债券价值的下降。

- 问题4：一名货币市场投资者通过将资金存入银行实现的收益率低于LIBOR。LIBOR是银行的借款利率。投资者希望实现更高的收益率。

解决方案：这名投资者可以从交易商那里购买一种固定利率债券，然后，再作为固定利率支付方达成一笔利率互换交易。将互换交易中采用的浮动利率规定为LIBOR。如果互换协议中规定的固定利率低于债券的收益率，投资者通过购买债券和进行利率互换交易实现的净收益率将高于LIBOR。

- 问题5：一家抵押贷款银行的融资成本率是浮动的，但他希望发放固定利率贷款。如果这家银行最终决定以固定利率发放贷款，他将面临利率升高，贷款利息不足以支付融资成本的风险。

解决方案：这家银行可以作为固定利率支付方进行一笔利率互换交易。这样，他可以将通过互换交易收到的利息用于借款成本的支付。

- 问题6：一家公司通过发行固定利率债券进行了融资。他认为，市场利率不久将大幅下跌，从而担心无法利用更低的利率降低融资成本。

解决方案：这家公司可以作为浮动利率支付方进行一笔利率互换交易。如果短期利率降幅很大,他从交易对方收到的利息将大于自己支付的利息,这一利息差额将抵销部分融资成本。

由于互换合约是交易双方直接在场外交易市场签署的,合约条款极其灵活。互换工具的使用者可以根据自己的需要,规定付款日和名义本金数额。此外,除了标准利率互换,还存在许多非标准的利率互换。在某些利率互换交易中,名义本金是变化的。在所谓的分期偿付互换中,名义本金数额在合约有效期内持续减小。这种利率互换工具对一些公司十分有用,如有些公司想利用利率互换工具管理与本金和利息都分期偿还的贷款或债券相关的利率风险。

互换利率与信用风险

表6.4是从《金融时报》(Financial Times)上节选的,以美元、英镑和欧元为计价货币的利率互换协议的互换利率。如有需要,交易商也会给出30年期或期限更长的互换利率。

表6.4　互换利率(2003年8月18日,所有利率都表示年利率)　　单位:%

期限	欧元 买价	欧元 卖价	英镑 买价	英镑 卖价	美元 买价	美元 卖价
1年	2.32	2.35	3.81	3.84	1.36	1.39
5年	3.60	3.63	4.54	4.58	3.78	3.81
10年	4.27	4.30	4.73	4.78	4.93	4.96

资料来源:ICAP plc quoted in the *Financial Times*.

如表6.4所示,10年期英镑利率互换合约的买价是4.73,这表示交易商愿意按每年4.73%的固定利率支付利息,并要求得到交易对方按英镑LIBOR支付的利息。10年期英镑利率互换合约的卖价是4.78,这表明交易商愿意按英镑LIBOR利率支付利息,并要求交易对方按每年4.78%的固定利率向其支付利息。交易商的买卖价差是0.05%。

表6.4表明,互换固定利率与合约有效期长短呈正比,即合约有效期越长,利率越高。原因是当时的市场预期是,未来10年里LIBOR利率有升高的趋势。如前所述,利率互换合约中规定的固定利率是合约签署时确定的最初LIBOR利率与预期的远期LIBOR利率的平均值。如果预计LIBOR利率将不断提高,10年期互换合约的固定利率将高于5年期合约,1年期合约的固定利率最低。

在表6.4中节选数据公布的当天,10年期英国政府债券提供的收益率约为每年4.62%。而此时,10年期英镑利率互换合约的买价是4.73(%),高出了11个基点。这一利率差异产生的原因是,英国政府债券不具有违约风险,但利率互换交易却具有交易对方拒绝履行合约义务的风险。因此,高出的11个基点是对交易商承担交易对手违约风险的补偿。由于大多数利率互换交易是在银行和其他金融机构间进行,这类交易的违约风险处于金融业中违约风险的平均水平。

从承担利率风险的角度看,利率互换交易的双方类似于持有浮动利率债券多头和固定利率债券空头,以及持有浮动利率债券空头和固定利率债券多头。然而,承担的信用或违约风险却并不相同。购买债券的投资者如果收不回本金将遭受严重损失,因此,信用风险与本金和利息都相关。在利率互换交易中,交易双方并不就名义本金进行实际交换,信用风险只与利息有关,即当交易一方收到的利息大于其支付的利息时,另一方拒绝支付。购买债券的信用风险大于进行利率互换交易的信用风险。

利率互换交易的信用风险并未引起足够重视,直到20世纪80年代,一场大灾难严重打击了利率互换市场。英国哈默史密斯-富勒姆地方政府(Hammersmith & Fulham)在一笔基于30亿英镑名义本金的利率互换交易中,未履行其合同义务。当时英国市场利率出现大幅上涨,哈默史密斯-富勒姆地方政府因此面临巨大损失。然而,英国法庭认为,地方政府进行互换交易属于越权行为,因此互换合约在法律上是无效的。这一判决使交易对方(银行)损失了大约10亿美元。

如今,美元利率互换合约具有非常强的流动性,市场也十分巨大,以至于有些公司在决定债券的票面利率时会以合约中规定的规定利率为基准,以吸引投资者。

交叉货币利率互换

在交叉货币利率互换交易中,一定数量的一种货币将定期与一定数量的另一种货币相互换。在互换交易开始时,交易双方通常要按即期汇率交换名义本金,并于最后利息支付日当天按同一汇率再一次交换名义本金。采用的利率可以是浮动的,也可以是固定的。

例如,一家美国公司(A公司)与一家英国公司(B公司)签署了一张交叉货币利率互换合约。A公司的信用评级目前已达到最高级别,B公司的信用评级较低。两家公司都希望能以固定利率进行借款。为了给英国方面的运营提供资金,A公司打算借款1亿英镑并支付英镑利息。为了给美国方面的经营提供资金,B公司打算借款1.5亿美元并支付美元利息。英镑对美元的即期汇率是1英镑兑换1.5美元。表6.5表明了两家公司10年期美元和英镑借款的固定利率。我们假设,利息每年终了支付一次。

表 6.5　　　　　　　　　　　固定借款利率

借款人	美元固定利率(年%)	英镑固定利率(年%)
A 公司	5.00	6.00
B 公司	6.50	6.75

由于 A 公司的信用评级好于 B 公司，A 公司能以相对较低的利率进行美元和英镑借款。可以说，A 公司在美元和英镑的借款利率上拥有绝对的优势。然而，与英镑借款利率相比，A 公司在美元的借款利率上拥有更大的相对优势，因为他在美国拥有更高的知名度。与 B 公司相比，A 公司的美元借款利率每年低了 1.5%，英镑的借款利率则只每年低了 0.75%。为此，A 公司安排了年利率为 5% 的 10 年期美元借款，借款总额为 1.5 亿美元。B 公司则进行了年利率为 6.75% 的 10 年期英镑借款，总额共计 1 亿英镑。然后，他们分别与同一名交易商达成了以下利率互换协议：

1. A 公司：

● A 公司按即期汇率(1 英镑/1.5 美元)将借来的 1.5 亿美元作为名义本金与交易商进行交换，得到了 1 亿英镑。在 10 年后的最后付息日，他们将按同一汇率将名义本金交换回来。

● 交易商同意在今后的 10 年中，在 1.5 亿美元的基础上，按 5% 的年利率每年向 A 公司支付利息。A 公司同意在这 10 年中，在 1 亿英镑的基础上，按 5.75% 的年利率每年向交易商支付利息。

2. B 公司：

● B 公司按即期汇率(1 英镑/1.5 美元)将借来的 1 亿英镑作为名义本金与交易商进行交换，得到了 1.5 亿美元。在 10 年后的最后付息日，他们将按同一汇率再一次就名义本金进行交换。

● 交易商同意在今后的 10 年中，在 1 亿英镑的基础上，按 6.75% 的年利率每年向 B 公司支付利息。B 公司同意在这 10 年中，在 1.5 亿美元的基础上，按 6.35% 的年利率每年向交易商支付利息。

交叉货币利率互换交易的收益

图 6.3 表明了借款和交叉货币利率互换交易的初始本金流动。A 公司将其筹借的美元贷款与互换交易商做了交换，以得到所需的 1 亿英镑资金。B 公司将其筹借的英镑资金与互换交易商做了交换，以得到所需的 1.5 亿美元资金。图 6.4 表明了互换交易和贷款利息每年的支付情况。

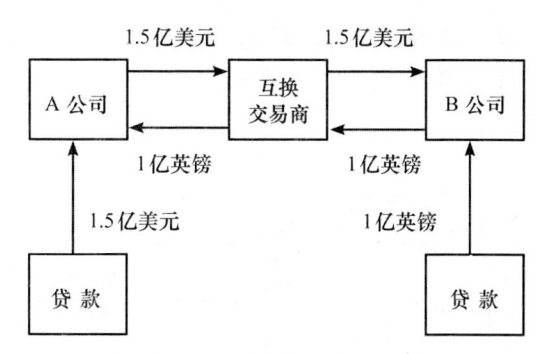

```
                    1.5亿美元          1.5亿美元
         ┌─────┐ ──────────→ ┌─────┐ ──────────→ ┌─────┐
         │A公司│              │互换 │              │B公司│
         │     │ ←──────────  │交易商│ ←──────────  │     │
         └─────┘   1亿英镑    └─────┘   1亿英镑    └─────┘
            ↑                                        ↑
            │ 1.5亿美元                        1亿英镑 │
         ┌─────┐                                  ┌─────┐
         │贷 款│                                  │贷 款│
         └─────┘                                  └─────┘
```

图6.3　本金的初始现金流量

```
                    575万英镑          675万英镑
         ┌─────┐ ──────────→ ┌─────┐ ──────────→ ┌─────┐
         │A公司│              │互换 │              │B公司│
         │     │ ←──────────  │交易商│ ←──────────  │     │
         └─────┘  750万美元   └─────┘  952.5万美元  └─────┘
            ↓                                        ↓
         750万美元                                675万英镑
         ┌─────┐                                  ┌─────┐
         │贷 款│                                  │贷 款│
         └─────┘                                  └─────┘
```

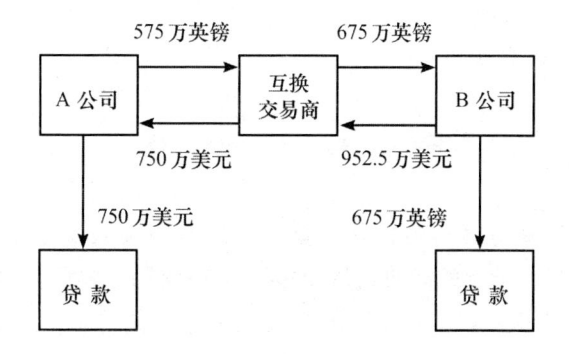

图6.4　每年利息的现金流量

●A 公司每年必须就其贷款支付 750 万美元(1.5 亿美元×每年 5%)的利息。根据 A 公司与交易商的协议，A 公司每年将收到交易商支付的利息，数额也等于 750 万美元。A 公司支付和收到的美元利息刚好完全抵销。因此，A 公司必须支付的净利息额等于他必须按互换协议向交易商支付的 575 万英镑(1 亿英镑×每年 5.75%)。

●B 公司每年必须为贷款支付数额为 675 万英镑(1 亿英镑×每年 6.75%)的利息。根据 B 公司与交易商的协议，B 公司每年将收到交易商支付的利息，数额也等于 675 万英镑。B 公司支付和收到的英镑利息刚好完全抵销。因此，B 公司必须支付的净利息额等于他必须按互换协议向交易商支付的 952.5 万美元(1.5 亿美元×每年 6.35%)。

图 6.5 表明了 10 年后贷款和互换合约到期时的本金流动。通过在此交换，A 公司和 B 公司都分别得到了他们偿还贷款本金所需的 1.5 亿美元和 1 亿英镑。A 公司的净借款成本是在 1 亿英镑的基础上每年按 5.75%的年利率支付利息。这一借款利率比 A 公司直接从银行借入英镑必须支付的贷款利率(每年 6%，参见表 6.5)低了 0.25%。B 公司的净借款成本是在 1.5 亿美元的基础上每年按 6.35%

的年利率支付利息。这一利率较 B 公司直接从银行借入美元必须承担的贷款利率（每年 6.5%，参见表 6.5）低了 0.15%。因此，A 公司和 B 公司都通过交叉货币利率互换交易降低了借款成本。那么，与 A、B 两家公司进行互换交易的交易商的损益又如何呢？

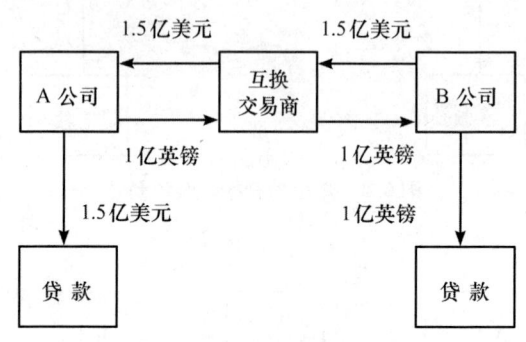

```
            1.5亿美元          1.5亿美元
     ┌─────┐ ←──────  ┌─────┐  ──────→ ┌─────┐
     │A 公司│          │互换 │           │B 公司│
     │     │ ──────→  │交易商│  ←────── │     │
     └──┬──┘  1亿英镑  └─────┘  1亿英镑  └──┬──┘
        │ 1.5亿美元                          │ 1亿英镑
        ↓                                    ↓
     ┌─────┐                              ┌─────┐
     │ 贷款 │                              │ 贷款 │
     └─────┘                              └─────┘
```

图 6.5 本金的最后现金流量

根据互换协议，交易商与两家公司就本金进行两次数额相等、方向相反的交换。因此，交易商在本金上的净收益等于零。交易商每年将收到 A 公司支付的利息 575 万英镑，并向 B 公司支付 675 万英镑的利息。英镑利息的净现金流量是每年负 100 万英镑。此外，交易商每年还将收到 B 公司支付的利息 952.2 万美元，除去向 A 公司支付的 750 美元利息，美元利息的净现金流量是每年正 202.5 万美元。

交易商可以进行一系列远期外汇交易，每年出售多得的 202.5 万美元利息的一部分，用于弥补必须多支付的 100 万英镑利息。由于即期汇率是 1 英镑兑换 1.5 美元，交易商出售 150 万美元就能得到 100 英镑，剩下的 52.2 万美元就是交易商的利润。

A 公司、B 公司和互换交易商实现了"三赢"的关键在于，A、B 两家公司利用他们借款成本的相对优势。与 B 公司相比，A 公司在美元借款上占据着相当大的优势，因为 A 公司在美国的认可度更高。与 A 公司相比，B 公司的信用评级虽然相对较低，但 B 公司在英国的认可度还是比 A 公司高得多。因此，虽然 B 公司的英镑和美元借款利率都高于 A 公司，但英镑的借款利率差异比美元小得多。对他们来说，明智的做法是 A 公司借入美元，B 公司借入英镑，然后再进行交叉货币利率互换交易，以得到他们真正需要的外币资金。

本章小结

互换是交易双方达成协议，在未来一段特定的时间内，定期相互交换依据不同方法计算的某些资产。在标准利率互换交易中，一方支付的利息按约定的固定利率计算，另一方支付的利息按定期参照基准调整的浮动利率计算。利率互换工具的应用范围很广。公司利用它们降低融资成本，或进行固定利率借款与浮动利率借款之间的转换。投资者利用它们进行固定收益率与浮动收益率的转换。标准利率互换合约中规定的固定利率是，交易双方签署合约时确定的最初基准利率值与合约有效期内远期基准利率预测值的平均数。固定利率通常高于相同期限国库券的票面利率，因为互换交易具有违约风险。

交叉货币利率互换交易涉及两种货币，同时名义本金在交易开始和结束时按同一汇率交换两次。如果公司想筹集外币资金，他可能会发现既能降低借款成本，同时又能得到所需资金的方法是：先借入本币，然后再进行交叉货币利率互换交易。

第 7 章

股权与信用违约互换

股权互换

股权互换合约是在场外交易市场中进行交易的一种衍生金融工具,它与在交易所中交易的股票指数期货合约和单一股票期货合约在本质上是相同的。股权互换合约是交易双方达成的一项协议,他们约定在未来一段时间内定期互换(互相支付)利息,其中一方在名义本金的基础上向另一方支付固定利率利息,另一方则按与某种股票、一篮子股票或股票指数挂钩的浮动利率支付利息。

在总收益互换合约交易中,根据股票或股票指数支付浮动利息的交易一方还要考虑股息。当公司持有其他公司的股票时,如果他急需出售股票筹集现金,但同时也愿意在一段时间内持有股票,承担股价波动的风险以获得股票收益,他可以在卖出股票后,与其他交易商达成一笔股权互换交易。通过进行这笔互换交易,公司将定期收到现金形式的股票收益。

假设,某家公司共持有 1 亿股另一家公司的股票。目前,股票每股价值 1 欧元,总价值共计 1 亿欧元。这家公司将这 1 亿股股票卖给了银行,并同时与银行签署了一张为期 1 年的股权互换合约。该公司和银行最初将名义本金设定为 1 亿欧元,并约定将根据合约有效期内股价的变动,定期调整名义本金的数额。根据合约条款,银行必须每季度向公司支付一次股票的总收益(资本利得和股息),公司每季度必须按欧元区银行同业拆借利率(Euribor)向银行支付一次利息。欧元区银行同业拆借利率是短期欧元借款利率的主要参考指标之一,该利率是欧洲银行联盟(European Banking Federation)计算的。图 7.1 表明了每季度的利息支付情况。

```
                按3个月期欧元区银行
                同业拆借利率计算的利息
            ┌─────┐ ←──────────── ┌─────┐
            │ 公司 │                │ 银行 │
            └─────┘ ────────────→ └─────┘
                      股票总收益
```

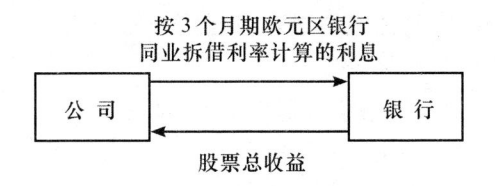

图 7.1 股权互换交易的两个支付方

由于合约有效期为 1 年,交易双方要在合约有效期内进行 4 次相互付息。第一季度的支付将于起算日 3 个月后进行,适用的欧元区银行同业拆借利率是交易双方在签署合约时确定的。假设,银行和公司约定,第一季度支付采用的这一利率为每年 4%。因此,公司必须在自起算日起 3 个月后,向银行支付 100 万欧元(1 亿欧元×4%×3/12)的利息。假设,在第一季度支付日当天,股票的总价值是 1.02 亿欧元,同时股票发行公司在第一季度没有支付股息。由于合约签署时股票的初始总价值是 1 亿欧元,因此,银行必须向公司支付 200 万欧元的差价。抵销后的净结果是,银行向公司支付 100 万欧元。

第一季度支付结束后,交易双方要重新确定名义本金数额和欧元区银行同业拆借利率,为双方第二季度的支付奠定基础。名义本金从 1 亿欧元增加至 1.02 亿欧元。为了简化问题,我们假设欧元区银行同业拆借利率不变,仍为每年 4%,同时股票发行公司在第二季度也没有支付股息。假设,在第二季度支付日当天,股票的总价值是 0.99 亿欧元。因此,公司必须在该日按 4% 的年利率向银行支付 102 万欧元(1.02 亿欧元×4%×3/12)的利息。除此之外,由于此时股票的总价值相比重新确定的名义本金数额减少了 300 万欧元,公司还必须向银行支付 300 万欧元,以弥补银行的资本损失。加总后的净结果是,公司共须向银行支付 402 万欧元。

当股票在支付日的价值高于名义本金时,银行要向公司支付差额;反之,当股票价值低于名义本金时,公司则要向银行支付差额。因此,公司进行这笔股权互换交易承担的风险与他实际持有股票相同。交易双方也可以将名义本金固定为适用于整个合约有效期的一个数额。如果名义本金是浮动的,出售股票的交易方承担的风险与他实际持有相应数量的股票相同。

股权互换的其他应用

股权互换是用途非常广泛的工具,它适用于公司、银行和投资机构。由于股权互换合约是交易双方在场外交易市场协商后直接签订的协议,他们可以根据自己的需要拟定合约条款。交易商通常愿意将任何一篮子股票作为标的资产，前提是他们能有效地规避或降低交易风险。

例如，对于一名想对外国股票进行投资，但却受某些限制条件约束的投资者，他可以通过与交易商签订一张股权互换合约来解决这一问题。互换交易商将在某段时间内每月或每3个月向该投资者支付股票收益，后者将在名义本金的基础上按固定或浮动利率向前者支付利息。交易双方可以将自己熟悉的货币规定为股票收益和利息的计价货币。

上个示例中的投资者也可能作为外国居民实际买入了标的股票，根据税法规定，他必须缴纳股息所得税。如果事实如此，该投资者可以与购买标的股票无须缴纳这项税款的交易商进行一笔股权互换交易。交易达成后，交易商用银行贷款从投资者手中购买了股票。根据互换合约，交易商必须向投资者支付包括毛股息在内的股票收益。作为回报，投资者必须向交易商支付基于一定名义本金的利息，利息计算采用的利率等于交易商的贷款利率加上一个利润率。图7.2表明了投资者和交易商（一家银行）之间进行的这笔互换交易。在这笔股权互换交易中，银行必须支付以美元计价的股票总收益，投资者必须按LIBOR加0.3%的利率支付以美元计价的利息。

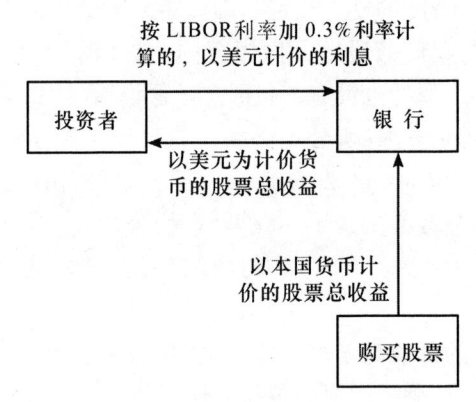

图7.2　总收益互换交易

假设银行能以伦敦同业银行拆借利率贷到资金来购买股票。由于银行将收到投资者按LIBOR加0.3%的利率支付的利息，除去贷款利息，银行将得到正的现金流量。这对银行是必要的，它不仅是银行获利的需要，也是对其管理和规避交易风险的补偿。例如，虽然银行已同意向投资者支付股票收益，他还可能决定另外购买一定数量的同种股票来进行套期保值，以达到降低交易成本的目的。银行还必须管理汇率风险，因为根据互换合约，他必须向投资者支付以美元计价的股票收益，但他因持有股票而获得的股票收益却是以本币为计价货币。

投资者通过股权互换交易,很容易地建立了股票多头头寸,即投资者通过银行间接地持有了股票。利用股权互换工具,投资者也可以很容易建立股票空头头寸。这时,投资者必须向交易对方支付股票收益(正或负)。如果股价下降,投资者要向交易对方支付负的股票收益,即交易对方补偿投资者的资本损失;如果股价上升,投资者要向交易对方支付正的股票收益。

当然,投资者也可以利用股票指数期货和单一股票期货工具,来建立多头和空头头寸(参见第5章)。期货工具的一个缺点是,由于交易在交易所中进行,交易双方必须遵守保证金制度,这可能给他们带来不便。股权互换交易则是在场外交易市场中进行,交易双方可以根据需要制定灵活的合约条款。然而,与清算所提供担保的期货交易相比,互换交易具有违约风险。

股票指数互换

在标准股票指数互换交易中,一方同意根据标准普尔500指数、法国CAC40指数、日经225指数、德国DAX指数和金融时报100种股票指数等股票指数的变动情况定期向另一方支付股票指数收益,而后者则同意在名义本金的基础上按固定或浮动利率支付利息。在合约期内,交易双方可以根据股票指数的变动调整名义本金数额,也可以保持名义本金数额固定不变。

表7.1列出了一张标准股票指数互换合约的主要条款。该合约表明的交易如图7.3所示。交易双方是银行和他的一位客户。银行同意根据股票指数水平的变动,每3个月向客户支付一次包括股票指数股息在内的总收益(正或负)。客户同意在名义本金的基础上,按3个月期英镑LIBOR利率加0.25%的利率,每3个月向银行支付一次利息。在合约有效期内,名义本金是固定的,数额始终是1亿英镑。银行和客户在签署合约时,还确定了第一次支付时依据的LIBOR利率、标的指数水平和股票指数股息收益率。

表7.1　标的指数为金融时报100种股票指数的股票指数互换合约

客户收到:	金融时报100种股票指数价值的变动额以及股票指数的收益
银行收到:	按3个月期英镑LIBOR利率加0.25%的利率计算的利息
支付时间及频率:	自起算日起每季度一次
起算日:	今天
到期日:	1年后
名义本金:	固定为1亿英镑
初始LIBOR:	每年3.75%
初始股票指数股息收益率:	每年3%
初始指数水平:	5 000点

```
                  按3个月期英镑 LIBOR 利率加
                   每年 0.25% 的利率计算的利息
          ┌─────────┐ ←──────────────── ┌─────────┐
          │  客  户  │                    │ 银行（互 │
          │         │ ────────────────→  │ 换交易商）│
          └─────────┘                    └─────────┘
           金融时报 100 种股票指数价值
           的变动额加股票指数股息收益
```

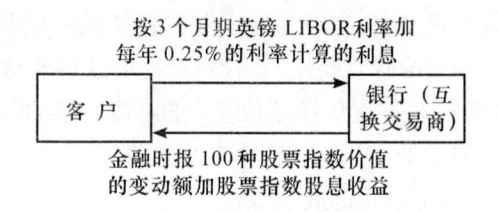

图 7.3　股票指数互换交易的支付方

我们假设,在第一季度支付日当天,金融时报 100 种股票指数的交易价格是 5 100 点,较 5 000 点的初始价格提高了 2%。因此,银行该日必须向客户支付 200 万英镑(1 亿英镑×2%)的股票指数价值变动额和 75 万英镑(1 亿英镑×3%×3/12)的股票指数股息收益,共计 275 万英镑。客户则必须在该日向银行支付 100 万英镑(1 亿英镑×4%×3/12)的利息(4% 的利率等于 3.75% 的初始 LIBOR 利率加 0.25%)。抵销后的净结果是,银行必须向客户支付 175 万英镑。

第一季度的支付结束后,交易双方还要对 3 个月期英镑 LIBOR 利率、股票指数股息收益率和标的指数水平进行调整。重新确定的这些变量是在 3 个月后的第二季度支付日,计算股票指数价值变动额、股票指数股息收益和利息的依据。

由于合约有效期是 1 年,这意味着银行和客户将总共进行 4 次支付。在合约到期日当天,他们将进行最后一次支付,之后合约随即过期。股票指数互换工具使客户间接地持有了多种股票,而无须实际投入资金购入股票,从而节省了交易成本。此外,客户还可以另外进行一笔利率互换交易,将基于 3 个月期 LIBOR 加 0.25% 浮动利率的利息转变为基于一定固定利率的利息,以规避利率风险。

规避股票指数互换交易的风险

在上述股票指数互换交易举例中,银行同意定期向客户支付金融时报 100 种股票指数的总收益。如果支付日当天的指数价格高于约定价格,银行必须向客户支付股票指数价值的增加额。然而,如果支付日当天,指数价格低于约定价格,客户则必须向银行支付股票指数价值的降低额。因此,从本质上讲,银行实际上持有了标的指数的空头。为了规避风险,银行可以到期货市场上买入金融时报 100 种股票指数期货合约。这样,银行就建立了期货多头,期货交易的损益将与互换交易的损益相抵销。银行购买的期货合约必须与互换合约的支付日相匹配。这种避险方法的一个不利方面是,实际期货价格可能高于理论上公允的价格水平。

如图 7.4 所示,银行可以采取的另一种避险方法是,银行可以借资购买旨在跟踪标的指数的一篮子股票,将通过互换交易收到的利息付款用于贷款利息的支付,并将手中股票实现的收益用于互换合约中规定的股票指数价值变动额和股票指数股息收益的支付。假设银行刚好能以LIBOR的借款利率筹集到购买股票所需的资金,这样,银行就成功地避免了进行股票指数互换交易而承担的风险,还同时实现了25万英镑(1亿英镑×0.25%)的利润(不考虑交易成本等因素)。当然,银行必须考虑违约风险。为了避免这一风险,银行可以要求客户提供抵押担保。

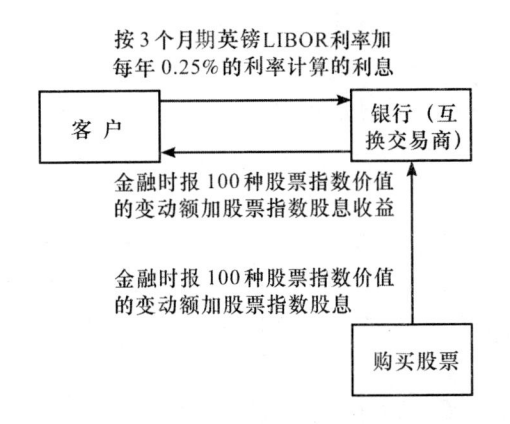

图7.4 在货币市场上规避股票指数期货交易的风险

信用违约互换

在通常情况下,信用衍生金融交易的支付额取决于有关公司的信誉度。具体而言,信用违约互换交易是对贷款或债券的违约风险进行保险的行为。交易双方是信用保护的买方和卖方。买方想利用信用违约互换工具保护的资产通常被称作参考资产。参考资产可能是贷款、债券或其他债务。借款人或债券的发行方叫做参考信用方。在标准信用违约互换交易中,买方将定期根据参考资产的票面价值向卖方支付一定保险费(买方也可以一次性趸缴所有应缴保险费)。如果合约有效期内发生了双方约定的信用违约事件,卖方必须接受买方向其交割的参考资产,并向买方支付参考资产的票面价值。合约也可以规定,如果发生了信用违约事件,买方可以保留参考资产,但必须得到卖方支付的现金赔偿。信用违约事件指依信用违约交易双方之约定,引发信用保护卖方向买方支付的事件。图7.5表明了标准信用违约互换交易的两方支付。

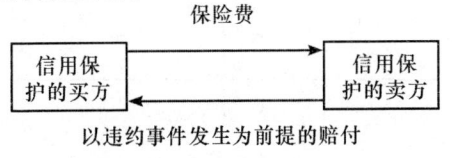

图7.5 标准信用违约互换

交易双方约定的信用违约事件可能包括破产倒闭、无力偿付、无法偿还到期债务和信用评级降到一定等级以下等。在一篮子信用违约互换交易中,参考资产是所有者不同的一篮子资产。在第一违约信用违约交易中,信用违约事件取决于篮子中首先违约参考信用方拥有的参考资产。信用保护的买方包括想降低贷款信用风险的商业银行和力图规避债券违约风险的投资机构。信用保护的卖方包括为违约风险提供保险以赚取保费收入的银行和保险公司。

大多数信用违约互换合约都规定,如果发生信用违约事件,信用保护的买方可按约定价格将参考资产卖给信用保护的卖方。然而,由于法律原因,某些资产是不可转移的。在这种情况下,信用保护的买方有权用可转移的类似资产替代参考资产。有些信用违约互换合约规定,信用违约事件发生后,信用保护的买方可以不转移资产,但信用保护的卖方必须就资产价值的减少额对其进行现金赔偿。对于这类互换合约,交易双方还必须对信用违约事件发生后如何进行资产估价作出规定。通常情况下,交易双方会在向许多交易商进行咨询后,对资产价值作出估计,因为这类资产交易往往很不活跃,因而缺乏可依据的价格参考。

据国际互换与衍生金融产品协会(International Swaps and Derivatives Association,ISDA)的粗略统计,截至2003年年中,信用衍生金融产品的未平仓合约名义本金总额为26 900亿美元,而股票衍生金融产品未平仓合约的名义本金总额也不过27 900亿美元(这些数据已排除重复计算因素)。国际互换与衍生金融产品协会为信用衍生金融产品市场提供了许多重要服务,包括标准化的文件存档。表7.2展示了2003年信用衍生金融产品的使用者人数和买卖双方比例。

表7.2　　　　　　　　　　2003年信用衍生金融产品的用户

机构类型	信用保护的买方(%)	信用保护的卖方(%)
银行	52	39
证券交易所	21	12
对冲基金	12	21
公司	4	16
再保险公司	3	5
保险公司	3	3
共同基金	2	2
养老基金	1	2
政府机构	2	0

资料来源:British Bankers' Association, Lehman Brothers. Quoted in *Financial News*.

信用保护买方支付的保险费

信用保护买方定期向卖方支付的保险费与参考资产的信用价差相关,但不完全相同。信用价差是指包含违约风险的参考资产(如公司债券)当前能为投资者创造的收益,与无违约风险资产(如国库券)当前能为其实现收益的差额。

例如,假设5年期公司债券的投资收益率是每年5%,而5年期国库券的收益率仅为每年4%,这样,5年期公司债权的信用价差则等于每年1%或100个基点。信用价差的大小在很大程度上取决于衡量违约几率的债券等级。此外,它也在一定程度上取决于预期收回率等因素。收回率指投资者预期能从债权发行方收回的票面价值比例,它取决于清偿优先性和有无担保抵押等因素。信用保护的卖方承担了信用保护买方转移的参考资产信用风险,因此,买方应向卖方缴纳保费,保费的数额要反映参考资产的违约风险水平。参考资产的违约风险水平与其信用价差存在一定的相关性。

假设一家保险公司不久前对无风险的国库券进行了投资,投资收益虽然有保障,但收益率较低。因此,该保险公司决定与一家银行签订一张信用违约互换合约,前者为后者提供参考资产的信用保护,后者定期向前者缴纳一定数额的保费。图7.6表明了保险公司的风险头寸。

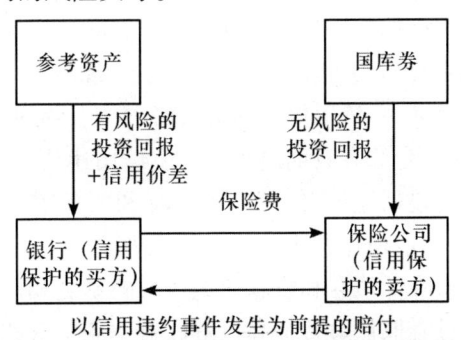

图7.6 购买国库券加信用违约互换交易

如图7.6所示,在互换合约签署前,保险公司的投资不包含任何风险;合约签署后,保险公司则要承担参考资产的信用或违约风险。保险公司此时的风险头寸,就等同于他卖出了国库券,买入了参考资产。银行缴纳的保险费应与参考资产的信用价差相关。在实践中,由于许多原因的存在,信用保护买方实际缴纳的保险费并不等于信用价差。信用价差受资产具有的流动性和违约风险的影响。此外,就信用违约风险交易本身而言,信用保护的买方和卖方还同时面临交易对方违约的风险。

计算信用保护买方应向卖方缴纳多少保险费的方法很多。一种方法是，根据信用价差和与参考资产同属同一信用级别的资产的相关历史违约率，估计参考资产的违约几率，从而在此基础上确定保险费数额。信用评级机构会定期公布各种信用级别包含的每类资产的历史违约率和收回率。这些机构还会公布所谓的转移矩阵，这种矩阵中包含了各种信用级别资产信用等级下降的历史数据。

在计算保险费时，还需要考虑参考资产的预期收回率，即信用违约事件发生时，信用保护买方能收回资产面值的比例。预期收回率取决于资产性质和是否有财产担保等因素。

本章小结

股权互换合约是交易双方签订的，约定在未来一段时间内定期互换利息的协议，其中至少有一方是按与某种股票、一篮子股票或股票指数挂钩的浮动利率支付利息。名义本金根据交易双方的需要，可以固定不变，也可以浮动。通过股权互换交易，交易商和投资者间接地持有了股票的多头或空头头寸。在总收益互换交易中，一方支付的股票收益还包括股息。在股票指数互换交易中，交易一方根据标准普尔500和金融时报100种股票等指数进行支付。股票指数互换交易的风险可以通过进行股票指数期货交易或实际买卖标的股票来规避。

在信用违约互换交易中，信用保护的买方必须按合约约定，向信用保护的卖方缴纳保险费。作为回报，合约有效期内一旦发生信用违约事件，卖方必须向买方进行赔付。信用违约事件包括违约、信用等级下降和财务重组等。信用保护买方缴纳的保险费数额，取决于信用违约事件发生的几率和参考资产的收回率。购买信用保护的机构包括希望降低债券和贷款违约风险的基金和商业银行等。出售信用保护的机构包括想通过赚取保险费提高投资收益率的银行和保险公司等。

第 8 章

期权的相关基本知识

概　述

　　正如我们在第 1 章中提到过的,基于大米、汽油和谷物等商品的期权合约交易历史十分悠久。虽然基于金融资产的期权合约交易出现时间相对较短,但自从芝加哥期权交易所、伦敦国际金融期货与期权交易所和欧洲期货交易所等许多交易所相继推出期权合约后,这类期权交易就取得了十分迅猛的发展。欧式期权合约的买方拥有在未来某个确定的日期(称作到期日)按约定的固定价格(称作行使价格或履约价格)买入或卖出约定数量特定资产(称作标的资产)的权利。注意,不是义务。

　　欧式期权合约只允许买方在到期日当天行使期权,而美式期权合约则允许买方在到期日前的任何一个营业日当天(包括到期日)行使期权。之所以称为欧式或美式期权,纯粹是出于历史原因。交易所中交易的期权合约绝大多数属于美式。在场外交易市场交易的期权合约往往属于欧式,因为期权合约买方不愿为他们能在到期日前行使期权支付额外的权利金,也叫期权费。与标的资产为股票的美式看涨期权合约相比,同种欧式期权合约的价格相对较低,因为在某些时候,在到期日前行使期权对合约买方更为有利。除了美式期权和欧式期权,还有一种介于二者之间的期权,即百慕大期权。百慕大期权合约的买方有权比到期日提前一个或多个营业日行使期权。

　　与远期合约不同,期权合约本身具有一定的灵活性,因为期权合约的买方并不承担必须行使期权的义务,即买方有权拒绝按约定的行使价格买入或卖出一定数量的标的资产。对于这一特别权利,期权合约的买方必须支付一笔权利金给期权合约的卖方。权利金的数额取决于期权合约卖方的预期支出,影响预期支出的主要因素是标的资产价格的波动幅度。当其他因素保持不变时,标的资产价格波动越剧烈,基于该资产期权合约的预期支付越大,期权合约卖方索取的权利金数额也就越大。

下面,我们对一张1年期欧式看涨期权合约进行说明。该期权合约买方有权(但不必须)在1年后以每股100美元的价格买入某股票。如果股价十分不稳定,就增加了到期日当天股票实际价格大大高于期权行使价格的几率。在到期日当天,股票的实际价格越高,期权合约买方行使期权后卖出股票获得的利润越大。然而,股价的高度不稳定也同时增加了到期日当天股价大大低于行使价格的几率。如果股票在到期日当天的价格低于期权行使价格,期权合约买方可以不行使期权,不向期权合约卖方购买股票,他的损失仅限于最初支付的权利金。

交易所中交易的期权合约有标准化的格式,合约义务的履行有清算所的担保。场外交易市场中交易的期权合约是交易双方直接签订的协议,交易双方因而能视彼此的需要拟定合约条款。例如,他们可以对行使价格和到期日进行调整,或将标的资产设定为一篮子股票或股票组合。此外,合约还可以规定,交易双方无须就标的资产进行实物交割,损益以现金形式结算。对于那些不希望经历复杂的实物交割过程并承担相应费用的交易商,这是场外期权交易的一个优势。

看涨期权合约的内在价值和时间价值

看涨期权合约的买方有权(但不必须)按约定的行使价格买入标的资产。表8.1给出了一名交易商购买的一张股票看涨期权合约的详细条款。这名交易商购买的是美式期权合约,这意味着他有权在合约有效期内的任何一个营业日行使期权。现货市场上,标的股票的当前价格是每股100美元,期权的行使价格也是每股100美元。期权卖方向交易商收取的权利金为每股10美元,总额为1 000美元(100股)。

表8.1   看涨期权合约

期权类型:	美式看涨期权
标的资产:	XYZ股
股票现货价格:	每股100美元
合约规模:	100
行使价格:	每股100美元
行使方式:	美式
合约有效期:	1年
权利金:	每股10美元

期权的内在价值,是指期权买方立即行使期权所能获得的收益。在这个示例中,标的股票的现货价格等于期权的行使价格,均为每股 100 美元,因此,交易商(即期权买方)此时行使期权将得不到任何收益。也就是说,该期权当前的内在价值为零。看涨期权的行使价格与标的资产当前现货价格相等的期权叫做平值期权。

当期权内在价值为零时,期权买方必然不会行使期权。假设,交易商买入该期权合约一段时间后,标的股票的现货价格出现了大幅上扬,升至每股 120 美元。这时,交易商购买的平值期权变成了实值期权(看涨期权的行使价格高于标的资产当前的现货价格)。如果交易商决定现在行使期权,以 100 美元的价格买入市价 120 美元的股票,他或她获得的收益将为每股 20 美元。现在,该期权合约的内在价值是每股 20 美元,共计 2 000 美元。然而,这 2 000 美元并不是交易商进行这笔期权交易实现的净利润,而只是毛利润。交易商获得的这一毛利润扣除其最初支付的权利金 1 000 美元后的余额,才是交易商的净利润,数额为 1 000 美元。表 8.2 展示了标的股票现货价格对看涨期权合约内在价值的影响。注意,内在价值永远不会是负值,最小为零,因为当看涨期权内在价值为负(看涨期权的行使价格低于标的资产当前的现货价格)时,期权买方将永远不会行使期权。看涨期权的行使价格低于标的资产当前现货价格的期权叫做虚值期权。

表 8.2   标的股票现货价格对看涨期权合约内在价值的影响

股票现货价格 (美元)	期权的内在价值 (美元)	从内在价值角度对 期权进行划分
80	0	虚值期权
90	0	虚值期权
100	0	平值期权
110	10	实值期权
120	20	实值期权

美式看涨期权合约的内在价值实际上是标的资产现货价格与期权行使价格的差价和零这两个数值中较大的一个。这条定律也适用于欧式看涨期权,虽然欧式期权的买方只能在合约到期日行使期权,获得相应的利润。

期权合约的时间价值是指期权合约买方支付的权利金扣除该期权内在价值后剩余的那部分价值。就上述期权合约而言,其买方支付了每股 10 美元的权利金,该期权当时的内在价值为零,因此,该期权当时的时间价值为每股 10 美元。期权买方必须支付这一价值,因为在合约有效期内标的股票的价格有可能升至高于行使价格的水平。这种可能性对期权买方而言是获利机遇,对期权卖方而言却是损失风险。如果期权买方最终决定行使期权,期权卖方必须按 100 美元的约定价格交割股票，无论交割时股票的市价是多少。因此，期权买方支付的权利金，可以说是对期权卖方承担风险和潜在交易损失的补偿。期权内在价值和时间价值之和等于期权的权利金：

$$权利金 = 内在价值 + 时间价值$$

当其他因素不变时，期权期限越长，其时间价值越大。与1天相比，股价1年内翻番的几率要大得多。这不仅增加了股票看涨期权卖方的潜在支出，也增加了卖方的潜在损失。鉴于此，期权卖方必须收取更高的权利金作为补偿。"时间价值"这一用词可能带有一定的误导性，因为期权买方为期权花费的成本（权利金）扣除期权内在价值后剩余的部分不仅取决于时间（合约有效期的长短），也取决于标的资产价格的波动程度和市场利率水平等因素。

看涨期权买方的净利润（或损失）

如果期权到期时是平值或虚值期权，它的内在价值则为零。在这种情况下，期权不会被买方行使，期权合约因此变得一文不值。另一方面，如果期权到期时是实值期权，它的内在价值则大于零，数额等于标的资产现货价格与期权行使价格之差。期权到期时，它的时间价值为零，因为期权交易的结果此时已非常确定。

为了说明这些效应，让我们回到前一部分列举的看涨期权合约。该期权合约的行使价格是每股100美元，权利金是每股10美元。表8.3展示了期权到期时，在各种可能的股票价格水平下，期权的内在价值和期权买方的净损益。如果股票在期权到期时的价格是每股110美元，期权买方将实现盈亏相抵。这时，期权买方将通过行使期权实现每股10美元的期权内在价值，这一收益刚好与每股10美元的成本（权利金）相抵。因此，期权买方的净利润为零。

表8.3　看涨期权的内在价值和买方的净利润（行使价格：每股100美元；权利金：每股10美元）

单位：美元

期权合约到期时的股价	期权的内在价值	每股净利润（或损失）
50	0	−10
60	0	−10
70	0	−10
80	0	−10
90	0	−10
100	0	−10
110	10	0
120	20	10
130	30	20
140	40	30
150	50	40

图 8.1 将表 8.3 表示的结果直观地反映在了坐标图中。对看涨期权的买方而言，期权交易的损失有上限，最多是每股 10 美元；利润无上限，因为从理论上讲，股价可以升至任何水平。

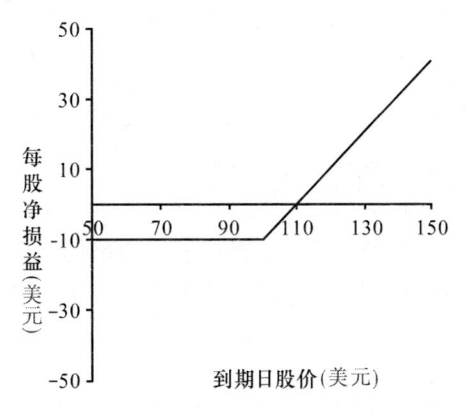

图 8.1　看涨期权合约买方的净利润（或损失）

看涨期权卖方的净利润（或损失）

如前所述，对于看涨期权的买方，期权交易的特点是：潜在损失有封顶，潜在利润无封顶。这好比购买保险，最大的损失只是缴付的保险费。不仅如此，如果买方是在交易所购买的看涨期权合约，他可以很容易地在到期日前卖出已购买的期权合约，从而收回部分权利金。

然而，对于看涨期权合约的卖方，情况则大为不同。图 8.2 表明了前面列举看涨期权合同的卖方可能面临的利润和损失。如图 8.2 所示，看涨期权卖方的利润不超过每股 10 美元，即买方支付的权利金。如果期权到期时的股价大于期权行使

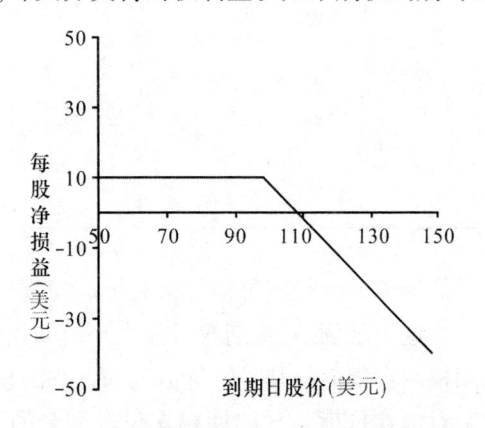

图 8.2　看涨期权合约卖方的净利润（或损失）

价格,卖方很可能遭受损失。例如,假设到期股价是每股 150 美元,期权买方必定会行使期权,这时,期权卖方必须按约定的每股 100 美元的行使价格,卖出当时在现货市场价格为每股 150 美元的股票,每股损失 50 美元。期权卖方收取的每股 10 美元的权利金抵销这一损失后的数额就是他的净损失,即每股 40 美元(不考虑融资和交易成本)。

对于看涨期权的卖方,期权交易的利润有上限,损失无上限。在实践中,专门交易员在卖出期权合约的同时,通常都会采取避险措施,以降低风险。为了规避风险,卖出看涨期权合约的交易商可以买入一定数量的标的资产。如果标的资产的价格升高,交易商可以用出售标的资产的收益去抵销期权交易的损失。这种避险方法属于德尔塔避险法。如果交易商在卖出看涨期权的同时又买入了合适数量的标的资产以达到抵销风险的目的,该交易商的整体风险部位则可以称作德尔塔中性头寸。

看跌期权的内在价值和时间价值

看跌期权的买方有权(但不必须)按约定的行使价格卖出标的资产。表 8.4 列出了一张看跌期权合约的主要条款。该看跌期权合约的行使价格是每股 100 美元,合约有效期为 1 年,权利金是每股 10 美元。当股价下跌时,该看跌期权的买方将获利,他的最大损失仅限于支付的权利金。由于期权的行使价格和标的股票当前的市价均为每股 100 美元,如果期权买方现在行使期权,他获得的利润将为零。考虑到最初支付的权利金,期权买方将遭受每股 10 美元的损失。

表 8.4   看跌期权合约

期权类型:	美式看跌期权
标的资产:	XYZ 股
股票现货价格:	每股 100 美元
合约规模:	100
行使价格:	每股 100 美元
行使方式:	美式
合约有效期:	1 年
权利金:	每股 10 美元

看跌期权的内在价值等于期权行使价格与标的资产现货价格的差价和零这两者中数值较大的一个。在这个示例中,该期权目前为平值期权,其内在价值暂时为零。由于权利金等于期权内在价值与其时间价值之和,因此,权利金此时只包含时间价值。期权买方必须对内在价值为零的期权支付权利金的合理性在于:股价未来可能下跌。当这种情况出现时,期权将变成实值期权,从而具有正内在价值。

假设，买方在买入看跌期权合约一段时间后，股价跌至每股 80 美元。这时，如果看跌期权买方决定行使期权，他可以到现货市场上以这个价格买入股票，然后将股票以每股 100 美元的行使价格转售给期权的卖方。通过行使期权，期权买方实现了每股 20 美元的毛利润，即期权此时的内在价值。如果期权买方预期股价将进一步下跌而决定暂时不行使期权，一旦股价反弹，他很可能无法实现本能获得的 20 美元利润，甚至遭受净损失。想象一下，不久之后股价迅速上涨，很快升到每股 120 美元。在这种情况下，期权买方将放弃权利，因为期权已由实值期权变成了虚值期权，它的内在价值此时为零。然而，期权买方的损失也只是权利金。表 8.5 展示了标的股票价格对该看跌期权内在价值的影响。

表 8.5　标的股票价格对看跌期权内在价值的影响

股价(美元)	内在价值(美元)	期权类型
80	20	实值期权
90	10	实值期权
100	0	平值期权
110	0	虚值期权
120	0	虚值期权

看跌期权买方的净利润（或损失）

表 8.6 和图 8.3 表明了上述看跌期权合约买方的净利润。对于看跌期权的买方，期权交易的损失有上限，即最初支付的权利金。如果标的资产的市价低于期权的行使价格，期权则具有正内在价值，期权买方通过行使期权通常能实现正的毛利润。净利润等于期权内在价值与权利金的差额。

表 8.6　看跌期权的内在价值和买方的净利润（行使价格：每股 100 美元；
权利金：每股 10 美元）　　　　　　　　　　　　　　　　　　　　单位：美元

期权到期时的股价	期权的内在价值	每股净利润（或损失）
50	50	40
60	40	30
70	30	20
80	20	10
90	10	0
100	0	−10
110	0	−10
120	0	−10
130	0	−10
140	0	−10
150	0	−10

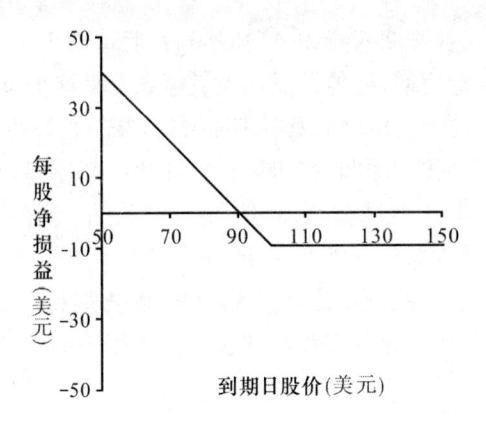

图 8.3　看跌期权合约买方的净利润（或损失）

看跌期权卖方的净利润（或损失）

看跌期权买方的潜在损失仅限于权利金,他的利润事实上也有上限,因为股价不会降到零以下。然而,买方的潜在利润却相当大。承担主要风险的是看跌期权的卖方。如果期权买方绝定行使期权,卖方必须按约定的行使价格买入标的资产,无论该资产的实际现货价格如何。

图 8.4 表明了上述看跌期权合约卖方的净利润（或损失）。标的资产是某股票,行使价格是每股 100 美元,权利金是每股 10 美元。只要股票的市价高于看跌期权的行使价格,买方绝不会行使期权。在这种情况下,看跌期权卖方实现的利润等于权利金。然而,一旦股价跌到看跌期权的行使价格以下,买方就很可能行使期权。如果买方决定行使期权,看跌期权卖方必须按约定的行使价格买入实际价值较低的标的资产。如图 8.4 所示,该看跌期权卖方的盈亏相抵点是 90 美元。当股价降为每股 90 美元时,如果期权买方行使期权,卖方将遭受每股 10 美元的损失。

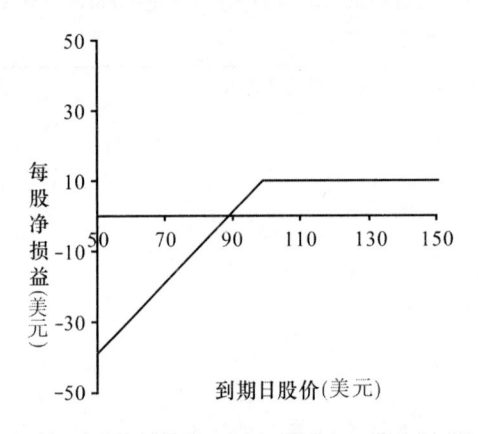

图 8.4　看跌期权合约卖方的净利润（或损失）

这一损失刚好与卖方收取的权利金相抵。

对于看跌期权的卖方,期权交易的利润有上限(权利金),损失也有上限。但潜在的最大损失额远远大于可能实现的最大利润。如前所示,在实践中,交易员在卖出期权合约的同时,通常都会采取必要的措施来降低风险。看跌期权卖方承担的风险是,一旦出现股价暴跌的情况,将遭受巨额损失。可以采取的一种避险方法是,向标的股票的持有人借股,并向其承诺一段时间后一定归还所借股票,然后将股票拿到现货市场上出售。如果股价下跌,看跌期权卖方就能以较低的价格回购股票,将其还给最初的持有人。买卖股票的收益将抵销期权交易的损失。这也是一种德尔塔避险法。

本章小结

看涨期权赋予其买方按行使价格买入标的资产的权利,而非义务。看跌期权则赋予其买方按行使价格卖出标的资产的权利,而非义务。对于美式期权,期权买方可以在合约到期日或之前的任何一个营业日行使期权,然而,对于欧式期权,期权买方只能在合约到期日行使期权。期权买方有行使或不行使期权的权利,为了获得这项权利,他必须向期权卖方支付一笔权利金。对于期权买方而言,期权交易的损失仅限于权利金,但潜在收益则大得多,甚至没有上限。对于期权卖方而言,期权交易的最大利润不超过买方支付的权利金,但潜在损失却大得多,甚至没有上限。

权利金包含期权内在价值和时间价值两部分。看涨期权的内在价值,是标的资产现货价格与期权行使价格的差价与零这两个数值中较大的一个。看跌期权的内在价值,是期权行使价格与标的资产现货价格的差价与零这两者中数值较大的一个。期权的内在价值永远不会为负值,因为期权买方永远不会行使内在价值为负的期权。期权买方为购买期权支付的权利金还包括扩期权的时间价值。即使期权当前的内在价值为零,但仍存在其内在价值在期权到期前变为正值的可能性。这就为期权买方提供了潜在的获利机会。为了得到这一机会,期权买方必须支付反映潜在利润的时间价值。当其他因素保持不变时,期权合约期越长,期权的时间价值越大。除了合约有效期长短,标的资产价格的波动程度和市场利率等因素也影响期权的时间价值。

第 9 章

利用期权工具避险

概　述

　　养老基金和保险公司等机构投资者面临着股票、债券和其他金融资产价值波动的风险。借款利率、汇率和实物商品价格可能发生对公司不利的波动，从而导致公司利润下降。食品生产者发现，一旦出现农产品价格剧烈波动的局面，管理公司的运营将变得十分困难。

　　这些风险以及其他一些风险都可以利用远期、期货或互换工具来规避。担心美国股票组合的投资遭受潜在损失的投资者，可以通过建立标准普尔 500 指数期货空头头寸，来消除自己的这份担心和忧虑。如果股票价格下跌，股票投资的损失将被期货交易的利润抵销。即将收到一笔外币款项的公司，可以与银行签署一份直接远期外汇协议，约定在未来某个日期，按某一固定的汇率将外币卖给银行。担心汇率升高的公司可以利用利率互换工具，锁定借款利率。担心农产品价格波动的农场主可以通过建立期货空头头寸，来规避商品价格风险。

　　利用远期、期货和互换工具规避风险有许多优势。然而，上述避险战略也具有一个相同的缺点：价格、汇率和利率风险的有效规避，是以放弃这些市场变量有利波动带来的潜在收益为代价。

　　通过出售股票指数期货合约来避免因股市下跌而遭受损失的投资者，也同时失去了股市上涨带动投资收益率提高的机会，因为股票投资的部分收益将被期货交易的损失所抵销。承诺按约定汇率出售外币的公司在规避了汇率风险的同时，也主动放弃了以可能出现的有利即期汇率卖出外币，从而换回更多本币的机会。利用利率互换工具锁定借款利率的公司一方面有效地规避了利率风险，但另一方面，他牺牲了借款成本可能因市场利率降低而减少的潜在机会。卖出商品期货合约的农场主必须按约定价格交割标的商品，无论交割时商品的现货价格如何，如果现货价格高于期货价格，农场主则损失了部分利润。

如果利用期权工具避险，损益情况将截然不同。期权工具能有效地规避市场变量波动的风险，更重要的是，这类避险工具的使用者无须放弃变量有利变动的潜在收益。期权工具的缺点是，期权买方在买入期权时必须向有关卖方支付一笔权利金，即存在一定的避险成本。本章将讨论利用股票期权工具避险的几种战略，以及欧式期权合约与远期合约的关系。第11章和第12章将分别围绕货币期权和利率期权工具的避险战略展开详细论述。

再论利用远期工具避险

本章将围绕一名投资者的案例展开避险战略的阐述。该投资者持有一种股票，股票目前的即期价格为每股100美元。由于投资者持有股票的多头头寸，他将因股价的上涨或下跌而获利或损失。图9.1中的斜线直观地表明了股票即期价格与投资者损益的关系。如果股价跌至50美元，投资者每股将损失50美元。如果股价涨至150美元，投资者每股将获利50美元。

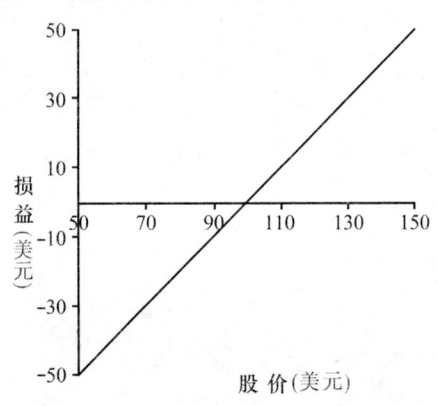

图9.1 持有股票多头头寸的损益情况

注：股票当前的即期价格是100美元。

假设，投资者正在担心市场中的短期因素可能导致股价下跌。显然，为了消除这一担心，投资者可以售出股票，将投资转换为现金或其他资产。然而，这并不是解决问题的最佳方法。投资者持有的股票可能是一项长期投资，他所担心的股价下跌问题可能只是暂时的，持续时间超不过2~3个月。如果现在卖出股票，投资者以后可能必须回购股票,这意味着很高的交易成本。投资者可能希望,自己所持股票的收益率大于基准指数的收益率,但也不要偏离过多。如果投资者持有的股票是蓝筹股或某股票指数的主要构成股票,出售全部股票实现的收益率往往会大大高于基准指数。投资者也可以只出售手中的部分股票,但如果出售的股票数量足够大,则可能成为导致股票价格下跌的原因之一。

如果存在基于投资者所持股票的远期合约,投资者可以采取的另一种解决方法就是,卖出标的资产为该股票的远期合约,建立远期空头头寸。假设,投资者想规避未来最近3个月内股价下跌的风险。目前,市场利率是每年4%,股票的收益率是每年2%。因此,股票的净持有成本是每年2%或3个月0.5%。我们可以使用现购自持法,计算出标的股票3个月的远期价格:

$$3个月远期价格 = 100 + (100 \times 0.5\%) = 100.50(美元)$$

投资者与一名交易商签署了一张远期合约,并同意在3个月后按100.5美元的价格出售股票。该远期合约还规定,交易双方无须进行现货交割,合约到期时以现金结算损益。如果3个月后股票的即期价格低于100.5美元,交易商必须按差价向投资者支付一定数额的现金。如果3个月后股票的即期价格高于100.5美元,投资者则必须按差价向交易商支付一笔现金。

图9.2展示了在到期日股价的各种可能水平下,投资者股票投资和远期合约交易共同决定的净损益情况。图9.2中的虚线表示远期合约交易的损益,细实线表示股票投资收益,粗实线表示投资者的净损益。表示远期合约交易损益的虚线与横轴的交点是100.5美元,表示股票投资收益的细实线与横轴交于100美元。如果到期日股价是零,投资者通过远期合约交易将获得每股100.5美元的利润;如果到期日股价等于200美元,投资者将因进行远期合约交易而蒙受每股99.5美元的损失。

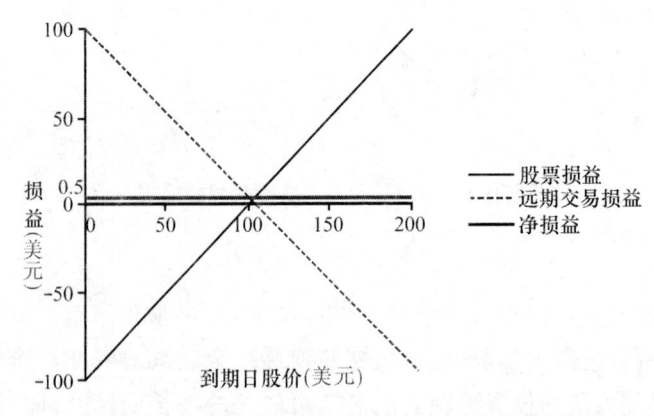

图9.2 股票投资损益、远期合约交易损益和投资者的净损益

图 9.2 中表示投资者净损益的粗实线与横轴平行,与竖轴交于 0.5 美元。这表明,无论股价在到期日当天高于还是低于 100 美元,投资者总能实现每股 0.5 美元的净收益。例如,如果到期日当天,股价跌至 90 美元,股票投资损失的每股 10 美元将被远期合约交易每股 10.5 美元(100.5 美元 - 90 美元)的利润完全抵销,抵销后剩余的每股 0.5 美元则是投资者的净收益。如果到期日当天,股价涨至 110 美元,股票投资获得的每股 10 美元收益将足以抵销远期合约交易给投资者造成的每股 9.5 美元(110 美元 - 100.5 美元)损失,抵销后剩下的投资者净收益也等于每股 0.5 美元。

通过使用远期工具,投资者保证了每股 0.5 美元的净收益这一结果,让人们产生了某种错觉。在计算投资者的净收益时,我们忽略了一点:投资者选择继续持有股票,而不是出售股票,然后将得到的现金存入银行。这表明,投资者实际上放弃了本能赚取的利息收益。如果将这一机会成本考虑进来,投资者的实际净收益则低于每股 0.5 美元。

然而,总的来看,避险有利有弊。避险一方面使投资者无须担心股价下跌,投资收益有了保障。但另一方面,它也导致投资者无法在股价上涨时获得更大的收益。通过利用远期工具,投资者将潜在风险和潜在收益都转移给了交易对手。

保护性看跌期权战略

为了避免因股价不利波动而遭受损失,投资者也可以考虑采用保护性看跌期权战略,即买入基于所持股票的看跌期权合约。期权的具体行使价格取决于投资者想要得到的保护程度和愿意支付的权利金数额。假设投资者联系到一名交易商,后者愿意在投资者支付每股 3.46 美元权利金的前提下,向其出售一张行使价格为 95 美元的 3 个月期欧式看跌期权合约。该期权合约规定,交易双方无须进行现货交割,交易损益以现金形式结算。

如果期权合约到期时,股票的即期价格低于期权的行使价格,交易商必须按差价向投资者支付一笔现金。与远期合约不同,如果股票在期权合约到期时的即期价格高于期权的行使价格(期权的内在价值为零),投资者可以不行使期权,从而无须按差价支付现金给交易商。如果不行使期权,投资者期权合约交易的损失仅限于最初支付的权利金。

表 9.1 列出了期权合约到期日当天,即期股价各种可能的水平下,股票投资和看跌期权合约交易各自的损益,以及它们共同决定的投资者净损益。股票投资的损益等于股票初始价格(100 美元)与到期日当天价格的差价。看跌期权合约交易

的损益等于期权合约到期时的内在价值与投资者最初缴付权利金的差额。投资者的净收益等于股票投资和期权合约交易损益相互抵销后的结果。

表9.1　　　　股票投资损益、期权合约交易损益和投资者的净损益　　　　单位：美元

期权合约到期时 股票的价格	股票投资 的损益	看跌期权合约 交易的损益	净损益
70	-30	21.54	-8.46
80	-20	11.54	-8.46
90	-10	1.54	-8.46
100	0	-3.46	-3.46
110	10	-3.46	6.54
120	20	-3.46	16.54
130	30	-3.46	26.54
140	40	-3.46	36.54

如表9.1所示，当到期日股价为70美元时，股票投资将遭受每股30美元的损失，期权此时的内在价值等于每股25美元（95美元－70美元），减去权利金，期权合约交易将为投资者实现每股21.54美元（25美元－3.46美元）利润，投资者的净损失为每股8.46美元。当到期日股价为140美元时，股票投资将实现每股40美元的利润，期权此时的内在价值等于零，期权合约交易将使投资者遭受每股3.46美元的损失（即权利金）。投资者的净收益是每股36.54美元。

当到期日股价为103.46美元时，投资者将实现盈亏相抵，股票投资的收益刚好能完全弥补期权合约交易的损失。这一盈亏相抵点表示的股票价格高于股票最初的价格100美元，因此被称作上升盈亏相抵点。当到期日股价为95美元时，投资者的净损失将达到最大，即每股8.46美元。期权此时的内在价值为零，损失等于每股5美元的股票投资损失和每股3.46美元的期权合约交易损失。当到期日股价低于95美元时，投资者的净损失始终是每股8.46美元，因为股票投资的更大损失将与期权合约交易创造的收益完全抵销。

保护性看跌期权战略的损益

图9.3展示了前面示例中那名投资者进行股票投资和看跌期权合约交易各自的损益情况。其中，实线表示股票投资的损益，虚线表示看跌期权合约交易的损益。如图9.3所示，当股价降到95美元以下时，期权合约交易创造的利润开始抵销股票投资的损失。

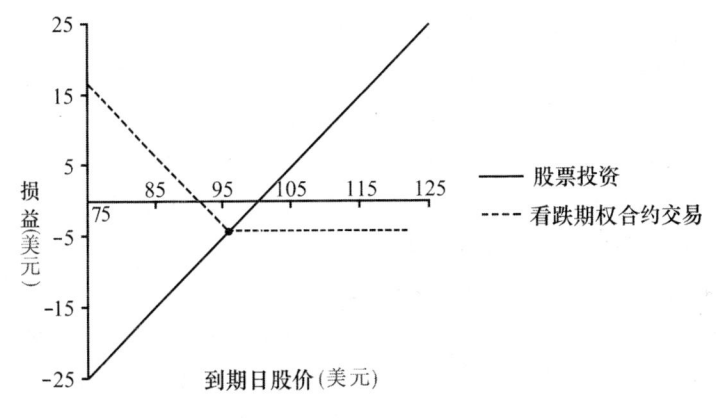

图 9.3　股票投资与看跌期权合约交易的损益比较

图 9.4 比较了投资者股票投资的损益和利用期权工具避险实现的净损益。其中,实线表示股票投资的损益,虚线表示投资者的净损益。如图 9.4 所示,当股价降至 95 美元以下时,投资者的净损失达到最大,损失额为每股 8.46 美元。当投资者买入看跌期权合约时,标的股票的即期价格(100 美元)低于期权的行使价格(95 美元),因此投资者买入的是虚值期权。这意味着,股价必须至少下跌 5 美元,才能使看跌期权合约提供的保护真正发挥作用。当股价下跌 5 美元或更多时,投资者的净损失始终是每股 8.46 美元,原因是看跌期权交易收益无法抵销股票投资的全部损失,抵销不了的那部分损失总等于每股 8.46 美元。如前所述,投资者的盈亏相抵点是 103.46 美元。

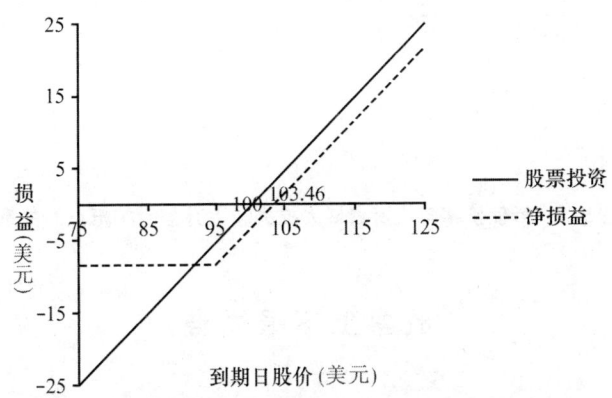

图 9.4　股票投资与利用看涨期权工具避险实现的净收益

调整看跌期权合约的行使价格

假设交易商还为投资者提供了另外两张行使价格不同的看跌期权合约:90 美

元和100美元,从期权内在价值的角度看,行使价格的调整可能会改变投资者所买期权合约的类型。投资者在前面买入的,行使价格为95美元的期权合约是虚值期权合约。如果将行使价格调低为90美元,期权仍将是虚值期权,而且程度大于行使价格为95美元的期权。如果行使价格调高至100美元,期权将由虚值变为平值。如果行使价格高于100美元,期权则变为实值期权。表9.2和图9.5比较了行使价格分别为90美元、95美元和100美元时,投资者必须支付的权利金、股票投资与期权合同交易的净损益和上升盈亏相抵点。通过比较可以发现,期权的行使价格越高,投资者的最大损失越小,上升盈亏相抵点越高(向横轴右侧移动的距离越大)。这表示,随着行使价格的提高,在看跌期权工具能发挥保护作用前,股票价格必须下跌的幅度也随之增大。

表9.2　　期权行使价格对权利金、投资者最大损失和上升盈亏相抵点的影响　　　单位:美元

行使价格	权利金	最大损失	上升盈亏相抵点
90	1.89	−11.89	101.89
95	3.46	−8.46	103.46
100	5.68	−5.68	105.68

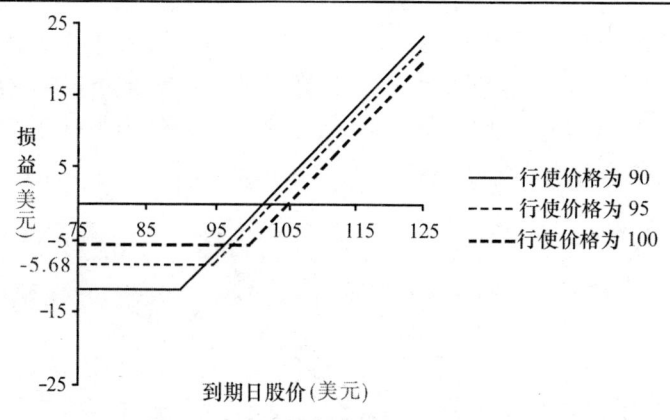

图9.5　行使价格与投资者最大损失和上升盈亏相抵点的关系

股票上下限战略

买入虚值期权合约的好处是,投资者以合理的成本(即权利金)获得了合理程度的股价下跌保护。为了收回成本,投资者并不需要股价大幅上涨,即上升盈亏相抵点向横轴右侧移动的距离很大。理解投资者为何不愿支付过多权利金不难,难的是搞清楚投资者不希望上升盈亏相抵点向右移动过大距离的原因。

答案取决于投资者的目标。如果投资者是一名股票基金管理人员,其投资组

合的收益率很可能会被拿来与标准普尔500指数等基准股票指数的收益率相比较。假设，投资者的目标是，努力使其所在基金股票组合的投资业绩高于基准指数。通常情况下，股票组合的投资业绩只可能在一定程度上高于基准股票指数。

拥有这样一个目标的基金管理人员在采取保护性看跌期权战略时，面临着这样一个问题：如果股价出现了上涨而不是下跌趋势，权利金就好比是股票组合投资业绩的"固定负载"，因为只有当股价升幅必须大于权利金数额时，股票投资和看跌期权合约交易的净收益才大于零。与此同时，其他未买入看跌期权合约来避险的投资者将实现更大的收益。因此，基金管理人员采取保护性看跌期权战略面临着这样一个风险：如果股价上涨，其所属基金的投资业绩将低于竞争对手管理的其他基金。

解决此问题的一种方法是，买入程度较深的虚值看跌期权合约。虚值程度越深，投资者必须支付的权利金越少。然而，期权合约提供的保护程度也越小。换言之，期权买方的潜在最大净损失将增大，导致期权的避险保护作用对买方而言变得毫无价值。另一种解决方法是，在买入一张看跌期权合约的同时，卖出一张基于相同标的股票的虚值看涨期权合约。这两张期权合约的交易对方往往是同一名期权交易商。通过卖出看涨期权合约获得的权利金有助于抵销购买看跌期权合约的成本。如果投资者预期股价涨停价格高于看涨期权行使价格的可能性很小，看涨期权合约的买方很可能不会行使期权。在任何情况下，卖出看涨期权合约的风险都非常有限，因为投资者是标的股票的实际所有者。

假设投资者决定与一名期权交易商达成以下两笔欧式期权合约交易，他们的标的股票和合约有效期相同，但行使价格和权利金不同。投资者所买看跌期权合约的行使价格是95美元，权利金是每股3.46美元；投资者所售看涨期权合约的行使价格是110美元，权利金是每股2.61美元。投资者和期权交易商约定，合约到期时，双方无须进行现货交割，而只就损益进行现金结算。如果看跌期权合约到期日当天的股票价格低于95美元，交易商必须向投资者支付看跌期权当时的内在价值。如果看涨期权合约到期日当天的股票价格高于110美元，投资者必须向交易商支付看涨期权当时的内在价值。这种既持有股票多头，又同时持有看跌期权多头和看涨期权空头的避险战略叫做上下限。保护性看跌期权战略与上下限战略的区别就在于，上下限战略还额外要求投资者卖出一张合适的看涨期权合约。

图9.6展示了采取上下限战略，投资者的损益情况。当股价跌至95美元时，投资者的损失将达到最大的每股5.85美元。这一最大损失包含每股5美元的股票投资损失和每股0.85美元的期权权利金收支差额。如果股价进一步下跌，投资者的损失也不会因此增大，因为股票投资的额外损失和看跌期权交易的收益刚好能相互抵销。当股价涨至110美元时，投资者的利润将达到最大的每股9.15美

元。这一最大收益等于每股10美元的股票投资收益减去每股0.85美元的权利金收支差额。如果股价进一步上涨,股票投资的额外收益和看涨期权合同交易的损失刚好将相互抵销。

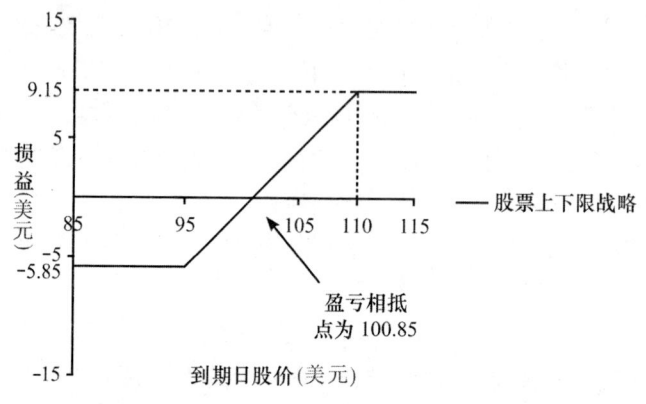

图9.6 投资者采用上下限战略实现的净损益

注:看跌期权和看涨期权的行使价格分别为95美元和110美元。

当股价为100.85美元时,投资者将实现盈亏相抵。这一上升盈亏相抵点与之前只买入相同一张看跌期权合约,而不同时卖出看涨期权合约的盈亏相抵点(103.46美元)相比,更接近股票的初始即期价格(100美元)。采用上下限战略的优势是,当股价上涨幅度不是很大时,它降低了股票投资业绩相对较差的可能性。采取该战略的劣势是,如果股票价格高于看涨期权合约的行使价格,投资者的收益将仅限于每股9.15美元。这时,与那些采取保护性看跌期权战略的竞争者相比,投资者的业绩将显得相对较差。然而,如果投资者认为股价在随后3个月内大幅上涨的可能性很小,上下限则是非常合理的避险战略。投资者只需花费很少的成本,就能获得很大程度的保护。

零成本上下限战略

与普通上下限战略相同,零成本上下限战略也涉及投资者买入一张看跌期权合约和卖出一张看涨期权合约。零成本上下限战略区别于其他上下限战略的地方在于,它要求投资者以相同的权利金,买卖看跌期权合约和看涨期权合约。然而,这并不意味着不存在潜在损失。如果股价涨幅过大,利润在达到最大后将不再进一步增加。换言之,投资者面临着股市反弹时,无法实现更大利润的风险。为了说明零成本上下限战略,我们假设投资者同意与一名交易商进行如表9.3所示的两笔期权合约交易(从投资者的角度看):

表9.3　　　　　　　　　　　零成本上下限战略案例

交易类型	合约有效期	行使价格	权利金
买入看跌期权	3个月	95美元	-3.46美元
卖出看涨期权	3个月	107美元	+3.46美元

投资者所卖看涨期权合约的行使价格是每股107美元,低于之前的每股110美元。随着投资者降低看涨期权的行使价格,投资者收取的权利金也相应地发生了调整,从之前的每股2.61美元增加为每股3.46美元。这样一来,投资者为买入看跌期权合约支付的权利金和通过卖出看涨期权合约收到的权利金刚好抵销。图9.7展示了采用零成本上下限战略投资者的损益情况。当股价跌至95美元时,投资者的损失达到最大的每股5美元。如果股价进一步下跌,投资者的损失并不会进一步增大,原因是看跌期权合约交易的收益刚好能抵销股票投资的进一步损失。投资者的最大利润是每股7美元,这时股价从100美元涨至107美元。如果股价进一步上涨,投资者的利润并不会相应增加。

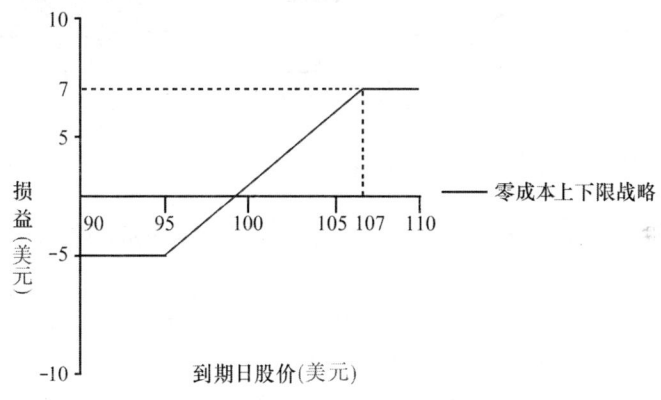

图9.7　零成本上下限战略

注:看跌期权和看涨期权的行使价格分别为95美元和107美元。

零成本上下限战略的优势是,投资者无须花费任何成本,就能得到合理程度的保护。虽然投资者仍面临股价上涨时投资业绩较差的风险,但如果投资者预期股价上涨的可能性很小,采取零成本上下限战略就是可行的。

权利金等于标的资产远期价格的上下限战略

如果零成本上下限战略涉及的两张期权合约的行使价格等于标的股票理论上公允的远期价格,投资者的总损益情况将发生什么变化呢?为了找到答案,我们假

设投资者与一名交易商签署了如表9.4所示的两张期权合约(从投资者的角度看):

表9.4　　　　　　　　看跌期权与看涨期权平价原理的案例

交易类型	合约有效期	行使价格	权利金
买入欧式看跌期权	3个月	100.5美元	-5.94美元
卖出欧式看涨期权	3个月	100.5美元	+5.94美元

　　投资者支付和收到的权利金完全相互抵销。投资者通过买卖上述两张期权合约持有的风险头寸,事实上相当于持有标的股票的远期空头部位,如图9.8所示。图9.8中表示总损益的虚线与前面图9.2中表示远期合约交易损益的虚线相同。

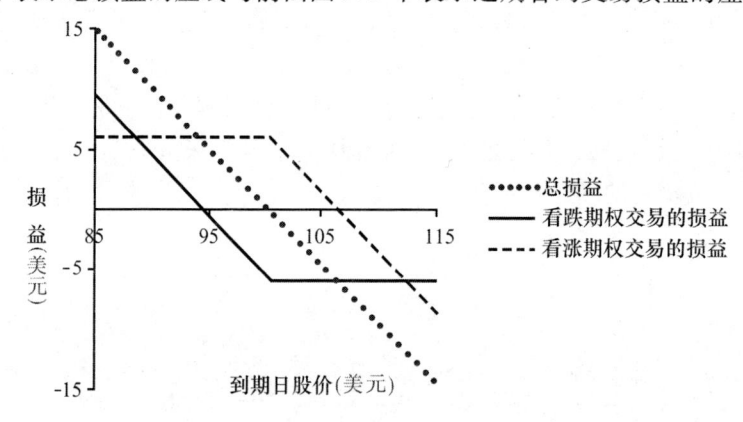

图9.8　采取权利金等于公允远期价格的零成本上下限战略的损益

　　最后,我们将股票投资损益、通过采用零成本上下限战略间接进行的远期合约交易损益和投资者的净损益放到一个图中进行分析,如图9.9所示。其中,细实线表示股票投资损益,它与横轴交于100美元;虚线表示远期合约交易损益,它与横

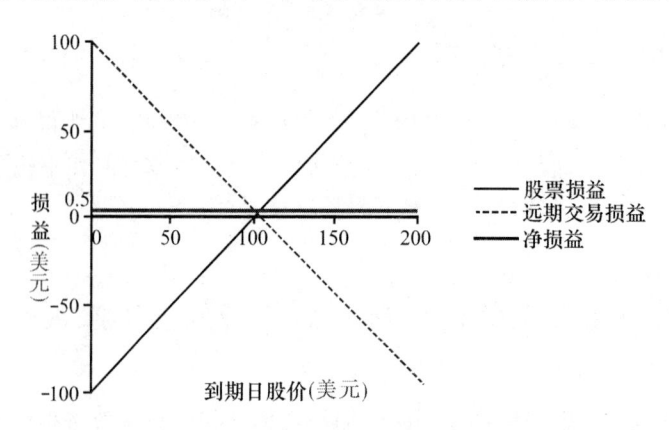

图9.9　股票投资损益、远期合约交易损益和投资者的净损益

轴交于100.5美元；粗实线表示投资者的净损益，它与横轴平行，与竖轴交于0.5美元，这表明，无论到期日股价是多少，投资者都将实现每股0.5美元的净收益。这一结果与持有股票，并同时卖出价格为100.5美元的3个月期远期合约相同，如前面图9.2所示。

上述分析揭示了欧式期权一条非常重要的原理——看跌期权和看涨期权平价。（这条原理不适用于美式期权）

- 远期空头。分别买入一张看跌期权合约和卖出一张看涨期权合约，两张合约的期限相同，而且行使价格都等于标的资产理论上公允的远期价格。
- 远期多头。分别买入一张看涨期权合约和卖出一张看跌期权合约，两张合约的期限相同，而且行使价格都等于标的资产理论上公允的远期价格。

在实践中，看跌期权和看涨期权平价原理非常有用。当寻找远期合约的买方很难时，可以通过买卖期权合约建立想要的远期头寸。买卖的两张欧式期权合约的权利金必须都等于标的资产理论上公允的远期价格，否则就会产生套利机会。例如，如果交易商能通过买卖两张相对的欧式期权合约，以不同的价格持有远期空头和多头，交易商就能获得套利利润。

基于障碍期权的保护性看跌期权战略

前面几部分中关于避险战略讨论的中心问题是，如何以合理的成本规避风险。如果投资者采用基于平值期权的保护性看跌期权战略，投资者不仅要承担相对较高的成本，而且一旦股价上涨，投资者实现的收益率将低于市场中愿意承担股价波动风险而不采取避险措施的其他投资者。如果投资者采用基于虚值期权的保护性看跌期权战略，投资者承担的成本虽然有所降低，但这种避险战略无法为其提供足够程度的保护。上下限战略虽然能锁定收益，但采用它的同时，投资者也必须放弃股价上涨带来的更高收益。通过卖出远期合约建立远期空头来避险，投资者无须支付权利金，但与上下限战略一样，稳定的收益是以无法获得股价上涨时的更高收益为代价。这将导致投资业绩相对较差。

上述这些避险战略都有各自的优点和缺点。除了他们，还有许多其他的战略供投资者选用。奇异期权的出现为投资者避险提供了更好的战略。奇异期权种类繁多，这里我们着重介绍障碍期权。障碍期权与标准欧式和美式期权的不同之处在于，交易损益是否结算取决于合约有效期某段特定的时间内，标的资产的价格是否达到交易双方约定的某个水平，这一价格水平叫做障碍价格。障碍期权合约的交易双方在签署合约时设定了两个价格：一个是普通的行使价格；另一个是障碍价格。障碍期权又分为两类:失效期权和生效期权。失效期权,是指当标的资产价格涨至或跌至障碍价格时,期权随即失效的期权。生效期权,是指当标的资产价格涨至或跌至障碍价格时,期权随即生效的期权。有些障碍期权合约同时具备失效和生效的特点。有些失效期权合约可能规定,如果期权最终失效,期权卖方必须向期权买方退还部分权利金。表9.5列出了障碍期权的主要类型。

表9.5　　　　　　　　　　　　　障碍期权分类

障碍期权类型		特点
失效障碍期权	上限失效型	当标的资产价格升至障碍价格时,期权随即失效
	下限失效型	当标的资产价格降至障碍价格时,期权随即失效
生效障碍期权	上限生效型	当标的资产价格升至障碍价格时,期权随即生效
	下限生效型	当标的资产价格降至障碍价格时,期权随即生效

前面示例中的投资者可能愿意考虑,买入一张障碍价格高于行使价格的上限失效型障碍期权合约。这张期权合约与标准看跌期权合约的唯一区别在于,当股票价格涨至障碍期权合约规定的障碍水平时,合约将立即失效。假设,投资者在与一名交易商磋商后,双方签署了如表9.6所示的包含以下条款的障碍期权合约:

表9.6　　　　　　　　　　　　障碍期权合约案例

合约类型	合约有效期	行使价格	障碍价格	权利金
上限失效型	3个月	95美元	105美元	-2.92美元

根据上述合约条款,如果股价在合约有效期内涨到105美元的障碍水平,合约将立即失效。该障碍期权合约的权利金低于行使价格同为95美元的标准看跌期权合约。投资者和交易商还约定,如果期权合约失效,交易商无须向投资者退还部分权利金。卖出看跌障碍期权合约的交易商愿意降低权利金的原因是,预期支出相对较少,因此承担的风险较小。

对于投资者,买入看跌障碍期权合约的好处是显而易见的。投资者必须支付的权利金数额较小,这降低了他的避险成本。更重要的是,当股价上涨时,投资者实现的收益率低于其他不避险投资者的几率也降低了。如果投资者预期,股票价格不可能达到障碍水平,买入上限失效型看跌障碍期权合约则是一种可用的合理避险战略。当投资者采用这种战略时,面临的实际风险是,如果期权合约因股价达到障碍水平而失效,投资者将失去保护。一旦股价下跌,投资者将遭受不可预计的损失。

障碍期权合约的价值变化趋势很有意思。图9.10展示了上述上限失效型看跌障碍期权合约具有的价值与标的股票价格之间的关系(实线)。为了便于比较,

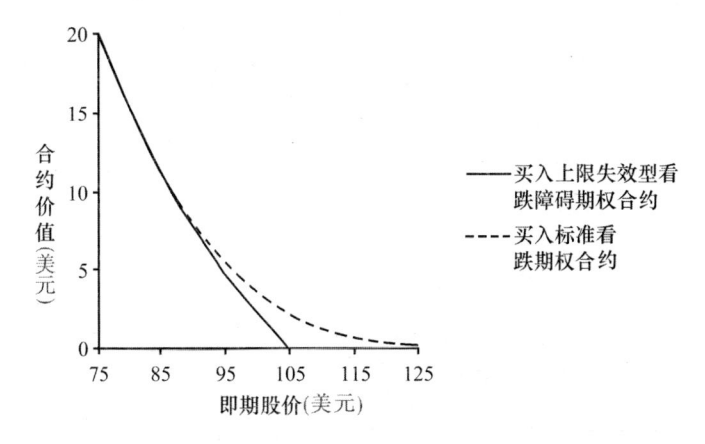

图 9.10　障碍期权合约和标准看跌期权合约价值变化趋势的比较

图 9.10 还用虚线反映了标准看跌期权合约价值与标的股票价格之间的关系。如图 9.10 所示，随着股价逐渐接近 105 美元的障碍水平，障碍期权合约的价值迅速降低，直到变为零。这反映了合约生效可能性将随着股价的上涨不断增大。标准期权合约的价值虽然也与股价呈反比关系，但它的价值永远不会降为零，而且下降的速度也相对较慢。

卖出有保护之看涨期权合约战略（买标的—卖期权）

最后，我们介绍投资者还可以采用的一种避险战略——买标的—卖期权。"买标的"指购买从而实际持有想投资的资产；"卖期权"指卖出基于持有资产的看涨期权合约。从本质上讲，该战略并不能降低投资者面临的风险，但通过卖出看涨期权合约收到的权利金可以抵销股票投资的一部分损失。假设前面案例分析中的投资者拥有当前价格为 100 美元的股票，基于手中股票，投资者卖出了一张如表 9.7 所示，包含以下条款的看涨期权合约：

表 9.7　　　　　　　　买标的—卖期权战略的案例

合约类型	合约有效期	行使价格	权利金
看涨期权	3 个月	110 美元	+2.61 美元

图 9.11 展示了当投资者采用买标的—卖期权战略时，投资者的净损益情况。其中，实线表示股票投资本身的损益情况。虚线表示投资者采用买标的—卖期权

战略,用权利金抵销股票投资损失的净结果。通过卖出看涨期权合约获得的权利金,使投资者能在股价跌至97.39美元前获得收益。投资者的盈亏相抵点是97.39美元,这一盈亏相抵点低于股票的初始价格,因此是降低盈亏相抵点。如果股价跌到盈亏相抵点以下,投资者将遭受损失。如果不卖出看涨期权合约,当股价开始跌到100美元以下时,投资者就将遭受损失。

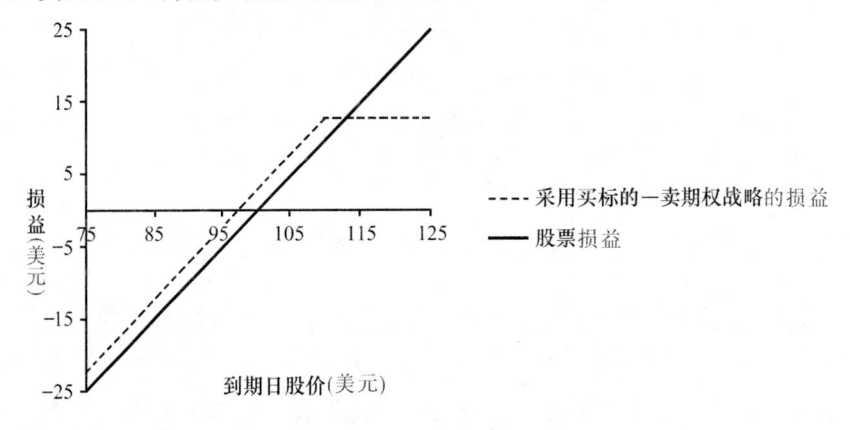

图9.11 采用买标的—卖期权战略对净损益的影响

如果到期日的股价高于97.39美元,投资者将获得收益。当到期日的股价等于或高于110美元时,投资者的收益将达到最大的每股12.61美元。这说明,当股价涨至110美元时,股价的进一步上涨并不会使投资者的收益也相应增加,原因是看涨期权合约的买方将在股价高于110美元时行使期权,从而导致股票投资的任何额外收益刚好将被期权交易的损失抵销。如果投资者预期,股价在未来3个月内涨至110美元的可能性很小,采用买标的—卖期权战略则是降低股票投资损失的有效方法。

当股价相对稳定时,为了获得额外收入,投资者经常采用买标的—卖期权战略。采用该战略的风险很低,因为持有股票多头实现的收益将抵销持有看涨期权空头的潜在损失。该战略的最大风险是,当股价大幅上涨时,总的投资收益率将低于仅持有股票而不卖出看涨期权合约的其他投资者。为了规避这一风险,投资者可以时刻跟踪股价的波动,在股价呈现出上涨空间巨大时回购看涨期权合约。

本章小结

实际持有股票的投资者可以通过卖出远期或期货合约,来规避因股价不利变化而遭受潜在损失的风险。采用这种避险方法的问题在于,为了达到规避风险的目的,投资者不得不放弃股价有利变化带来的更大收益。保护性看跌期权战略有效地解决了这一问题。如果股价下跌,期权交易的收益将抵销股票投资的损失。如果股价上涨,投资者可以不行使期权,股票投资的收益扣除权利金后的净额就是投资者实现的净收益。采用保护性看跌期权战略的不利一面是,当股市大幅上涨时,权利金这一避险成本可能导致投资者的收益相对较低。为了降低这一风险,投资者可以在继续持有股票和买入一张看跌期权合约的同时,再卖出一张虚值看涨期权合约,即采用上下限战略。与保护性看跌期权战略相比,采取上下限战略降低了投资者的最大损失,然而,它同时也限制了最大收益。如果投资者想以更低的成本采用保护性看跌期权战略,买入上升失效型看跌障碍期权合约将是一个不错的选择。当股价升至障碍水平时,合约将失效。这样,股票投资的收益将只因期权交易更低的权利金而有所降低,从而使投资者能在股价大幅上涨时扩大收益。

  看跌期权和看涨期权平价原理只适用于欧式期权合约。该原理表明,通过分别买入和卖出一张期限相同,行使价格都等于标的资产公允远期价格的看涨和看跌期权合约,投资者可以建立远期空头。买标的—卖期权战略是指在持有某项资产的同时,卖出一张基于该资产的看涨期权合约。当股市稳定时,通过卖出看涨期权合约收到的权利金作为收入能提高投资收益。采取该战略的风险在于,当股价超过看涨期权合约的行使价格时,投资者的收益将不再进一步增加。

第10章

交易所中交易的股票期权合约

概　述

　　购买股票期权合约,既可以联系场外交易市场中的交易商,也可以到欧洲期货交易所、伦敦国际金融期货与期权交易所和芝加哥期权交易所等大型交易所进行交易。对于交易所中交易活跃的那些股票期权合约,他们的市场价格比较稳定,交易因有与交易所联系的清算所担保而不具有违约风险。

　　近年来,一些交易所推出了所谓的变通股票期权合约,允许交易双方根据需要自主拟定某些合约条款。然而,交易所中交易的大多数股票期权合约都有标准化的统一格式。交易所对股票期权合约的行使价格和期限设置了若干种选择。在交易所中,基于小公司股票的期权合约交易很难达成。反之,场外交易市场中的交易商则愿意买卖基于任何公司股票的期权合约,前提是他们能有效地规避相关的风险。不仅如此,场外交易商还提供许多种非标准的股票期权合约,统称为奇异期权。

　　对于某些股票期权合约,有些交易所并不要求他们的买方在交易开始时全额支付权利金,买方可以按权利金的一定比例缴纳初始保证金,通过他们的经纪人存入清算所。对于伦敦国际金融期货与期权交易所推出的单一股票期权合约,这类股票期权合约的买方必须先向卖方支付全部的权利金;他们的卖方必须遵守保证金制度。卖方在建立头寸前,必须首先通过他们的经纪人将初始保证金存入清算所。头寸结束前,期权合约交易的损失将导致保证金账户余额的减少,这时,他们将接到清算所通过其经纪人发出的补缴保证金通知。为了继续保持头寸,他们必须按要求补缴保证金。清算所收取的初始保证金数额,取决于标的资产价格的波动程度和合约期限等因素决定的交易风险。在实践中,为了避免补缴保证金的复杂程序,经纪人通常会建议客户缴纳大于最低限额的初始保证金。

交易所也提供基于标准普尔500指数、金融时报100种股票指数和德国DAX指数等主要股票指数的期权合约。这些期权合约主要分为两类:一类是股票指数期货期权,行使期权的结果是持有期货空头或多头;另一类是股票指数期权,交易双方根据标的指数的约定价格和即期价格的差价进行现金结算。当看涨期权合约的买方行使期权时,差价等于即期指数价格减行使价格;当看跌期权合约的买方行使期权时,差价等于行使价格减即期指数价格。场外交易商也从事股票指数和一篮子股票作为标的资产的期权合约买卖。

一些机构根据自己所持其他公司股票发行的,被称作备兑认股权证(Covered Warrants)的证券实际上是一种股票期权合约。认股权证通常在伦敦证券交易所等股票市场上挂牌交易。[1] "备兑"的含义是,权证发行人安排足够的基础证券,以做好发行在外的权证行权时的支付准备。机构和个人投资者都购买认股权证。认股权证可以是基于一种股票或一篮子股票的看涨或看跌期权合约。结算根据权证发行人和持有人之间的约定,可采取现金或实物形式。

伦敦国际金融期货与期权交易所中交易的英国股票期权合约

表10.1列出了在伦敦国际金融期货与期权交易所中挂牌交易的,基于苏格兰皇家银行集团(Royal Bank of Scotland Group)所发股票的期权合约最近的价格。在这些价格信息公布之时,期权合约还有两个多星期就将到期,作为标的资产的苏格兰皇家银行集团股票(以下简称银行股票)当时的市场价格是1 781便士或17.81英镑。

表10.1 苏格兰皇家银行集团股票期权合约的权利金和未平仓量

行使价格 (便士)	看涨期权的 权利金(便士)	看涨期权合约 的未平仓量	看跌期权的 权利金(便士)	看跌期权合约 的未平仓量
1 600	186.5	37	3.5	102
1 700	92	255	14.5	171
1 800	27.5	224	58.5	62
1 900	4	62	134	0
2 000	2	0	—	0

资料来源:LIFFE Administration Management.

---

[1] 从历史的角度看,与英国相比,德国的认股权证零售市场更为活跃。

伦敦国际金融期货与期权交易所推出的苏格兰皇家银行集团股票期权合约都属于美式，买方可以在合约到期日前的任何一个营业日及合约的到期日行使期权。表10.1仅仅给出了某个时点上，5种行使价格不同期权合约的价格。大多数市场参与者都倾向买卖处于平值状态的期权合约。随着即期市场上股价的波动，交易所将不断推出其他行使价格的期权合约，以吸引参与者积极进行交易。报价单位是每股若干便士，但每张期权合约的规模都等于固定的1 000股。

这些期权合约交易的结算为实物形式。如果看涨期权合约的买方行使期权，他将得到1 000股股票。作为回报，买方必须向卖方支付一笔数额等于行使价格与1 000乘积的现金。持有期权空头的市场参与者必须交割股票。股票的交割和现金的支付总是通过清算所进行，从而避免了交易的违约风险。

表10.1中的未平仓量表示，多少张期权合约在数据公布之时尚未平仓。一些交易商时刻关注着看涨和看跌期权合约的未平仓数量，他们根据这些信息预测市场未来走势。未平仓的看跌期权合约多于未平仓的看涨期权合约，这可能意味着投资者和投机者预期股价有下跌的趋势。反之，则可能表明，投资者和投机者预测股价未来很可能上涨。下面我们对表10.1中的部分数据进行更为详细的剖析。

• 行使价格为1 600便士的看涨期权合约。买方拥有按每股16英镑的价格买入1 000股股票的权利，而非义务。买方必须向卖方支付每股1.865英镑或总额共计1 865英镑的权利金。由于股票当时的即期价格是每股17.81英镑，低于期权的行使价格，因此，这些看涨期权合约处于实值状态（买方有权以16英镑的价格购买价值17.81英镑的股票）。这些期权合约的内在价值等于每股1.81英镑（17.81英镑-16英镑），因此，它们的时间价值等于每股0.055英镑（1.865英镑-1.81英镑）。时间价值很低的原因一方面是合约很快就将到期，另一方面是合约到期时将处于虚值、平值或实值状态不能完全确定。这些期权合约在到期时很可能处于实值状态。

• 行使价格为1 800便士的看涨期权合约。由于行使价格高于股票当时的即期价格，这些看涨期权合约处于虚值状态。它们的内在价值等于零，时间价值等于每股0.275英镑。股价在合约到期前或到期时高于18英镑的可能性较大，合约买方必须为这一可能性支付每股0.275英镑的权利金。同一天，交易所公布的，行使价格同为1 800便士，1个月后到期的看涨期权合约的权利金是每股0.50英镑。到期时间越靠后，股价超过行使价格的可能性越大。

• 行使价格为2 000便士的看涨期权合约。这些期权合约的虚值程度更深，因为它们赋予了买方以20英镑的价格购买价值17.81英镑资产的权利。合约的内在价值为零，时间价值等于每股0.02英镑，即权利金。这说明，这类看涨期权合约非常便宜，原因是当前价格为17.81英镑的股票在两个多星期的时间内，涨到20

英镑以上的可能性很小。

• 行使价格为 1 700 便士的看跌期权合约。由于标的股票当时的即期价格仅略高于 17 英镑的行使价格,这些看跌期权合约的虚值程度很低。它们的内在价值等于零,时间价值与权利金相等,同为每股 0.145 英镑。

股票期权:从买方的角度分析期权合约交易的损益

图 10.1 展示了前一部分分析的股票看涨期权合约(行使价格为 1 800 便士)买方在合约到期时可能获得的利润或遭受的损失。为了购买这样一张看涨期权合约,买方必须向卖方支付每股 0.275 英镑的权利金。只有在到期日当天的股价高于 18 英镑的情况下,买方才会行使期权。否则,买方将放弃行使期权,让合约自动过期。在这种情况下,买方的全部损失等于最初支付的权利金。如果不考虑融资和交易成本,买方将在到期日股价为 18.275 英镑时实现盈亏相抵:

每股权利金 = 0.275 英镑

盈亏相抵点 = 行使价格 + 权利金 = 18 + 0.275
= 18.275(英镑)

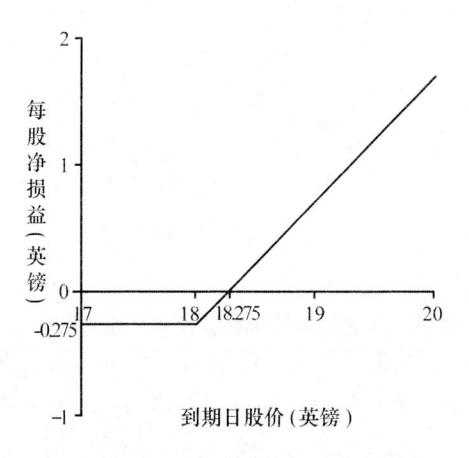

图 10.1 看涨期权合约买方的损益情况(行使价格为 18 英镑)

当到期日当天的股价等于 18.275 英镑时,期权的内在价值仅为每股 0.275 英镑,刚好能弥补买方为买入期权合约而付出的权利金成本,因此,买方此时的净损益等于零。买方十分确信,股价未来很可能会超过 18.275 英镑,否则,买方将无法实现利润,也就不会买入看涨期权合约了。在实践中,股价实际上必须稍高于这一水平,才能使买方在扣除经纪人佣金、借款成本和利息机会成本等额外成本后,仍可以获利。

与看涨期权合约的买方相比，卖方承担的风险要大得多。这是卖方必须遵守交易所保证金制度的原因。此外，卖方还面临期权提前行使的风险。伦敦国际金融期货与期权交易所的单一股票期权合约属于美式，这意味着买方可以在合约到期前的任何一个营业日行使期权，而不必等到合约到期时才行使期权。如果一名买方决定提前行使期权，该交易所将随即指定期权合约卖方中的一位与买方了结交易，被指定的这名卖方必须按行使价格卖出标的股票。

由于发行股票认购权和发放特别股息等一些所谓的公司行为，伦敦国际金融期货与期权交易所和其他交易所对股票期权合约的条款进行了适当的调整。然而，合约条款并没有因为普通股息的发放而有所调整。在股票发行公司宣布的除息日后购入股票的人将不会得到即将分发的该期股息。因此，股票的市场价格将下跌，从而导致基于股票的看涨期权合约的价值也将相应降低。这可能促使实值美式看涨期权合约的买方在除息日前行使期权，以获得股息，并同时避免因期权价值不久将降低而遭受损失。

美国股票期权合约

表10.2展示了在芝加哥期权交易所挂牌交易的1个月期微软公司股票期权合约近期的部分价格。每张合约的规模都是100股，报价单位为每股若干美元。期权合约属于美式，交易双方要进行实物结算。合约条款也因为某些公司行为而发生了调整。表10.2中的信息是截至公布之时的最新交易价格。当时，微软公司股票的即期价格是每股26.17美元。接下来，我们要对表中的部分数据进行详细的分析。

表10.2　　微软公司股票期权合约的权利金和未平仓量

行使价格(美元)	看涨期权合约的权利金(美元)	看涨期权合约的未平仓量	看跌期权合约的权利金(美元)	看跌期权合约的未平仓量
22.50	3.90	903	0.15	760
25.00	1.85	3 250	0.60	10 420
27.50	0.55	39 740	1.80	12 613

资料来源：CBOE.

● 行使价格为22.50美元的看跌期权合约。由于股票当时的即期价格是26.17美元，这些看跌期权合约处于相当严重的虚值状态。因此，买方只需支付很少的权利金，就能买入一张这样的看跌期权合约。这些期权合约的内在价值等于零,时间价值等于权利金。买方必须为买入内在价值为零的期权合约支付权利金的原因是,在合约到期前的 1 个月内股价可能跌至行使价格以下,从而使期权合约具有正的内在价值。由于权利金等于每股 0.15 美元,只有当合约到期时的股价不高于 22.35 美元时,买方才不会遭受损失。

- 行使价格为 25.00 美元的看跌期权合约。这些看跌期权合约的虚值程度低了很多,虽然它们的内在价值仍然等于零。然而,对于行使价格较高的虚值看跌期权合约而言,股价跌至行使价格以下的可能性也更大。换言之,行使价格越高,买方获利的几率越大。为了拥有更好的获利前景,买方支付的权利金也相应提高了每股 0.45 美元,增至每股 0.60 美元。

假设一名交易商通过支付每股 0.60 美元的权利金,买入了一张基于微软公司股票的看跌期权合约,该期权合约的行使价格是 25 美元。图 10.2 表明了这名交易商进行这笔期权合约交易面临的损益情况。如果不考虑经纪人佣金和融资成本,交易商的盈亏相抵点是 24.40 美元。如果到期日股价为 24.40 美元,期权合约的内在价值等于每股 0.60 美元,交易商行使期权能获得每股 0.60 美元的利润。这一利润刚好使交易商收回了购买期权合约时支出的权利金成本,从而使其实现了盈亏相抵。交易商买入看跌期权合约说明,他相当确信,在合约到期前的 1 个月内,股票价格将在某个时点上跌到期权的行使价格以下。

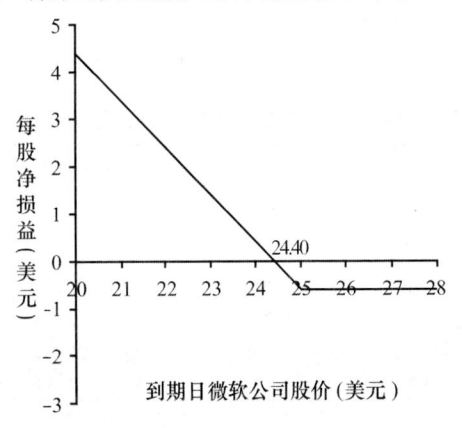

图 10.2 微软公司股票看跌期权合约买方的损益情况(行使价格为 25 美元)

标准普尔 500 指数期货期权

除了股票期权合约,交易所还提供基于股票指数的期权合约。芝加哥商业交易所推出了以标准普尔 500 指数期货合约作为标的资产的期权合约,这种指数期货期权合约的交易极其活跃。表 10.3 列出了一张标准普尔 500 指数期货期权合约的主要条款。

表 10.3　芝加哥商业交易所推出的标准普尔 500 指数期货期权合约

合约规模：	一张标准普尔 500 指数期货合约
最小变动价位：	0.1 个指数点
每张合约的最小变动值：	25 美元
合约月份：	一年中所有 12 个日历月

资料来源：CME.

　　看涨期货期权合约的买方将通过行使期权，建立标准普尔 500 指数期货的多头。看跌期货期权合约的卖方将通过行使期权，建立标准普尔 500 指数期货的空头。标准普尔 500 指数期货合约的合约月份包括 3 月、6 月、9 月和 12 月。对于上述标准普尔 500 指数期货期权合约以及作为他标的资产的那张标准普尔 500 指数期货合约，每个指数点都价值 250 美元。该期货期权合约的最小变动价位是 0.1 个指数点，因此每张期权合约的最小变动值等于 25 美元（250 美元 × 0.1）。合约在芝加哥商业交易所的交易大厅交易几小时后，将进入该交易所的全球电子交易系统（GLOBEX）中继续交易。

　　表 10.4 给出了一系列 9 月份标准普尔 500 指数期货期权合约近期的收盘价。在这些价格公布的当天，作为这些期权合约标的资产的 9 月份标准普尔 500 指数期货合约的收盘价为 979.6 点。未平仓量是指数据公布之时还未平仓的看涨或看跌期权合约数量。下面，我们简单地对表 10.4 中的部分信息进行解释。

表 10.4　芝加哥商业交易所标准普尔 500 指数期货期权合约的收盘价

行使价格 （指数点）	看涨期权合约 的权利金（指数点）	看涨期权合约 的未平仓量	看跌期权合约 的权利金（指数点）	看跌期权合约 的未平仓量
965	35.90	3	21.30	5
970	32.70	284	23.10	137
975	29.70	910	25.10	646
980	26.90	591	27.30	446
985	24.30	3	29.70	25
990	21.90	479	32.30	468

资料来源：CME.

- 行使价格为 990 点的看涨期权合约。买方拥有按 990 点的价格买入 9 月份标准普尔 500 指数期货合约的权利，而非义务。权利金为 21.9 点，折合成现金是 5 475 美元（21.9 点 × 250 美元/点）。由于期货合约当时的价格是 979.6 点，因此期权合约处于虚值状态，它们的内在价值等于零，时间价值等于权利金。

- 行使价格为 990 点的看跌期权合约。这些期权合约处于实值状态，它们的买方能以 990 点的价格卖出市价为 979.6 点的 9 月份标准普尔 500 指数期货合约。买方必须支付的权利金为 32.3 点，期权合约的内在价值等于 10.4 点，时间价值等于 21.9 点。

假设一名交易商为买入一张行使价格为 990 点的看涨期权合约,向买方支付了 21.9 点或 5 475 美元的权利金,标的资产是一张 9 月份标准普尔 500 指数期货合约。如果在这张期货期权合约和标的期货合约到期的 9 月,标准普尔 500 指数涨到了 1 050 点,交易商将行使期权,以 990 点的价格买入一张标准普尔 500 指数期货合约,从而获得了期货多头。由于该指数期货合约此时已到期,交易所将根据标的指数的即期水平对交易商的这张期货合约进行现金结算。这样,交易商将获得 15 000 美元的现金结算额,减去权利金成本后的余额就是实现的净利润:

毛利润(现金结算额) = (1 050 – 990) × 250 = 15 000(美元)
净利润 = 15 000 – 5 475 = 9 525(美元)

交易商的盈亏相抵点是 1 011.90 点,比行使价格高了 21.9 点:

盈亏相抵点 = 行使价格 + 权利金 = 990 + 21.9 = 1 011.90(点)

如果期权合约到期时,标准普尔 500 指数达到这一水平,交易商获得的 5 475 美元利润(21.9 点 × 250 美元/点)和支出的权利金成本将刚好抵销。

金融时报 100 种股票指数期权

表 10.5 详细地列出了在伦敦国际金融期货与期权交易所挂牌的一张金融时报 100 种股票指数欧式期权合约的主要条款。金融时报 100 种股票指数期权合约的所有交易都在该交易所的电子交易系统中进行。除了基于该股票指数的欧式期权合约,交易所也提供相同的美式期权合约。与美式合约相比,欧式期权合约的交易要活跃得多。无论是欧式还是美式的金融时报 100 种股票指数期权合约,如果期权最终被行使,期权卖方必须按行使价格和期权行使时指数即期价格的差价向买方支付现金,交易双方并不需要进行实物结算。

表 10.5   金融时报 100 种股票指数欧式期权合约

指数点值:	每点 10 英镑
交割月份:	3月、6月、9月、12月
报价单位:	金融时报 100 种股票指数点
最小变动价位:	0.5 个指数点
每张合约的最小变动值:	5 英镑
最后交易日:	到期月份之第 3 个星期五
行权日:	最后交易日

资料来源:LIFFE Administration Management.

如表 10.5 所示,对该股票指数期权合约而言,每个指数整点价值 10 英镑,最小变动价位为0.5个指数点,这表明,期权合约价格每变动一个最小价位,合约价值将增加或降低5英镑。伦敦国际金融期货与期权交易所根据该指数的波动,适时推出新行使价格的期权合约。根据该交易所的规定,金融时报100种股票指数期权合约的买方应在买入合约的当天,向卖方全额支付权利金。

为了说明金融时报100种股票指数期权合约的交易过程,假设合约标的指数目前的即期价格为4 103点,行使价格为4 125点的8月看涨期权合约的卖价(权利金)为74点。此时,距8月期权合约的到期日还有大约两个星期的时间。如果一名交易商买入了10张这样的期权合约,他必须支付的权利金总额为:

$$权利金成本 = 10 \times 74 \times 10 = 7\ 400(英镑)$$

该交易商一直持有合约直到8月的第3个星期五,即合约的到期日。假设,合约到期日当天,金融时报100种股票指数的价格为4 300点。由于到期日价格高于看涨期权的行使价格,交易商一定会行使期权,从而得到一笔现金。交易商获得的现金和净利润为:

$$现金结算额 = 10 \times (4\ 300 - 4\ 125) \times 10 = 17\ 500(英镑)$$

$$净利润 = 17\ 500 - 7\ 400 = 10\ 100(英镑)$$

$$或:净利润 = 10 \times (4\ 300 - 4\ 125 - 74) \times 10$$
$$= 10\ 100(英镑)$$

金融时报100种股票指数看涨期权合约交易的损益情况

图10.3从期权合约买方的角度分析了前一部分提过的,行使价格为4 125点的金融时报100种股票指数看涨期权合约交易的损益。坐标系中竖轴上的数字表示每张合约的净损益,单位为指数点。如果到期日当天,指数的价格为4 199点,交易商将实现盈亏相抵。在这一点上,行使期权得到的现金收入和交易商最初支付的权利金均为74点,二者刚好抵销。交易商的最大损失不超过权利金,最大利润理论上无上限。

期权合约交易提高了买方的投资收益率,因为与实际购买标的指数包含的股票相比,期权合约的投资额要低得多。我们还以前面示例中的交易商为例,他支付了7 400英镑的权利金,买入了10张行使价格为4 125点的看涨期权合约。合约到期时,金融时报100种股票指数的价格是4 300点,从而为交易商带来了10 100英镑的净利润。交易商这笔投资的收益率高达136%。

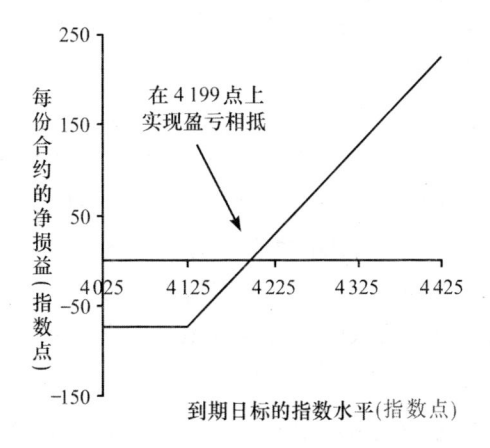

图 10.3　金融时报 100 种股票指数看涨期权合约买方的损益(行使价格为 4 125 点)

如果交易商当时没有买入看涨期权合约,而是根据金融时报 100 种股票指数中各种股票的权重,购买了一个能跟踪该指数波动的股票组合。当时,指数的即期价格为 4 103 点。在这个价格水平上购买一个跟踪指数的股票组合,相当于建立了一个指数多头。假设股票组合与指数完全匹配,股票组合的价值将随指数的价格波动增加或降低。

当金融时报 100 种股票指数涨至 4 300 点时,即涨了 197 点或 4.8%,跟踪该指数的股票组合的收益率也等于 4.8%。这一收益率并不算太低,但通过投资期权合约实现的 136% 的收益率却是它的 28 倍多。当然,投资期权合约也有一定的潜在障碍。其中,最主要的问题是,只有在指数到期日价格高于期权行使价格(4 125 点)的情况下,投资者才能获利。然而,对于股票投资而言,只要指数价格能有所上涨,即超过 4 103 点,投资者就能获利。换言之,与期权投资相比,股票投资获利的几率更高。

行使金融时报 100 种股票指数期权

在最后交易日当天,交易所要根据当天的即期指数价格和行使价格进行现金结算,之后期权合约随即过期作废。采用的最后结算价是最后交易日当天上午 10 点 10 分至 10 点 30 分之间,金融时报 100 种股票指数的平均价格,即交易所交割结算价。将一段时间内的平均价格作为最后的结算价,降低了市场操作的几率。许多持有者都会选择在合约到期前结束。买入看涨期权合约的投机者希望指数能够上涨,从而使他们能在到期日前以更高的价格卖出已买入的合约。买入看跌期权合约的投机者希望指数能够下跌,从而使他们能在到期日前以更高的价格卖出已买入的合约。

金融时报100种股票指数美式期权合约还具有期权可以在到期日前行使的优势。然而,如果交易商想通过购买交易所中交易的期权合约来获得收益,更明智的做法通常是将在交易所中已买入的期权合约卖出。例如,假设一名交易商买入了一张金融时报100种股票指数美式看涨期权合约,行使价格为4 000点,到期日在6个星期之后。目前,指数的即期价格为4 103点,该期权合约在交易所中的价格为155点(1 550英镑),即每个指数点价值10英镑。如果交易商现在行使期权,他得到的现金结算额将是1 030英镑:

$$提前行使期权得到的现金结算额 = (4\ 103 - 4\ 000) \times 10$$
$$= 1\ 030(英镑)$$

对交易商而言,更可取的做法是将已买入的期权合约在交易所中出售,这样他可以获得1 550英镑的权利金。当美式期权合约的买方提前行使期权时,买方获得的收益只是期权合约的内在价值,而不包括时间价值。在这个示例中,期权合约还有6个星期才到期。如果交易商选择卖出已买入的期权合约,他实现的收益将包括期权合约的全部内在价值和部分时间价值。

本章小结

股票期权合约赋予买方按预先决定的行使价格,买入或卖出某种股票或一篮子股票的权利,而非义务。对于交易所中交易的股票期权合约,如果买方决定行使期权,结算必须以实物方式进行。然而,在场外交易市场中,股票期权合约的交易双方可以约定采取现金结算方式。交易所并未针对公司发放普通股息的行为,对他们提供的股票期权合约的条款进行调整,而是针对发行股票认购权和发放特别股息等一些公司行为,对合约条款进行了适当的修改。美式股票期权合约的买方有权在到期日前行使期权,但在许多情况下,在到期日行使期权或将已买入的合约卖出,能为买方带来更大的收益。例外情况是,买方购买的是实值程度很深的看跌期权合约,或在除息日前买入看涨期权合约。

就交易所提供的股票指数期权合约而言,如果买方行使期权,买方一方面可能得到一定的现金,另一方面可能获得标的股票期货的多头或空头。与实际购买指数包含的各种股票相比,买卖指数期权合约实现的投资收益率要高很多。然而,如果期权合约在到期时不处于实值状态,投资者将无法实现正收益,最初支付的权利金也将无法收回。与买卖期权合约相比,投资股票的获利几率较高。除了交易所提供的基本股票期权合约，投资者也可以选择对特殊的股票期权合约进行投资，如备兑认股权证。备兑认股权证是一些机构以股票证券的形式发行的一种期权合约，期限比基本股票期权合约更长。这种期权合约的标的资产可能是某种股票、一篮子股票或某个股票指数。

第 11 章

外汇期权

概 述

欧式外汇期权,是指在未来某个确定的日期(到期日),按约定的某个汇率(行使价格)交换两种货币的权利,而非义务。美式外汇期权合约允许买方在到期日前行使这一权利。正规交易所已推出了外汇期权合约,此外,交易商也可以到场外交易市场上购买或出售外汇期权合约。

在外汇期权交易中,卖出一种货币的权利,同时也是买入合约涉及的另一种货币的权利。假设有一张外汇期权合约赋予买方用 1 000 万欧元交换 1 150 万美元的权利,这份期权合约同时使买方拥有了卖出欧元和买入美元的权利。因此,它既是一份欧元看跌期权合约,也是一份美元看涨期权合约。外汇期权合约的行使价格实际上是相关两种货币的汇率。上述外汇期权合约的行使价格为 1 欧元兑换 1.15 美元。外汇期权合约交易的参与者众多,具体包括公司、投资机构、基金和商业性投资银行等。这些参与者进行外汇期权交易的目的表现为以下几方面:

- 降低因汇率的不利波动而遭受损失的风险。
- 规避因持有外币计价的股票或债券等资产,而面临的汇率风险。
- 提高外币投资的收益率。
- 进行具有一定风险的汇率投机交易。

外汇期权合约是更具吸引力的避险工具,因为它具有灵活性,即买方不承担必须按行使价格交换货币的义务。正如我们在第 2 章中提过的,未来某个日期将收到一笔外币款项的公司可以通过买入一份直接外汇远期合约,来避免汇率风险。当远期合约到期时,公司必须按约定的汇率卖出外币,买入本币。这表明外汇远期合约不具有外汇期权合约的灵活性。如果外汇期权合约的买方发现即期汇率比行使价格对自己更有利,买方可以不行使期权。与外汇远期合约相比,外汇期权合约的劣势是,买方必须在买入期权合约时支付一笔权利金。

近几年来,更复杂的外汇期权取得了长足发展。这主要是因为银行和证券公司针对客户遇到的具体问题,需要不断设计出能满足客户需要的各种新衍生金融产品。商业和投资的全球化程度不断提高,外汇交易发展飞快,这些都使汇率风险管理成为普遍存在且更为复杂的一个问题。基于这些因素,能规避汇率风险的外汇期权也日益趋于复杂。

外汇期权与外汇远期

在这一部分,我们以一家商业银行为例,对利用外汇期权和外汇远期这两种工具避险的结果进行分析。假设一家美国的商业银行将在3个月后收到一笔1 000万欧元的款项,为了避免因欧元兑美元汇率发生不利波动而遭受损失,这家银行决定采取避险措施。如果不采取任何避险措施,3个月后收到的1 000万欧元能兑换多少美元将是不确定的。

使用外汇远期工具

如果银行决定通过签署一张期限为3个月的外汇远期合约来规避汇率风险,他必须在远期合约到期时,按约定的远期汇率卖出1 000万欧元。无论3个月后欧元和美元间的即期汇率是多少,银行都将得到固定数额的美元。公允的远期汇率是根据两种货币的即期汇率和它们的利率计算的。如果合约中规定的远期汇率偏离了公允水平,套利机会就会产生。假设欧元和美元的即期汇率目前是1欧元兑换1.15美元,公允远期汇率是1欧元兑换1.1470美元。如果现在出售欧元,1欧元能买1.15美元;如果3个月后出售欧元,1欧元则只能买1.1470美元。这表明,3个月后,欧元相对美元发生了贬值。导致这种结果出现的原因是,欧元的利率高于美元。

想象一下,通过签署外汇远期合约,银行同意3个月后,即按1欧元兑换1.1470美元的汇率,将1 000万欧元卖给交易对方,以换回1 147万美元。如果3个月后,欧元兑美元的汇率由1.15涨至1.20,即1欧元兑换1.20美元,1 000万欧元将能买到1 200万美元。然而银行必须履行合约义务,按1.15的汇率出售欧元并同时买入美元。也就是说,银行损失了53万美元。这一损失是银行为了锁定汇率而付出的代价。

使用外汇期权工具

如果银行愿意与一名交易商签订如表 11.1 所示的欧式外汇期权合约,他就获得了按 1.15 的行使汇率卖出 1 000 万欧元和买入 1 150 万美元的权利,而非义务。这是一张欧元看跌和美元看涨的期权合约,期限为 3 个月,买方必须支付总额共计 19.8 万美元的权利金。

表 11.1　　　　　　　　　　外汇期权案例

合约	合约期	行使汇率	权利金(1 000 万欧元)	权利金(1 欧元)
欧元看跌/美元看涨	3 个月	1.15	-19.8 万美元	-0.0198 美元

这张期权合约的行使汇率刚好等于即期汇率水平,因此它目前处于平值状态。然而,银行只能在 3 个月后的到期日行使期权,决定期权合约 3 个月后将最终处于何种价值状态的是到期日当天的即期汇率。假设 3 个月后,欧元兑美元汇率由 1.15 跌至 1.1470 的 3 个月公允远期汇率水平,此时,期权合约将由原来的平值状态变为实值状态,内在价值将由零升至每欧元 0.0030 美元。通过行使期权,银行可以按 1.15 的汇率卖出 1 000 万欧元,从而得到 1 150 万美元。考虑到最初支付的权利金 19.8 万美元,银行实际得到的美元数是 1 130.2 万美元。与利用外汇远期工具相比,当汇率跌至 1.1470 时,银行得到的美元数总少 17.2 万美元。事实上,只要汇率下跌,银行得到的美元就总会少 17.2 万美元。原因是当汇率下跌时,无论下跌幅度多大,银行都会行使期权。在这种情况下,期权合约实际上变成了有成本(权利金)的远期合约,银行将按期权合约规定的 1 欧元兑 1.15 美元的汇率买卖货币,得到的实际美元数总等于 1 130.2 万美元。

然而,如果在期权合约的到期日当天,欧元兑美元汇率涨至 1.20,银行将不行使期权,即银行决定不按 1.15 的汇率将 1 000 万欧元卖给交易商,而是到即期市场上出售欧元,从而获得 1 200 万美元。扣除最初支付的权利金,银行实际得到了 1 180.2 万美元。与利用外汇远期工具避险相比,当汇率涨至 1.20 时,银行额外多得了 33.2 万美元。

避险和不避险的结果比较

表 11.2 比较了在 3 个月后欧元兑美元汇率的几种即期水平下,银行不采取任何避险措施、利用远期工具避险和利用期权工具避险,卖出 1 000 万欧元得到的美

元数。第(1)栏列出了一系列汇率值。第(2)栏表示银行在不进行避险操作的情况下能得到的美元数。例如,如果3个月后,1欧元只能兑换1美元,银行将只能得到1 000万美元;如果1欧元能兑换1.30美元,银行将得到一笔数额高达1 300万美元的现金。第(3)栏表示,如果银行通过签订外汇远期合约将欧元兑美元的汇率锁定为1.1470,无论汇率如何波动,他卖出1 000万欧元都能得到1 147万美元。

表11.2　　　　　　　　　　避险和不避险的结果比较

(1)即期汇率	(2)不采取任何避险措施获得的美元数(美元)	(3)利用远期工具避险获得的美元数(美元)	(4)利用期权工具避险获得的美元数(美元)	(5)有效汇率
1.00	10 000 000	11 470 000	11 302 000	1.1302
1.05	10 500 000	11 470 000	11 302 000	1.1302
1.10	11 000 000	11 470 000	11 302 000	1.1302
1.15	11 500 000	11 470 000	11 302 000	1.1302
1.20	12 000 000	11 470 000	11 802 000	1.1802
1.25	12 500 000	11 470 000	12 302 000	1.2302
1.30	13 000 000	11 470 000	12 802 000	1.2802

第(4)栏表示,银行通过支付19.8万美元,买入一张行使汇率为1.15的3个月期外汇期权合约,这一避险措施对银行能用1 000万欧元得到多少美元有何影响。如果期权合约到期时欧元兑美元的汇率低于1.15,银行将行使期权,从而得到1 130.2万美元(1 000万欧元×1.15美元/欧元－19.8万美元)。如果到期日当天的汇率等于1.15,无论银行是否行使期权,他也将只得到1 130.2万美元。如果到期日汇率高于1.15,银行将不行使期权,而是到即期市场上出售欧元以利用更有利的汇率。根据汇率的具体水平,银行获得的美元数可能大于也可能小于1 130.2万美元。如果到期日汇率高于1.1668,银行获得的美元数将大于1 147万美元,即利用远期工具避险保证的数额。

第(5)栏表示,银行利用外汇期权工具避险,获得的实际有效汇率。例如,如果到期日当天,欧元兑美元的汇率是1.00,银行将行使期权,从而获得了1.1302的有效汇率。如果到期日汇率等于1.30,银行将不会行使期权,从而使有效汇率定为1.2802。

图11.1展示了银行在不采取避险措施、利用外汇远期工具避险和利用外汇期权工具避险三种情况下,卖出1 000万欧元得到的美元数和3个月后欧元兑美元即期汇率的关系。在图11.1中,横轴表示3个月后欧元兑美元的即期汇率水平,纵轴表示银行卖出1 000万欧元得到的美元数,单位为百万美元。如图11.1所示,当银行不采取任何避险措施时,银行完全暴露于汇率风险之下,获得的美元数可能很大,也可能很小,结果不确定。当银行利用远期工具避险时,汇率风险得到了非常

有效的规避，这一措施保证银行能获得 1 147 万美元，虽然银行不会因为汇率下跌而损失，但他也无法利用汇率上涨得到更多的美元。当银行使用期权工具时，与前一种避险措施相比，银行因汇率下跌而遭受的损失永远不会大于 17.2 万美元，但这种措施最大的好处是，银行很可能在汇率上涨时获得更多的美元。

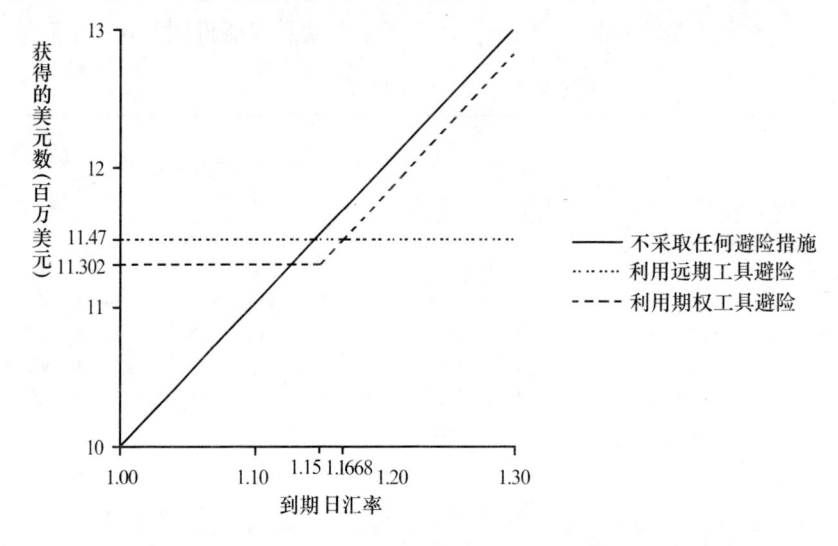

图 11.1　采取避险措施和不避险措施对汇率风险的影响

与利用远期工具相比，只要 3 个月后欧元兑美元的汇率下跌，银行利用期权工具避险遭到的美元损失就总少于 17.2 万美元。另一方面，与利用远期工具相比，只要欧元兑美元的汇率上涨幅度超过 0.0168，银行利用期权工具避险得到的美元数额必然相对较多，即大于 1 147 万美元。总而言之，由于期权合约具有灵活性，利用期权工具避险的潜在损失是有上限的，但潜在收益却没有上限。如果银行有充分的理由认为汇率将在未来 3 个月上涨一定幅度，利用期权工具避险则更有利。银行不仅能够有效地规避汇率风险，还能获得更多的美元。

零成本上下限避险战略

利用外汇期权工具规避汇率风险的主要问题在于，这种避险方法具有权利金成本。我们已在第 9 章中讨论过权利金成本对机构投资者的影响。当基金管理人员使用期权工具规避投资风险时，权利金成本可能导致他们所在基金的投资业绩低于不采取避险战略的其他竞争对手。同样，对于利用期权工具规避风险的公司和银行，支付权利金可能会降低他们的利润率，从而对经营业绩产生不利影响。例如,收购外国公司的公司通常会用外币支付收购款。如果他们决定利用外汇期权工具来规避汇率风险,不仅会增加收购的整体成本,甚至可能影响公司的正常运营。

为了降低或消除权利金成本,投资者可以同时买卖一系列期权合约。让我们回到前面那家商业银行的例子。该银行未来将收到一笔1 000万欧元的款项,为了避免汇率下跌而遭受损失,他买入了一张欧元看跌期权合约,并为此支付了总额共计19.8万美元的权利金。为了降低避险成本,银行可以在买入欧元看跌期权合约的同时,另外卖出一张欧元看涨期权合约。如果这张看涨期权合约的行使价格合适,银行收到的权利金将与他为购买看跌期权合约而支付的权利金完全抵销,这就是零成本上下限战略。采取这一战略一方面能使银行的权利金成本降为零,但另一方面,如果欧元兑美元的汇率上涨,银行也只能按较低的行使汇率兑换欧元,从而无法得到更多的美元。

为了更直观地说明零成本上下限战略,假设这家商业银行与一名交易商签署了如表11.3所示的两张外汇期权合约。与之前一样,欧元兑美元的即期汇率目前为1.15,公允的3个月远期汇率为1.1470。两张期权合约均属于欧式且目前处于虚值状态,标的资产均为1 000万欧元,权利金均为3.4万美元。

表11.3　　　　　　　　　零成本外汇上下限案例

合约	合约有效期	行使汇率	权利金(1 000万欧元)	权利金(1欧元)
买入欧元看跌期权	3个月	1.10	-3.4万美元	-0.0034美元
卖出欧元看涨期权	3个月	1.20	+3.4万美元	+0.0034美元

图11.2展示了3个月后在欧元兑美元汇率的各种水平下,银行采取零成本上下限避险战略获得的美元数。此外,为了便于比较,我们还在图中反映了银行在不采取任何避险措施和利用远期工具避险的情况下用欧元兑换的美元数。如果期权合约到期时,欧元兑美元的汇率介于1.1~1.2之间,两张期权合约规定的期权都将不被行使,银行将按当时的即期汇率卖出欧元。如果到期日汇率低于1.1,银行将行使看跌期权,按1.1的行使汇率卖出欧元,从而获得1 100万美元。然而,如果到期日当天的汇率高于1.2,交易商将行使看涨期权,这时银行必须按看涨期权合约规定的1欧元兑换1.2美元的汇率出售欧元,因而他只能获得1 200万美元。

"零成本"的意思是指银行无须承担任何权利金成本,而不是指银行永远不会遭受损失。如果3个月后,欧元兑美元的即期利率从1.15涨到1.2以上,银行获得的美元数也不会大于1 200万美元。然而,通过采取零成本上下限战略,银行虽然放弃了汇率上涨的潜在收益,但他却以零成本获得了合理程度的风险保护。

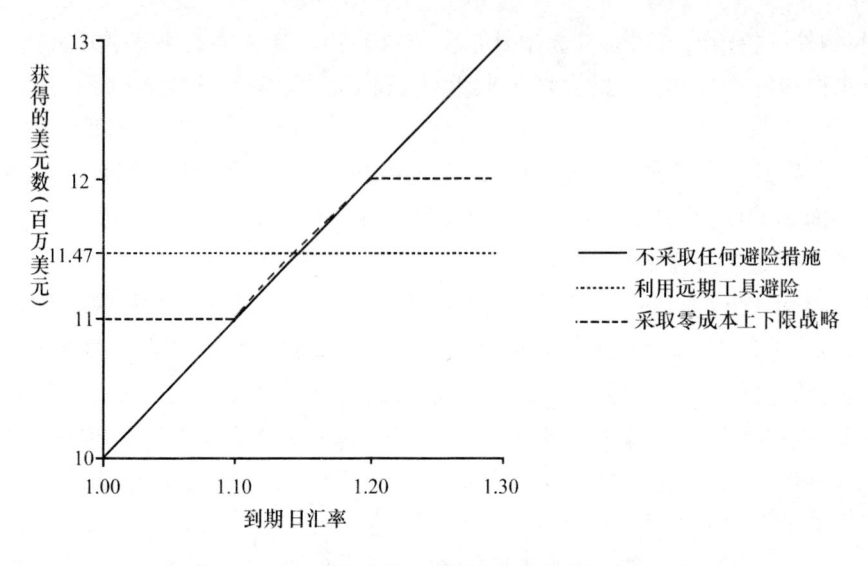

图 11.2 采取零成本上下限战略来规避汇率风险

降低利用期权工具规避汇率风险而必须承担的权利金成本

降低利用期权工具规避汇率风险而必须承担的权利金成本,一种方法是采取我们在前一部分论述的零成本上下限战略,在买入看跌期权合约的同时,卖出合适的看涨期权合约。然而,采用这一策略的不利一面是,卖出某种货币的最高价格永远不会超过所卖看涨期权合约的行使价格。

另一种方法是利用障碍期权工具(参见第 9 章)。例如,前面示例中银行考虑的第一个建议是,买入一张行使价格为 1.15 的 3 个月期欧元看跌期权合约,但银行必须为购买这样一张期权合约承担 19.8 万美元的权利金成本。为了降低这一成本,银行可以考虑买入一张行使价格和障碍价格分别为 1.15 和 1.175 的上限失效型障碍期权合约。如果合约有效期内,即期汇率涨至 1.175 的障碍水平,期权合约将立即失效。障碍期权合约的这一特点限制了期权合约卖方的义务,即卖方只承担在到期日欧元兑美元汇率不大于 1.175 的情况下,按 1 欧元兑 1.15 美元的价格买入欧元的义务,这降低了卖方的交易风险。由于承担的交易风险较低,卖方收取的权利金也相对较少。

如果银行决定买入一张障碍价格为 1.175 的上限失效型障碍期权合约,当这张障碍期权合约的期限和行使价格与银行之前所买普通看跌期权合约相同时,银行必须支付的权利金将减少为 16.3 万美元。银行可以通过设定更低的障碍价格,来进一步降低权利金成本。然而,更低的障碍价格将使银行面临这样一种风险:在汇率剧烈波动的市场环境中,如果汇率最初先上涨并达到障碍水平,银行将因期权合约失效而失去保护。如果汇率在银行失去保护后由于某种原因又开始下跌,银行将很可能遭受损失。为了降低这一风险,银行可以与障碍期权合约的卖方约定:即期汇率必须在规定的一段时间内达到障碍水平,合约才随即失效。换言之,超出了规定的时间段,即使即期汇率达到障碍水平,合约也不会因此失效。

第三种降低权利金成本的方法,是买入延期支付期权合约,这种合约也称有条件期权合约。如果银行选择购买延期支付期权合约,他只有在行使期权的情况下,才必须支付权利金。如果银行最终未行使期权,他则无须支付权利金。然而,这种期权合约还规定,如果期权合约到期时处于实值状态,买方必须行使期权,支付权利金,即使期权合约的内在价值低于他必须支付的权利金。交易双方也可约定,期权合约买方分期支付权利金。这种支付方式对于期权合约买方的好处是,如果买方在合约到期前终止合约,他则无须继续支付以后的分期权利金。然而,如果期权合约买方允许合约到期才终止,他支付的各期权利金总和将大于买入普通期权合约的权利金。

复合期权

简而言之,复合期权就是期权的期权。公司和投资机构在考虑如何规避汇率风险时,最常使用的两种复合期权工具是:
- 看涨期权的看涨期权,在未来以固定成本买入看涨期权合约的权利。
- 看跌期权的看涨期权,在未来以固定成本买入看跌期权合约的权利。

复合期权工具应用的最常见情况是,正在参加某项目竞标的公司认为,如果竞标成功,自己可能需要买入一张看涨或看跌期权合约来规避汇率风险。然而,公司并不确定自己能否赢得竞标,因而不愿意直接买入一张可能并不需要的期权合约。

为了说明复合期权工具的应用,我们下面举一个简单的例子。假设一家美国公司正在欧元区拓展业务,他的一名潜在客户要求公司报一个固定的欧元价。如果交易最终达成,客户将在3个月后支付欧元货款。考虑到当时欧元兑美元的即期汇率是1.15,公司认为1 000万欧元的总报价将是具有竞争力的。以即期汇率计算,1 000万欧元可以兑换1 150万美元。这笔收入既能弥补美国公司的成本,也能使其实现一个满意的利润率。如果报价后3个月内欧元贬值,公司获得的美元数将少于1 150万美元,这可能导致他无法收回成本。

为了防止因欧元兑美元汇率下跌而遭受损失,这家公司可以买入一张远期汇率为1.147的外汇远期合约。问题是,公司并不知道自己能否赢得竞标,无论结果如何,他都必须履行远期合约义务。为了避免在竞标失败的情况下仍必须进行外汇交易,公司可以买入一张行使汇率为 1.15 的 3 个月期看跌期权合约。然而,如果竞标失败,公司虽然无须买卖欧元和美元,但他将因买入了一张不需要的期权合约而损失 19.8 万美元的权利金。假设 1 个月以后,公司将能明确知道自己能否中标。作为第三种避险措施,公司可以买入一张包含如表 11.4 所示条款的 1 个月期复合期权合约,以拥有 1 个月后买入一张行使汇率为 1.15 的 3 个月期欧元看跌期权合约的权利。复合期权合约和作为他标的资产的看跌期权合约的规模都是 1 000 万欧元。

表 11.4　　　　　　　　　复合期权案例

合约	合约有效期	合约行使价格	标的期权合约期限	标的期权合约行使价格	权利金
欧元看跌期权的看涨期权	1 个月	0.0198 美元/1 欧元	3 个月	1.15 美元/1 欧元	-0.0057 美元/1 欧元

为了买入这张复合期权合约,公司必须支付 5.7 万美元的权利金。当 1 个月后复合期权合约到期时,公司必须决定是否行使复合期权。如果公司最后决定不行使复合期权,他将损失最初支付的 5.7 万美元的复合期权权利金。如果公司决定行使复合期权,他则必须按第一行使价格支付 19.8 万美元(1 000 万欧元 × 0.0198 美元/1 欧元)。这样,公司就拥有一张行使价格为 1.15 美元/1 欧元的看跌期权合约,该合约将于 2 个月后到期。如果公司在看跌期权合约到期时要行使期权,他卖出 1 000 万欧元,将得到 1 150 万美元。如果公司最终不行使看跌期权,合约则过期作废。

是否在第一到期日行使复合期权,取决于标的期权合约当时的价值。如果标的期权合约的价值高于他的买入成本,买方则应行使复合期权。如果价值相对较低,买方则不应行使复合期权。买入复合期权合约的有利一面在于,如果公司竞标失败,他损失的只是 5.7 万美元。不利一面在于,如果公司竞标成功,他则共需支付 25.5 万美元(5.7 万美元 + 19.8 万美元)的权利金。如果公司直接买入一张看跌期权合约,权利金成本将固定为 19.8 万美元。权利金年成本可能多出的 5.7 万美元是公司为获得成本只有 5.7 万美元这一可能性而必须承担的风险。

交易所中交易的货币期权合约

1982 年,费城证券交易所(Philadelphia Stock Exchange)在全世界首次推出了货币期权合约。该交易所提供的货币期权标准合约涉及六种主要的外币：澳元、英镑、加元、欧元、日元和瑞士法郎。所有的货币期权合约交易都基于美元和这六种外币中的一种。有一系列期限可供货币期权合约的买卖双方选择。此外，买卖双方既可以签订欧式货币期权合约，也可以签订美式货币期权合约。如果期权合约被行使，买卖双方要按行使汇率交换两种货币。目前，货币期权合约交易同时在交易大厅和电子交易系统中进行。表11.5总结了2003年在费城证券交易所挂牌交易的标准货币期权合约涉及的外币和规模。

表11.5　　　　　　　2003年费城证券交易所中的货币期权合约

外币	合约规模
澳元	5万澳元
英镑	3.125万英镑
加元	5万加元
欧元	6.25万欧元
日元	625万日元
瑞士法郎	6.25万瑞士法郎

资料来源：PHLX.

货币期权合约的行使价格表示为每单位外币若干美分。例如，假设一名交易商买入了一张行使价格为116的欧元看涨期权合约，116表示1.16美元/1欧元。由于涉及欧元的标准货币期权合约的规模是6.25万欧元，交易商因此拥有了支付6.25万欧元，买入7.25万美元（6.25万欧元×1.16美元/1欧元）的权利。权利金也表示为若干美分/1欧元。如果行使价格为116的欧元看涨期权合约的权利金是1.26，交易商则必须支付总额为787.50美元（6.25万欧元×0.0126美元/1欧元）的权利金。

费城证券交易所还提供了一系列基于主要货币和墨西哥比索的非标准化货币期权合约。与标准货币期权合约相比，非标准化货币期权合约的期限、行使价格和报价单位更为灵活。这些货币期权合约主要是为机构投资者设计的，交易所对每次必须至少买卖的合约数量进行了限制。费城证券交易所中所有货币期权合约的结算都由期权清算公司（Options Clearing Corporation）担保。

利用交易所提供的货币期权合约规避汇率风险

从根本上讲，交易所中交易的货币期权合约在汇率风险管理中的应用与场外交易市场中交易的货币期权合约相同。在前面几个部分中，我们介绍了一家3个月后将收到一笔1 000万欧元款项的美国商业银行如何利用远期工具和期权工具规避欧元兑美元汇率下跌的风险。欧元兑美元当时的即期汇率为1.15，3个月远期汇率为1.147。假设这家银行决定使用费城证券交易所提供的货币期权合约来消除汇率风险。如表11.2所示，外币为欧元的货币期权合约的规模是6.25万欧元，因此银行必须买入160张合约。确定的行使价格为114，银行从而获得了3个月后以1.14美元/1欧元的价格卖出1 000万欧元的权利。这种看跌期权合约的权利金为1.5美分/1欧元，因此银行必须支付的权利金总额为15万美元（1 000万欧元×0.015美元/1欧元）。如果银行最终行使期权，他将得到1 140万美元（1 000万欧元×1.14美元/1欧元），扣除15万美元权利金后的余额是1 125万美元。

如果合约到期时欧元兑美元的即期汇率跌至1.1，银行按这一汇率卖出欧元，将只能得到1 100万美元。因此，银行必然会行使期权，从而使自己能获得1 125万美元。如果合约到期时的即期汇率涨至1.2，期权合约处于虚值状态，银行不会行使期权。在这种情况下，银行在即期市场上卖出1 000万欧元，能获得1 200万美元，扣除购买期权合约时支付的15万美元权利金后还剩1 185万美元。

图11.3中的虚线表明了银行买入行使价格为114的欧元看跌期权合约，以规避欧元兑美元汇率下跌风险的结果。图中的实线表示银行不采取任何避险措施将获得的美元数。如图11.3所示，当银行买入看跌期权合约时，他获得的美元数将不少于1 125万美元。与买入远期合约获得固定数量的美元不同，银行能在汇率上涨时获得更多的美元。购买交易所提供的期权合约还有另一个好处：如果买方在买入合约后，发现自己不再需要它们来避险，买方能很容易地在合约到期前卖出它们，从而使自己能收回部分权利金成本。

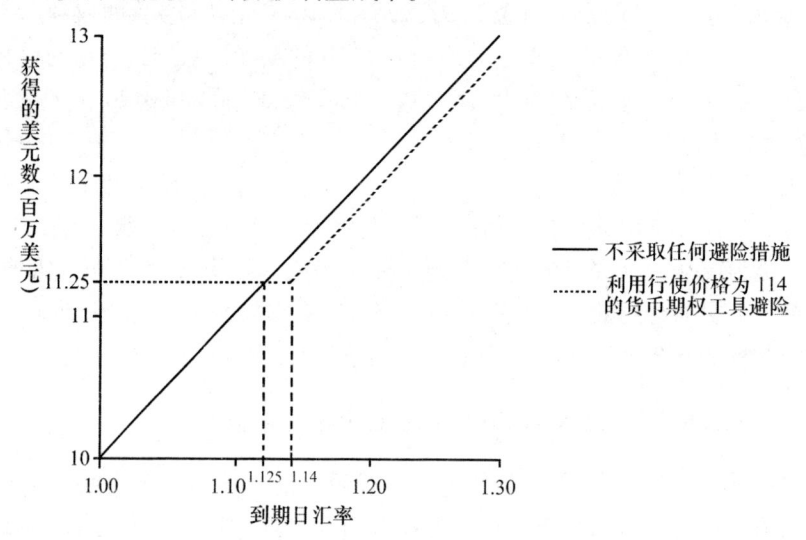

图11.3 利用交易所中交易的货币期权合约来规避汇率风险

图11.3中的两条线交于1.125的到期日即期汇率。在这一点上，如果银行未采取任何避险措施，他也将获得1 125万美元。如果到期日汇率低于1.125，利用期权工具避险将使银行获得更多的美元。如果到期日汇率高于1.125，不规避汇率风险的收益更大，因为银行必须为买入期权合约承担15万美元的权利金。总之，期权工具一方面保护了银行不会因欧元贬值而遭受很大损失，另一方面使银行在欧元升值时能在一定程度上扩大收益。

卖出有保护之看涨货币期权合约

卖出有保护之看涨期权合约不是一种避险战略，而是公司或金融机构在不承担过大风险的前提下，通过卖出看涨期权合约来增加收入的一种方法。买入无保护之期权合约的风险很大，但风险可以通过进行其他外汇交易来降低。下面，我们以一名美国基金管理人员的操作为例，说明如何采用卖出有保护之看涨期权合约战略。这名管理人员目前拥有1 000万以英镑计价的资产。这些资产的投资收益率一般，管理人员希望通过承担一定的风险，来提高他们的投资收益率。当前，英镑兑美元的即期汇率为1.59。行使价格为1.63美元/1英镑的2个月期欧式英镑看涨期权合约当前的卖价为0.55美分/1英镑。

管理人员决定针对这1 000万英镑资产，卖出英镑看涨期权合约。如果期权最终被行使，管理人员将必须卖出英镑，买入美元。为了得到用于交割的英镑，管理人员可以将资产变现。由于行使价格为1.63，管理人员将得到1 630万美元，这一数额大于按1.59的当前即期汇率出售1 000万英镑得到的美元数。此外，管理人员还将得到一笔权利金收入：

收到的权利金 = 1 000万英镑 × 0.55美分/1英镑 = 5.5（万美元）

图11.4展示了基金管理人员采取卖出有保护之看涨期权合约战略实现的损益。横轴表示看涨期权合约到期日当天的即期汇率，介于1.55~1.65之间。纵轴表示管理人员的利润和损失，单位为百万美元。注意，图中的结果基于管理人员所持资产的价值在期权合约有效期内始终为1 000万英镑的假设。

图11.4中的实线表示基金管理人员所持英镑资产的美元价值因英镑兑美元汇率波动而增加或减少的数额。例如，最初英镑兑美元的即期汇率是1.59，因此价值1 000万英镑的资产当时价值1 590万美元。如果汇率保持不变，资产的美元价值也不会改变。然而，如果汇率上涨或下跌，资产的美元价值就将改变。接下来，我们分析在到期日汇率分别为1.55、1.63和1.65时，基金管理人员实现的损益。

• 到期日汇率 = 1.55。以英镑计价的资产此时只值1 550万美元，这些资产最

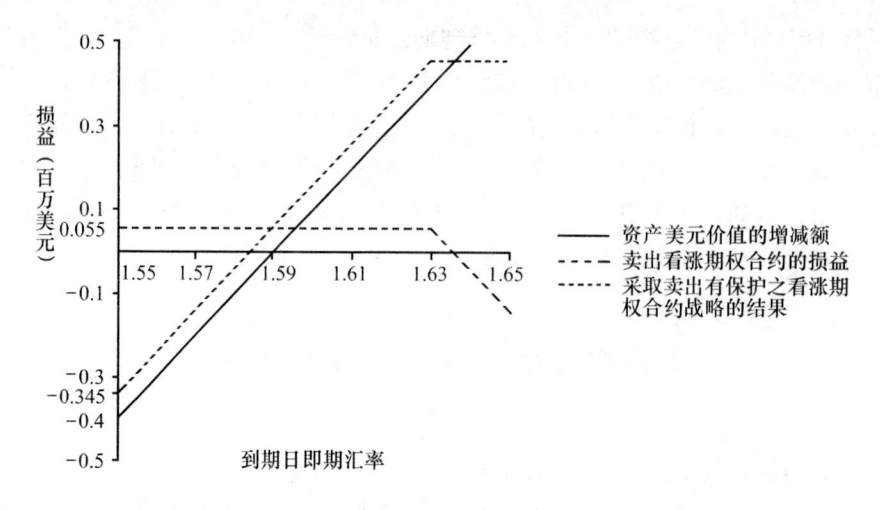

图11.4 采取卖出有保护之看涨期权合约战略的结果

初价值1 590万美元,因此资产的价值降低了40万美元。由于通过卖出看涨期权合约获得了5.5万美元的权利金收入,基金管理人员的净损失仅为34.5万美元。此时,看涨期权合约处于虚值状态,其买方不会行使期权。

- 到期日汇率 = 1.63。基金管理人员持有的资本现在价值1 630万美元,与开始相比,增加了40万美元。因此,加上权利金收入,基金管理人员的净收益等于45.5万美元。此时,看涨期权合约处于平值状态,无论买方是否行使期权,都不会对基金管理人员的收益产生影响。

- 到期日汇率 = 1.65。当汇率高于看涨期权合约的行使价格时,买方将行使期权。基金管理人员必须按1英镑兑换1.63美元的汇率卖出1 000万英镑。为了获得用于交割的1 000万英镑现金,管理人员可以出售持有的资产。由于管理人员用出售最初价值1 590万美元的1 000万英镑资产得到的英镑现金换回了1 630万美元,因此获得了40万美元的收益。考虑到卖出期权合约得到的权利金,基金管理人员的总收益为45.5万美元。事实上,基金管理人的收益在到期日汇率涨至1.63时达到最大,即使汇率进一步上涨,收益也不会继续增加。

这一战略之所以被称为卖出有保护之看涨期权合约,是因为基金管理人员拥有以英镑计价的资产,这消除了持有看涨期权空头的风险,即如果买方行使期权,基金管理人员可以将资产变现来获得用于交割的英镑。如果买方不行使期权,资产的收益最大可达到40万美元。如果买方行使期权,资产的收益将始终为40万美元。此外,采取这一战略还使基金管理人员得到了一笔权利金收入。如果资金管理人员不愿将资产变现,他可以在汇率呈现出超过看涨期权合约行使价格的趋势时,回购已出售的看涨期权合约。

本章小结

　　货币或外汇期权合约,是指买方在支付一笔权利金后,获得在未来按约定的汇率与买方就两种货币进行交换的权利,而非义务。在欧式外汇期权合约交易中,买方只能在合约到期日当天行使期权。交易所中交易的外汇期权合约通常是标准化的,然而交易所目前也已推出了允许交易双方根据需要自主决定行使价格、到期日和报价单位的外汇期权合约。外汇期权工具在规避汇率风险方面能发挥很大的作用,它既为买方提供了合理程度的保护,也使买方能够利用汇率上涨扩大收益。然而,利用期权工具要承担权利金成本。降低或避免这一成本的一种方法是采取上下限战略。如果行使价格的设定合适,支付和收到的权利金将相互抵销。采取这一战略的缺点是汇率上涨时实现的收益是有上限的。

　　降低权利金成本的另一种方法是使用障碍期权工具。如果参与竞标的公司面临潜在的汇率风险,他可以考虑购买复合期权合约,以获得在未来某个日期买入一张标准期权合约的权利。持有外币计价资产的机构投资者可以采取卖出有保护之看涨期权合约战略,来提高投资收益率。这需要投资者卖出基于有关外币的虚值看涨外汇期权合约。如果期权最终被行使,投资者可将资产变现来获得交割所需的外币,这消除了持有看涨期权空头的风险。此外,卖出期权合约收到的权利金也促进了投资收益率的提高。与上下限战略一样,采取卖出有保护之看涨期权合约的缺点也是,如果汇率上涨,资产本身的收益不会超出一定数额。

…

第 12 章

利率期权

概 述

在第3章、第5章和第6章中,我们介绍了远期利率协议、利率期货合约和利率互换合约等一些衍生金融工具。银行、公司和金融机构可以利用远期利率协议和利率期货合约,来管理汇率风险和实施投机行为。然而,当他们利用远期和期货工具避险时,潜在损失和潜在收益将相互抵销。正如我们在第3章中论述过的,如果适用于远期利率协议有效期的实际基准利率高于交易双方约定的利率,它方将得到卖方支付的现金补偿。然而,如果事实是另一种情况,买方则必须按利息差额向卖方支付一笔相应的现金作为补偿。如果远期利率协议中规定的利率与预期利率相等,因远期利率协议而产生的预期支出则等于零。利率期货工具也具有类似的特点,虽然交易所在每个交易日结束时都对交易损益进行结算。由于报价方法不同,利率提高时,空头头寸的持有者将遭受损失。

标准利率互换是浮动利率与固定利率之间的互换,交易一方将基于固定利率的利息款项与另一方基于浮动利率的利息款项相交换。采用的浮动利率要定期根据基准利率调整,初始浮动利率值一般等于基准利率的即期水平,随后采用的实际浮动利率基于类似利率期货合约价格表明的一系列利率。对于互换合约中规定的固定利率,它的具体值应使预期未来必须支付的各笔利息款项的现值等于零。利率期权合约则不同,其买方的预期支出大于零,因为当情况不利时,买方将不会行使期权。为了获得这样一种灵活性,期权合约的买方必须向卖方支付一笔权利金。权利金使买方和卖方的利益重新达到了平衡。

在这一章,我们将讨论场外交易市场与交易所中基于短期利率的期权、利率上限期权、利率下限期权、利率上下限期权、基于利率互换合约的期权和债券期权。我们将讨论这些衍生金融产品的报价方式和它们在实践中的应用。买卖这些产品实现的收益取决于市场利率的未来变化,因此,计算它们的价格必须具备预测利率未来走势的能力。

场外交易市场中的利率期权产品

利率期权合约为投资者、公司和交易商提供一种规避和管理汇率风险的灵活工具。最近几十年,主要经济大国的中央银行都放松或取消了对本币和外币间汇率的控制,开始倾向于将短期利率作为调控通货膨胀和本国经济的主要杠杆。这成为导致利率波动更为剧烈的原因之一,从而刺激了个人和机构对复杂利率风险管理工具的需求。

在第3章中,我们详细解释了什么是远期利率协议,以及如何利用它来规避利率风险。如果实际的基准利率高于合约规定的固定利率,远期利率协议的买方将得到一笔现金补偿。如果事实刚好相反,买方则必须对卖方进行补偿。远期利率协议双方约定的规定利率是远期利率。理论上讲,远期利率可以根据即期市场利率确定。然而,在实践中,远期利率往往是在参考合适短期利率期货合约价格的基础上决定的。

从本质上讲,欧式场外利率看涨期权合约的标的资产是结算日等于期权合约到期日的远期利率协议。行使价格是有关远期利率协议中规定的固定利率。期权合约到期时,如果最终确定的、适用于远期利率协议有效期的实际基准利率高于行使价格,期权合约的买方将行使期权,从而持有了远期利率协议的多头,头寸将在正常的现金结算过后结束。然而,如果实际基准利率低于行使价格,买方则不会行使期权,而是让期权合约过期作废。买方支付的权利金数额,基于期权合约卖方的预期支出。

由于利率看涨期权被用作利率上限期权的组成部分,利率看涨期权有时也被称为利率上限期权单元。为了说明利率看涨期权合约,我们举一个简单的例子。名义本金为1 000万英镑,这是期权行使情况下,计算标的远期利率协议双方应付利息金额的基础。期权合约的其他细节如表12.1所示:

表 12.1　　　　　　　　利率上限期权单元的案例

合约类型	标的远期利率协议的期限	到期日	行使利率	权利金
欧式利率看涨	6×12 月	6 个月以后	每年4%	每年0.16%

这张期权合约赋予其买方买入一份名义本金为1 000万英镑的远期利率协议。这份远期利率协议为"6×12"型,即起算日和结算日之间相隔6个月,起算日和到期日之间相隔12个月。利率上限期权单元的期限是6个月。如果买方行使期权,他将建立远期利率协议的多头。假设行使利率与适用于期权合约期限的远期利率相等,因此,期权合约目前处于平值状态。权利金表示为了年利率形式,虽然标的远期利率协议的合约期为6个月。该期权合约以美元表示的权利金为0.8万英镑:

$$权利金 = 1\,000 \times 0.16\% \times 6/12 = 0.8(万英镑)$$

为了买入这样一份利率看涨期权合约,买方必须支付0.8万英镑的权利金给卖方。支付权利金后,在标的远期利率协议起算日以后的6个月内,买方无须做任何事情。在起算日过后6个月,英国银行家协会将公布适用于标的远期利率合约期的LIBOR。如果我们假设,实际LIBOR为每年5%,该利率看涨期权合约的买方将行使期权,从而持有了合约利率为每年4%的远期利率协议多头。这意味着,期权合约的卖方必须根据6个月的利息差额向买方支付的现金补偿额为:

$$现金补偿额 = 1\,000 \times (5\% - 4\%) \times 6/12 = 5(万英镑)$$

这笔现金的支付时间应是远期利率协议的到期日,即买入期权合约12个月以后。如我们在第3章中讨论过的,在实践中,远期利率协议的现金补偿通常是在结算日,而不是在到期日支付。在这个例子中,卖方在结算日应支付的现金补偿额等于按每年5%的LIBOR利率贴现5万英镑6个月的现值。如果公布的LIBOR利率低于或等于每年4%,买方可以不履行合约,他的最大损失仅为最初支付的0.8万英镑权利金。

利用利率看涨期权工具避险

想象一下,上述利率看涨期权合约的买方是一家贷了一笔资金的公司,贷款利率是浮动的。这笔贷款的具体细节如下:

本金:1 000万英镑

利率:6个月期英镑LIBOR利率+每年0.75%

利率调整:每6个月一次

付息日:每6个月终了支付一次

现在,距下一次贷款利息支付刚好还有6个月。到那时,公司不仅要向借款人支付过去6个月的贷款利息,双方还要重新确定未来6个月贷款利息计算依据的利率。假设公司预期利率在未来6个月内可能会提高,从而担心借款成本的增加将对利润率产生不利影响。为了规避利率升高的风险,公司可以买入一份 6×12 的远期利率协议。如果实际 LIBOR 利率高于约定利率,公司将得到现金补偿。然而,如果实际 LIBOR 利率低于约定利率,公司则必须向远期利率协议的卖方支付一笔现金作为补偿。

为了解决这一问题,公司可以考虑买入一张利率看涨期权合约,以获得买入一份远期利率协议的权利,而非义务。假设,公司购买的利率看涨期权合约与前一部分所举示例相同。权利金为每年 0.16% 或 0.8 万英镑,名义本金为 1 000 万英镑,标的远期利率协议的期限为 6×12,行使利率为每年 4%。图 12.1 表明了该利率看涨期权合约涉及的主要支付日。

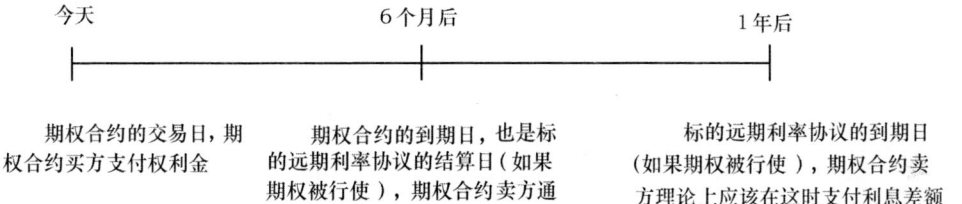

今天	6 个月后	1 年后
期权合约的交易日,期权合约买方支付权利金	期权合约的到期日,也是标的远期利率协议的结算日(如果期权被行使),期权合约卖方通常在这时支付利息差额	标的远期利率协议的到期日(如果期权被行使),期权合约卖方理论上应该在这时支付利息差额

图 12.1 利率看涨期权合约的相关支付日

如果 6 个月后,英国银行家协会公布的过去 6 个月 LIBOR 利率为每年 5%,公司同期的借款利率则为每年 5.75%。然而,公司可以行使利率看涨期权,这样他将收到远期利率协议卖方支付的一笔现金补偿。因此,公司的有效借款利率只有每年 4.91%,计算过程如下:

贷款的借款利率 = LIBOR + 0.75% = 5.75%(每年)

加:为购买期权合约支付的权利金 = 每年 0.16%

减:因买入远期利率协议而获得的现金补偿 = 每年 1%

净借款利率 = 每年 4.91%

另一方面,如果确定的 LIBOR 利率等于或低于每年 4% 的行使利率,公司则不会行使期权,而且无须进行任何进一步的付款。如果 LIBOR 利率被确定为每年 3%,公司净借款利率的计算如下:

贷款的借款利率 = LIBOR + 0.75% = 3.75%(每年)

加:为购买期权合约支付的权利金 = 每年 0.16%

净借款利率 = 每年 3.91%

图 12.2 比较了公司不采取任何措施规避利率风险(实线)和利用利率看涨期权工具避险(虚线)实现的净借款利率。通过买入利率看涨期权合约,公司成功地

将接下来 6 个月的最大净借款利率锁定为每年 4.91%。

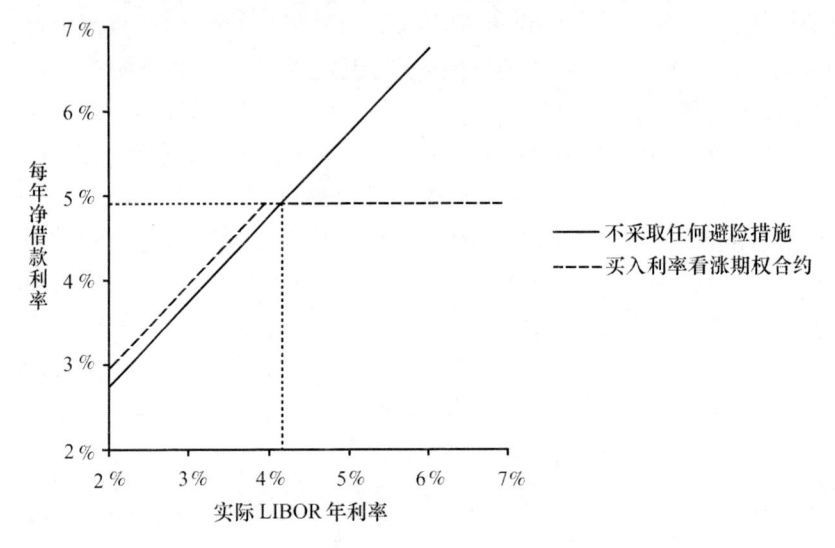

图 12.2　有无避险措施对净借款利率的影响

利率上限、利率下限与利率上下限

前面一节讲述的利率看涨期权工具仅仅限制了公司随后 6 个月的最高借款利率。如果公司希望进一步防范利率在 6 个月之后的其他付息期内升高的风险,他可以购买一系列利率看涨期权合约。第一张利率看涨期权合约将覆盖 6 个月后开始的 6 个月,第二张覆盖 12 个月后开始的 6 个月,以此类推。

如果购买的每张利率看涨期权合约的行使利率都相等,它们就构成了一个利率上限期权。利率上限期权能将借款人未来各付息期的最高有效借款利率锁定。对于任何一个付息期,如果实际 LIBOR 利率高于行使利率,利率上限期权合约的买方将得到卖方按利息差额支付的现金补偿。利率上限期权合约的权利金是它包含的一系列利率看涨期权合约各自权利金的总和。根据利率上限期权合约买卖双方的约定,买方可以在买入合约时一次性支付全部的权利金,也可以在合约期内分期支付权利金。如果是分期支付,买方经常在支付贷款利息的当天支付同期的权利金。

利率看涨期权合约行使利率要根据同期远期利率确定。例如,有效期为 6 个月后开始的 6 个月的利率看涨期权合约的行使利率,要在合约期相同的远期利率协议合约利率的基础上确定。如果目前的市场预期是 LIBOR 利率在未来几年中将提高,同时远期利率高于即期利率,这可能意味着,行使利率接近当前即期利率的利率上限期权合约的权利金成本很高。利率上限期权合约的卖方在索要权利金时,将必须考虑它很可能需在合约期内向买方支付若干笔现金补偿这一事实。换言之,卖方在决定买方应支付多少权利金时必须考虑到预期支出很高这一点。

在这种情况下,利率上限期权合约的行使利率通常高于即期利率。借款人也可以在买入一张利率上限期权合约的同时,卖出一张行使利率较低的利率下限期权合约。借款人通常与同一名期权交易商达成这样两笔利率期权交易。同时买卖利率上限与下限期权合约的做法叫做利率上下限期权战略。如果付息期的实际LIBOR利率高于利率上限期权合约的行使利率,借款人将得到交易商的补偿。然而,如果付息期的实际LIBOR利率低于利率下限期权合约的行使利率,借款人则必须对交易商进行补偿。利率上下限期权战略同时锁定了借款人的最高和最低借款利率。如果利率上限和下限期权合约的行使利率设置合适,借款人支付和获得的权利金将相互抵销,即零成本利率上下限期权战略。

让我们回到前面以浮动利率借了1 000万英镑的那家公司。利息每6个月终了支付一次,适用于具体付息期的利率为同期LIBOR利率加每年0.75%。这一次,这家公司决定采取零成本利率上下限期权战略。他向一名期权交易商购买了一张行使利率为每年7%的利率上限期权合约,并同时卖给了这名交易商一张行使利率为每年5%的利率下限期权合约。这两张合约的名义本金都等于1 000万英镑。为了与借款利息支付的时间保持一致,公司和交易商约定分期支付权利金,每6个月终了支付一期。假设某一付息期的实际LIBOR利率为每年4%、6%和8%,我们分别对其进行讨论。

- LIBOR利率=每年4%。该付息期的贷款利率则为每年4.75%。利率下限期权合约的行使利率为每年5%,比LIBOR利率高了1%,因此,公司必须向交易商支付按每年1%计算的利息差额。由于两张期权合约的权利金刚好抵销,公司该付息期的净借款利率为每年5.75%(4.75%+1%)。
- LIBOR利率=每年6%。贷款利率为每年6.75%。由于6%的LIBOR利率与利率上限和下限期权合约行使利率的差异均为1%,因此,公司和交易商向对方支付的现金补偿刚好抵销。公司的净借款利率等于每年6.75%。
- LIBOR利率=每年8%。贷款利率为每年8.75%。利率上限期权合约的行使利率为每年7%,比LIBOR利率低了1%,因此,公司将得到交易商在1000万名义本金基础上,按每年1%计算的现金补偿。公司的净借款利率为每年7.75%(8.75%-1%)。

由于采取了零成本利率上下限期权战略,公司的最低借款利率被锁定为每年5.75%,最高借款利率被限定为每年7.75%。图12.3展示了零成本利率上下限期权战略对公司净借款利率的影响。

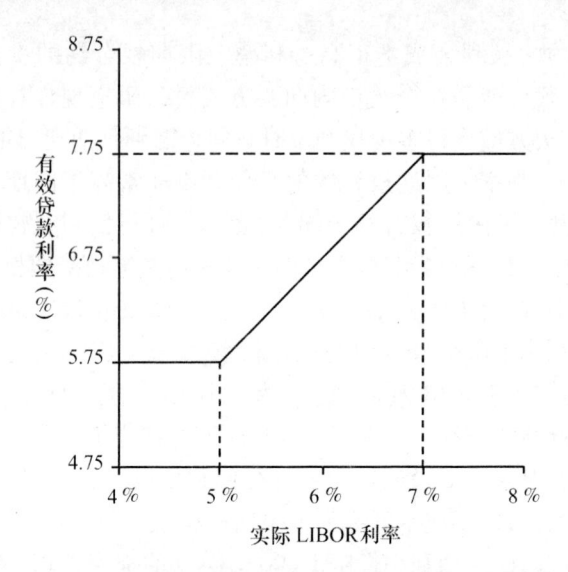

图 12.3　通过采取零成本利率上下限期权战略来规避利率风险

互换期权

公司也可以考虑利用利率互换工具来规避利率风险。具体而言,公司可以与一名互换交易商签署一张利率互换合约。合约规定公司在1 000万英镑名义本金的基础上,按某一固定利率向交易商支付利息,交易商根据同一笔名义本金,按与LIBOR利率相联系的浮动利率向公司支付利息。① 假设利率互换合约中规定的固定利率为每年6%。在实践中,这一利率应根据同期远期利率确定。图12.4展示了借助利率期权工具规避利率风险的结果。

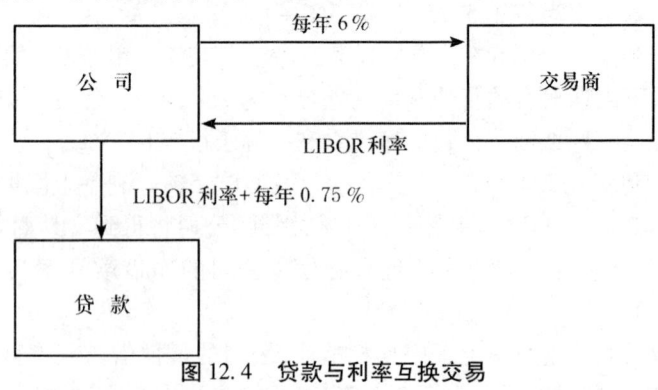

图 12.4　贷款与利率互换交易

---

① 关于利率互换的详细内容,请参见第6章。

通过进行利率互换交易，公司能够成功地将借款利率锁定为每年6.75%。利用利率互换工具避险的好处是，如果利率提高的幅度很大，公司不会因此遭受损失。公司清楚地知道，在利率互换合约的有效期内，自己的借款利率将始终保持在每年6.75%的水平上，因而能更好地进行经营计划。坏处是，公司无法在利率下降时降低借款成本。如果公司采用零成本利率上下限期权战略，当利率下降时，只要利率水平不低于利率下限期权合约的行使利率，公司的净借款利率也将随利率同步下降，从而降低了借款成本。

为了规避利率风险，公司还可以考虑使用欧式固定支付方互换期权。它使公司获得了在未来某个确定的时点（互换期权合约的到期日），签署一张利率互换合约的权利。在实际的利率互换交易中，公司按固定利率支付利息，并将收到交易商按浮动利率支付的利息。名义本金、支付日和利息的计算方法在标的利率互换合约中都有具体的规定。互换期权为公司提供了灵活性。在互换期权合约的到期日当天，公司可以选择是否行使期权，即是否签署期权合约中规定的利率互换合约。此外，互换期权合约到期时，如果利率互换市场上的固定利率高于合约中规定的具体固定利率，互换期权合约则处于实值状态，公司能通过行使期权实现一定利润。

例如，假设公司买入了一张互换期权合约，从而获得了6个月后签署一张利率互换合约的权利。根据该利率互换合约的条款，公司按6.25%的固定利率支付利息，并同时收到互换合约对方按与LIBOR利率挂钩的浮动利率支付的利息。如果6个月后，利率互换市场上的规定利率为每年6.5%，互换期权合约则具有正的内在价值。从理论上讲，互换期权合约的买方可以通过行使期权，签署一张自己作为固定利率支付方的利率互换合约，并同时到即期市场上进行一笔固定利率为6.5%的抵销利率互换交易。在实践中，互换期权合约可以规定，如果互换期权合约到期时处于实值状态，卖方应根据合约当时的内在价值向公司（买方）支付一笔相应的现金。这种情况只会在利率互换市场上的固定利率提高时发生，这时，公司的借款成本也将增加。

互换期权战略与零成本利率上下限期权战略的区别主要表现在两个方面：第一，权利金成本；第二，期权行使次数。采取互换期权战略的权利金成本大于零。当采用零成本利率上下限期权战略时，支付和收到的权利金在数额上完全相等，因此，权利金成本为零。互换期权只能行使一次。利率上下限期权战略涉及一系列期限不同的利率期权合约，期权的行使不止一次。想规避利率风险的公司在决定采用哪种避险战略时，应考虑自己的风险承受度、对利率未来变化趋势的预测和是否愿意承担权利金成本。以下是公司可以考虑的各种选择：

- 不采取任何一种避险战略。借款成本将随利率的升高而增加。
- 买入远期利率协议。这只能锁定公司一个付息期内的有效借款利率。

- 作为固定利率支付方,签署一张利率互换合约。这能锁定一系列付息期内的有效借款利率。然而,如果利率降低,公司的借款成本并不会随之降低。
- 买入远期利率协议作为标的资产的看涨期权合约。这仅能锁定公司一个付息期的有效借款利率。不仅如此,公司还要承担权利金成本。
- 采取零成本利率上下限期权战略。这一战略同时锁定了公司一系列付息期内的最高和最低借款利率。而且,权利金成本为零。然而,当利率降到利率下限期权合约的行使利率以下时,借款成本将不再随利率的下降而降低。
- 买入固定支付方互换期权合约。这使公司获得了在未来某个确定的日期,作为固定利率支付方签署一张利率互换合约的权利。如果利率升高,公司可以通过行使期权锁定一系列付息期内的借款利率;如果利率下降,公司则不行使期权,从而降低了借款成本,然而公司要承担权利金成本。

欧洲美元利率期货期权

在第 5 章中,我们详细介绍了在芝加哥商业交易所挂牌交易的欧洲美元期货合约。它们被金融机构广泛地用于管理短期利率波动的风险。这些合约基于未来起算的 3 个月期 100 万美元名义存款。报价形式为 100 减利率,以基点为单位。名义本金在合约期内是固定不变的。根据合约价格的变化,合约双方必须按要求补缴保证金。

期货合约的最小变动价位为 0.01,这相当于合约期内的利率升高或降低了 1 个基点(0.01%)。1 个基点价值 25 美元(100 万美元 × 0.01% × 3/12)。如果利率上涨,空头头寸持有者将获利。如果利率下降,多头头寸持有者将获利。利率期货合约的价格是远期利率协议定价的参考。远期利率协议与利率期货合约本质上是相同的,它们的区别在于,前者来自场外交易市场,后者是正规交易所推出的。芝加哥商业交易所还提供以欧洲美元期货合约作为标的资产的期权合约。权利金的报价形式与期货价格相似。20 个基点的权利金折算为美元单位等于 500 美元(20 个基点 × 25 美元/基点)。

- 欧洲美元期货期权,是指买方有权在未来某段时间内,按某个固定的价格买入或卖出欧洲美元期货合约。
- 如果欧洲美元期货看涨期权合约的买方最终行使期权,他将获得欧洲美元期货多头,并将在利率下降时获利。
- 如果欧洲美元期货看跌期权合约的买方最终行使期权,他将获得欧洲美元期货空头,并将在利率上涨时获利。

- 到期时处于实值状态的欧洲美元期货期权将被自动行使。
- 欧洲美元期货期权合约属于美式。如果买方提前行使期权,交易所将随机指定一名交易商与其达成欧洲美元期货合约。当看涨期权被提前行使时,指定的交易商将持有期货空头;当看跌期权被提前行使时,指定的交易商将持有期货多头。

为了说明欧洲美元期货期权合约交易的过程,假设一名交易商买入了一张行使价格为 98.62 个基点的 12 月欧洲美元期货看跌期权合约。这种期权合约目前的价格是 98.71 个基点。约定的权利金为 10 个基点。由于每个基点价值 25 美元,因此以美元表示的权利金为:

$$权利金成本 = 10 \times 25 = 250(美元)$$

这份看跌期权合约目前处于虚值状态,因为它赋予交易商以 98.62 的价格卖出价值 98.71 个基点的期货合约。因此,该期权合约的内在价值此时为零,时间价值等于权利金,即 250 美元。期货合约的价格基于自 12 月开始的 3 个月内的预期利率。预期利率等于每年 1.29%(100 个基点 - 98.71 个基点)。

12 月期货合约的最后结算价取决于适用于合约期的实际 LIBOR 利率。假设这一利率等于每年 2%,比预期高了 0.71%。因此,12 月期货合约的最后结算价为 98.00 个基点。这一价格低于看跌期权的行使价格,交易商将行使期权,以 98.62 个基点的价格卖出一张欧洲美元期货合约,从而持有期货空头。如果交易商决定立即结束头寸,他将实现 1 300 美元的净利润,计算过程如下:

以基点表示的期权合约内在价值 = 9 862 - 9 800 = 62(个基点)
换算为美元的内在价值 = 62 × 25 = 1 550(美元)
净利润(内在价值 - 权利金成本) = 1 550 - 250 = 1 300(美元)
或:净利润 = (9 862 - 9 800 - 10) × 25 = 1 300(美元)

另一方面,如果实际 LIBOR 利率低于预期的每年 1.29%,只有 1%,交易商则不会行使期权。对买方而言,最糟糕的情况莫过于期权合约到期时处于虚值状态,最初支付的权利金无法收回。

欧元与英镑利率期货期权

欧洲的交易所也推出了类似的利率期货期权合约。欧元利率期货期权,是指买方有权买入或卖出一张欧元利率期货合约。在伦敦国际金融期货与期权交易所,3 个月期欧元利率期货合约的名义本金为 3 月、6 月、9 月或 12 月起算的 100 万欧元存款。期货合约价格每变动 1 个基点,期货合约的价值将增加或降低 25 欧元,因此,1 个基点价值 25 欧元。欧元利率期货期权合约的买方可以在合约期内的任何一个营业日行使期权。买方通过行使期权,将获得相应月份欧元利率期货的空头或多头。

伦敦国际金融期货与期权交易所还推出了 3 个月期的英镑利率期货期权合约。标的期货合约基于 50 万英镑名义存款,合约价格每变动 1 个基点将促使合约价值变化 12.5 英镑。买方在买入英镑利率期货期权合约时,不是一次性支付全部的权利金,而是将部分应付权利金作为初始保证金存入清算所。

债券期权

债券期权被归入利率期权的原因是,债券价格在很大程度上受到市场利率波动的影响。在场外交易市场中,许多债券期权合约都属于欧式。欧式债券期权合约的买方,在支付一笔权利金后,获得了在未来某个确定的日期,按约定价格买入或卖出债券的权利,而非义务。与此相反,交易所中交易的债券期权合约均属于美式,买方可以在到期日和此前的任何一个营业日行使期权。以下是场外债券期权工具最重要的几点应用。

• 避险。当债券持有人担心债券的价值可能会因预期的利率升高而降低,并同时不愿出售债券时,他可以采取的一种避险方法是,卖出债券期货合约。如果债券的价值降低,债券持有人就可以用期货合约交易的收益弥补债券投资的损失。然而,如果债券价值增加,期货合约交易的损失将抵销债券投资的收益。因此,更明智的做法是买入债券看跌期权合约。如果债券价值因利率升高而降低,债券持有人可以行使期权,以避免进一步的损失。如果价值因利率下降而增加,债券持有人仍能实现一定的投资收益。然而,为了购买期权合约,必须支付权利金。

• 零成本上下限战略。机构投资者不愿支付权利金,因为这一成本对投资业绩有影响。为了避免权利金成本,担心债券价值降低的债券持有人可以买入一张虚值看跌债券期权合约,并同时卖出一张虚值看涨债券期权合约。如果这两张期权合约的行使价格设置得当,债券持有人的权利金成本将等于零。一旦债券价值降到所买看跌期权合约的行使价格之下,债券持有人将行使期权,以防止损失进一步增加。然而,一旦债券价值升到所卖看涨期权合约的行使价格之上,债券持有人的收益也将停止增加。

• 卖出有保护之看涨期权合约。持有债券的投资者可以通过卖出基于这一资产的虚值看涨期权合约,来增加额外收入。卖出期权合约获得的权利金将提高投资业绩。如果债券价格上涨并最终超过了所卖看涨期权合约的行使价格,合约买方将行使期权,投资者将持有的债券用于交割即可。

• 建立具有杠杆作用的头寸。预期利率将走低的交易商可以买入一张以固定票面利率债券作为标的资产的虚值或平值看涨期权合约。与支付的权利金相比,购买实际债券的投资大得多。如果利率真如交易商预期的下降了,债券的价值将因它的票面利率更具吸引力而增加。基于债券的看涨期权合约的价值也将增加,交易商卖出已买入的期权合约,能获得一定的利润。通过买入期权合约实现的投资收益率高于购买债券。

交易所中交易的债券期货期权合约

在第4章中,我们介绍了一些在芝加哥期货交易所和其他交易所挂牌交易的债券期货合约。表12.2列出了芝加哥期货交易所推出的10年期美国国库券期货期权合约。标的资产是一张期货合约,因此,看涨期权多头的持有者行使期权后,将建立一张10年期美国国库券期货合约多头。如果看跌期权空头持有者行使期权,将建立一张期货合约空头。权利金的报价形式为每100美元若干整数点加上若干个1/64点。

表12.2 芝加哥期货交易所10年期美国国库券期货

交易单位:	每张期权合约都以一张芝加哥期货交易所推出的、有具体交割月份的10年期美国国库券期货合约作为标的资产。标的期货合约的标的资产是面值10万美元的美国国库券。
合约月份:	随后3个月以及之后的2个季月月份(季月是指3月份、6月份、9月份和12月份)。
最后交易日:	标的期货合约交割月份之前1个月份中。
期权类型:	美式;到期时处于实值状态的期权合约将被自动行使。

资料来源:Reprinted by permission of the Board of Trade of the City of Chicago, Inc. copyright 2004. ALL RIGHTS RESERVED.

假设一名交易商预期利率未来将走低,这将导致国库券和债券的价值增加。根据即期价格确定的远期价格也将提高。这名交易商在芝加哥期货交易所买入一张包含如表12.3所示条款的3月看涨期权合约:

表12.3 债券期权案例

合约类型	行使价格	到期月份	权利金
10年期国库券期货期权	113	3月	1-16

标的3月期货合约的当前价格为 $111\frac{23}{32}$,表示为小数形式是每100美元面值111.71875美元。因此,这份期权合约此时处于虚值状态,交易商有权以113美元

的价格购买一张价值较低的期货合约。交易商必须支付的权利金为每100美元面值 $1\frac{16}{64}$ 美元,即1.25美元,折算为这张期权合约为1 250美元(10万美元×1.25%)。

假设期货价格由于利率下降涨至115。在这种情况下,交易商可以行使期权,以113美元的价格买入一张期货合约,然后再以115美元的价格将该合约卖出。交易商因此实现的利润等于每100美元面值2美元。由于期货合约的标的是面值10万美元的国库券,交易商的总利润为2 000美元。将1 250美元的权利金成本从总利润中扣除,就是交易商的净利润750美元。如果期货价格涨到115时,期权合约还有一段时间才到期,更好的做法可能是卖出已买入的这张期权合约。这能使交易商实现更大的净利润,因为交易商将通过卖出期权合约得到一笔权利金。

德国政府债券期货期权与英国政府债券期货期权

欧洲一些交易所推出的政府债券期货期权合约,与芝加哥期货交易所中的美国国库券期货期权合约类似。其中,最主要的是欧洲期货交易所提供的德国政府债券期货期权合约。这种期权合约的交易单位是一张德国政府债券期货合约。买方有权按行使价格买入或卖出一张具体的期货合约。

- 如果看涨期权被行使,相关买方将持有期货多头,相关卖方将持有期货空头。
- 如果看跌期权被行使,相关买方将持有期货空头,相关卖方将持有期货多头。
- 买方可以在交易所的任何交易日行使期权。

正如我们在第4章中介绍过的,德国政府债券期货合约的标的资产是面值10万欧元,到期时间介于8.5~10.5年之间以及票面利率为6%的名义德国政府债券。这种期货合约的报价形式为每100欧元面值若干欧元,保留两位小数。最小变动价位是每100欧元面值0.01欧元,因此,最小变动值等于每张合约10欧元(10万欧元×0.01)。德国政府债券期货期权合约的权利金也表示为每100欧元面值若干欧元。假设一名交易商买了一张行使价格为114的德国政府债券期货期权合约,权利金是每100欧元面值0.50欧元,即50个最小变动价位。因此,交易商必须支付的权利金为:

权利金成本 = 50个最小变动价位 × 10欧元/1个最小变动价位 = 500欧元

如果交易商行使期权,他将以每100欧元面值114欧元的价格,建立起一张德国政府债券期货合约的多头。只有当德国政府债券的期货价格不低于114.50时,交易商才能实现盈亏相抵(忽略佣金费和融资成本)。交易商有权以114的价格买入一张德国政府债券期货合约。如果交易商最终行使了期权,并以114.50的价格卖出了买入的期货合约,交易商实现的毛利润将等于50个最小变动价位或500欧元。这刚好使交易商收回最初支付的500欧元权利金。如果期货价格大于114.50，交易商就能实现大于500欧元的毛利润，扣除权利金成本后，净利润将大于零。

伦敦国际金融期货与期权交易所推出的英国政府债券期货期权合约也是美式，买方可以在合约到期日和之前的任何一个营业日行使期权，从而建立起英国政府债券期货的空头或多头。标的期货合约是基于票面利率为6%的10万英镑名义英国政府债券，买方可以选择在交割月份的任何一个营业日进行交割。英国政府债券期货合约和基于它的期权合约的最小变动价位均为每100英镑面值0.01，因此，每个最小变动价位价值10英镑（10万英镑×0.01%）。如果交易商买入了一张英国政府债券期货期权合约，当这种期权合约的价值增加了20个最小变动价位时，交易商可以将已买入的这张合约卖出，从而能实现200英镑的毛利润。

英国政府债券期货期权的一个特点是，权利金不是在购买期权合约时全额支付。然而，买方必须在购买前将初始保证金存入清算所，买入合约后，还要按要求补交变动保证金。如果买方决定行使期权，必须向清算所支付最初的权利金。

本章小结

利率期权合约的价值取决于未来利率。场外交易市场中的利率期权合约的标的资产是一份远期利率协议。利率看涨期权也叫利率上限期权单元。如果期权合约到期时，适用于合约期的实际利率高于行使利率，买方将得到卖方按利息差额支付的一笔现金补偿。如果实际利率低于行使利率，买方则必须向卖方进行补偿。利率期权工具能规避利率风险，但使用者必须承担权利金成本。利率上限期权是由一系列行使价格相等的利率看涨期权合约构成的。担心利率提高的借款人可以在买入利率上限期权合约的同时，卖出利率下限期权合约，以抵销部分或全部权利金成本。这种规避利率风险的做法叫做利率上下限期权战略，它能锁定最高和最低借款利率。欧式利率互换期权是指，买方有权在未来某个日期作为固定利率的支付方或接收方签署一张利率互换合约。

场外债券期权是指买方有权按固定的行使价格买卖债券。芝加哥期货交易所和伦敦国际金融期货与期权交易所还推出了债券期货期权合约。如果期权被行使，买方和卖方将获得债券期货的多头或空头头寸。债券期权工具的应用范围很广，包括进行投机交易、规避利率与债券价格风险和创造额外的权利金收入等。

第 13 章

期权合约的定价

概　述

　　期权合约的价格就是它的权利金,也叫期权费。权利金由期权的内在价值和时间价值构成。期权的内在价值永远不为负,原因是期权合约买方有权不履行处于虚值状态的期权合约。即使期权合约的内在价值等于零,它仍然可能具有一定的时间价值。前提是期权合约尚未到期,标的资产的价格在到期日前可能发生任何程度的波动。时间价值反映了期权合约在到期前进入实值状态的可能性。一般来说,距离期权合约到期所剩的时间越长,标的资产价格的波动程度越剧烈,这一可能性也就越大。

　　对期权合约的买方而言,这两个因素代表了机遇。但对卖方而言,他们却意味着风险。时间价值是买方为了获得机遇必须付出的代价,是对卖方承担风险的报酬。计算内在价值很容易,但计算时间价值却难得多。问题在于,源于期权合约交易的未来现金流动具有固有的不确定性,它取决于合约期内标的资产价格的变化。为了给期权合约定价,我们需要采用一种基于发生概率的定价方法,一种考虑可能由期权合约的买卖引起的未来现金流动的方法。这一点是建立期权合约定价模型的根据。

　　20 世纪 70 年代,费希尔·布莱克、迈伦·斯科尔斯和罗伯特·默顿共同研究出了欧式股票期权合约的定价模型。这一模型使对一类期权合约进行统一定价首次变成了可能。斯科尔斯和默顿也因此于 1997 年获得了诺贝尔奖,布莱克在此前 2 年不幸去世。如今,该模型通常被称作布莱克—斯科尔斯模型。详细解释这一模型背后的数学原理超出了我们这一部分的讨论范围。

当前,我们的目标是让读者从直观上了解模型在实践中的应用,关注的焦点是输入模型的信息,以及信息的改变如何影响计算结果。在金融市场中,使用期权合约定价基于所有数学原理的人相当少,尤其是在布莱克—斯科尔斯模型之后出现的新一代模型中使用的方法。尽管如此,许多人在日常商业活动中都依赖于定价模型,他们需要对输入信息、输出结果、主要假设和应用局限有一定的了解。

预期支付的概念

期权合约定价从计算预期支付开始。这一概念对于那些学过经济学和商业决策理论,或有权衡投资回报与风险经历的人来说并不陌生。计算的第一步是根据每种可能出现的支付发生的概率,在它们之间进行权重分配。所有可能出现支付的加权和就是预期支付。

下面我们举一个简单的例子说明如何计算预期支付。假设一名投资者正在考虑是否进行这样一笔交易:初始投资额为100美元,实现220美元回报的概率为35%,实现150美元回报的概率为25%,实现零回报的概率为40%。我们的问题是:这笔交易的回报率如何呢?为了回答这一问题,我们需要计算出投资者的预期支付。

$$预期支付 = (220 \times 35\%) + (150 \times 25\%) + (0 \times 40\%)$$
$$= 114.50(美元)$$

投资额是100美元,预期支付相对较高,为114.50美元,那么这是一笔不错的交易(假设每种支付结果出现概率的估计正确,同时投资者已做好了进行风险投资的准备)。从理论上讲,投资者应准备拿出不超过114.50美元的资金来参与交易。预期支付的概念虽然很简单,但它在实践中的应用却很重要。例如,如果一家公司总是开发预期支付现值大于初始投资额的项目,他发展壮大的可能性则非常大。

为了说明预期支付概念的重要性,假设某股票当前的即期价格为100美元。一名交易商想买入一张基于这种股票的欧式看涨期权合约,行使价格也为100美元。由于行使价格等于标的股票当前的即期价格,期权合约处于平值状态,内在价值等于零。为了使问题简单,我们假设利率为零,股票属于无息型。因此,股票的1年远期价格也等于100美元。不仅如此,1年后,股票的即期价格只可能处于三个水平中的一个。表13.1展示了股票价格的三种可能及它们出现的概率。

表 13.1　期权合约到期时标的股票可能具有的各种价格及它们发生的概率

股票可能具有的价格(美元)	概率(%)
120	25
100	50
80	25

1 年后,股票最可能的价格等于 100 美元。然而,股价上涨或下跌 20 美元的概率也各有 25%。股票 1 年后的预期价格等于各种可能出现的股票价格的加权和:

$$预期股票价格 = (120 \times 25\%) + (100 \times 50\%) + (80 \times 25\%)$$
$$= 100(美元)$$

如果交易商现在签署一张 1 年后按 100 美元的固定价格购买股票的远期合约,这笔交易的预期支付则等于零。如果交割时股票的价格涨至 120 美元,交易商将实现每股 20 美元的利润。然而,如果交割时股票的价格跌至 80 美元,交易商将遭受每股 20 美元的损失。赚得或损失每股 20 美元的概率均为 25%,不赚不赔的概率为 50%。

$$购买远期合约的预期支付 = (20 \times 25\%) + (0 \times 50\%)$$
$$+ (-20 \times 25\%)$$
$$= 0(美元)$$

由于预期支付等于零,交易商在购买远期合约时就不应支付费用。然而,如果交易商买入的是处于平值状态的看涨期权合约,情况则完全不同了。1 年后,交易商可以不按 100 美元的行使价格购买标的股票。如果期权合约的股价高于 100 美元,交易商将行使期权,买入股票。如果到期日股价低于 100 美元,交易商就不会行使期权。通过买入看涨期权合约,交易商保证了自己"有赚无赔"。具体而言,实现每股 20 美元的概率为 25%,不赚不赔的概率为 75%。当交易商购买看涨期权合约时,预期支付将大于零。

$$购买看涨期权合约的预期支付 = (20 \times 25\%) + (0 \times 50\%) + (0 \times 25\%)$$
$$= 5(美元)$$

交易商的预期支付等于看涨期权合约卖方的预期损失。因此,为了保持均衡和公平,交易商应向买方支付每股 5 美元的费用,即权利金。这就是平值看涨期权合约的公允价格。在这个例子中,我们假设利率等于零。如果取消这一假设,买方支付的权利金则应等于按实际利率将预期支付贴现至购买期权合约和支付权利金当天的现值。

布莱克—斯科尔斯模型要求的信息

布莱克—斯科尔斯模型适用于以带息股票作为标的资产的欧式期权合约的定价。使用这一模型计算出的期权合约价格是理论上公允的应付权利金，数额等于将期权合约到期日当天的预期支付，按实际汇率贴现至购买期权合约和支付权利金当天的现值。布莱克—斯科尔斯模型要求使用者输入以下五方面信息：

- 标的股票的即期价格。
- 期权合约的行使价格。
- 合约剩余有效期。
- 标的股票的波动率。
- 自持标的股票的成本，即合约剩余有效期内的利率减同期获得的任何股息收入。

模型获取前两点信息的目的很明显，是为了确定期权合约是否具有任何内在价值，以及期权最终被或不被行使的概率。例如，如果某股票看涨期权合约的行使价格为100美元，标的股票目前的即期价格也等于100美元。虽然该看涨期权合约目前的内在价值是零，但我们可以说，合约到期时处于实值状态（股价超过100美元）的概率相当大或为50%。然而，当行使价格定为200美元时，该看涨期权合约的虚值程度如此之深，以致它在到期时进入实值状态的概率小得多。假设这两张看涨期权合约的到期日相同，处于虚值状态的合约具有的价值通常小于处于平值状态的合约。

我们在前面已经讨论过了合约剩余有效期在期权合约定价中的重要性。与1天相比，股价在1年的时间里出现较大波动的概率更大。因此，当其他因素都相同时，期权合约的有效期越长，它们的价格也越高。原因是，买方实现利润的概率越高，预期支付越高。

第五点信息是自持成本，它的作用也相当明显。欧式期权只能在未来某个具体的日期行使，因此，欧式期权合约的定价与标的股票的远期价格，即股票在期权合约到期日当天的价格有关。如我们在第2章中论述过的，股票的远期价格等于即期价格加上持有股票直到远期合约到期的净成本，即融资成本减持有期间获得的任何股息。因此，我们需要提供这条信息。另一种能解释模型需要知道自持成本的观点是，期权合约的卖方承担了相当大的风险，他们通常会采取一定措施来降低或消除风险。为了避免因股价下跌而遭受损失，他们在卖出期权合约的同时，还购买了一定数量的标的股票。为了购买股票，他们需要向外借款，因此，在确定权利金时,必须考虑融资成本和股息收入。

布莱克—斯科尔斯模型还要求使用者对标的股票价格的波动性进行估计。这一信息对期权合约的价格有很大的影响。当其他因素相同时,标的股票价格的波动性越大,期权合约的价格越高。这是因为,股价大大超出行使价格的概率越大,预期支付越高。

历史波动率

在布莱克—斯科尔斯模型需要的五方面信息中,真正难以确定的只有标的股票价格的波动率。标的股票的即期价格可以到证券交易所查询。期货合约的行使价格和有效期可以从合约中得知。如果期权合约几周或几个月后就将到期,预测股票的股息收入也不是很难(当合约剩余有效期较长时,准确预测股息将逐渐变得困难)。最难解决的问题在于,我们根据什么准确估计标的股票价格的波动性。

一种有用的方法是参考标的股票以往的价格资料,并在此基础上计算出它的历史波动率。历史波动率是采用统计方法计算出的一个指标,它等于过去某段时间内,股票收益(价格波动和股息)率的标准差。统计的股票收益既包括股价变化带来的收益,也包括股票股息。根据股票收益率而不是股价计算历史波动率的原因是,这能使价格不同的各种股票的这一指标具有可比性。在过去某个历史时期内,股价波动越剧烈,计算出的历史波动率数值越大。

标准差是衡量一组数据的分布偏离它们平均值情况的一个常用指标,它在金融和商业等许多领域都被广泛应用。下面我们举一个例子。图13.1是一幅柱形图,它表明了一组身高数据的分布情况,这些数据来自一个由1 000名英国成年女性组成的样本。在横轴上,身高被分为了一系列相等的区间。纵轴表示落入每个区间的样本人数比例。著名的钟形曲线呈正态分布,如图13.2所示。曲线的形状告诉我们,样本中的大多数人的身高都接近平均值,身高严重偏离平均值的人是极少数。钟形曲线有几个明显的特点。

- 单峰。峰顶对应的横轴数值是样本身高的平均值。曲线上大于和小于平均值的点各占一半。
- 曲线以经过身高平均值的直线为对称轴,呈左右对称。
- 曲线自峰顶向两侧逐渐下降,不断逼近横轴,但永远不与之相交。在实际应用中,这一点稍显不切实际。因为没有哪个人的身高能落入大于10米的区间。
- 形状不唯一,其形状取决于平均值和标准差。平均值决定了曲线的中心位置,标准差决定了曲线的陡峭或胖瘦程度。

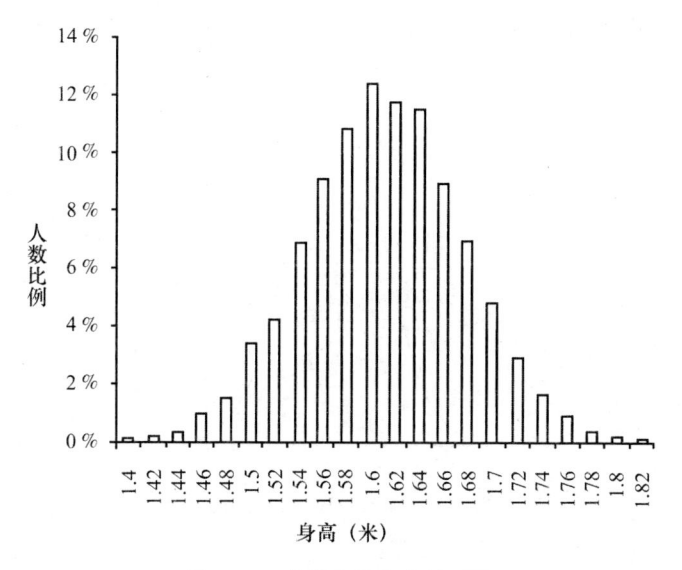

图 13.1 某样本的身高柱形图

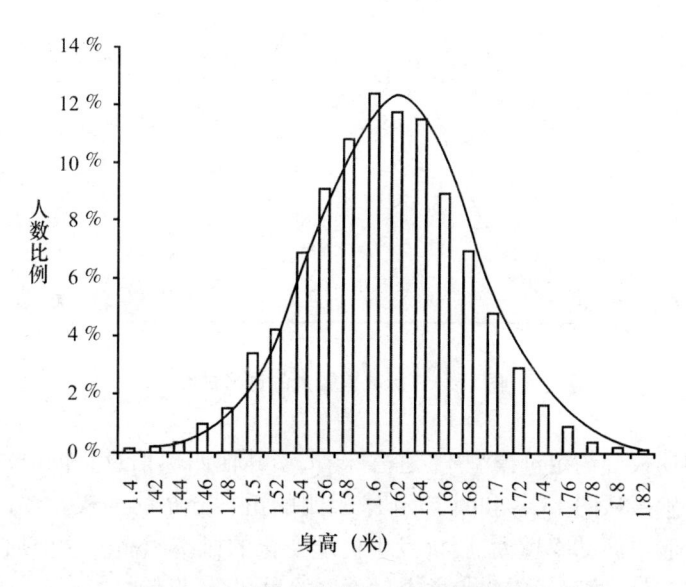

图 13.2 某样本身高柱形图与钟形曲线

  计算股票历史波动率的过程，与计算身高样本的标准差相同（具体的计算方法在附录中有详细的说明）。第一步是，找到过去某段历史时期标的股票的一个价格样本。例如，我们可以将证券交易所一个月的每日收盘价作为一个样本。第二步是计算股价每天的波动率和波动率的平均值，即平均波动率。平均波动率就是钟形曲线的中点。第三步是计算每天波动率的标准差，即每天波动率偏离平均波动率的程度。从图形上看,标准差越小,钟形曲线越陡峭越瘦,如图 13.3 所示。标准差越大,曲线越平缓越胖,如图 13.4 所示。

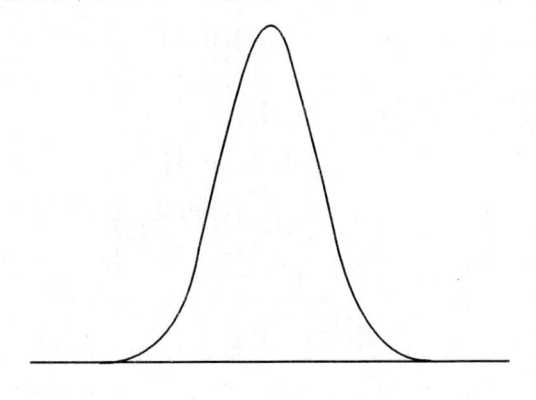

图 13.3　标准差较小的钟形曲线

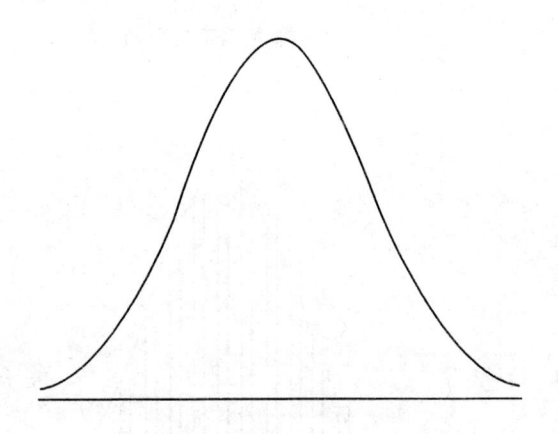

图 13.4　标准差较大的钟形曲线

应用到期权合约定价模型中,这意味着,当其他四项信息相同时,两张标的股票收益率分别服从图 13.3 和图 13.4 中表明的正态分布的期权合约,前者的价格高于后者。股票波动率越大,股价发生极端变化的概率越高。这增加了期权合约买方的预期支付,他因此应向卖方支付更多的权利金。

隐含波动率

使用历史波动率的好处是,样本数据通常很容易得到,计算方法相当简单。事实上,计算一组数据平均值和标准差所需的所有必备函数都包含在 Excel 等软件包中。然而,使用历史波动率存在严重的实践和理论问题。

- 样本数据。过去多长一段历史时期的价格数据最具代表性?使用过去几周或几个月的数据或许是最好的选择,因为这能更准确地反映股价当前的波动情况。然而,这样做面临着可能忽视不频繁发生的以往股价更为剧烈波动事件的风险,从而导致了对股价波动率的低估。另一方面,我们也不希望使用旧数据。使用的数据越不及时,股价的波动率在数据时间后发生很大改变的概率越高。

- 过去与未来。更严重的一个问题是,历史波动率在本质上是基于股价过去的波动情况。我们真正需要知道的却是股价在未来一段时间内将如何波动。这是期权合约买方预期支付和卖方预期损失的真正决定因素。

不幸的是,我们没有可用于直接观察股价未来波动规律的方法。我们唯一能做的只有预测、预计和估计。预测在一定程度上可能要根据股价过去的实际波动情况,但我们在预测时也需要合理预期可能对股价波动率产生影响的未来事件。例如,我们可能发现,某股股票的价格最近几个月波动异常剧烈,原因可能是高层危机等发行公司本身的问题,也可能是政治或宏观经济事件等导致的股市整体不稳定。通过分析事态的进一步发展趋势,我们可能得出两种截然不同的结论:(1)引发股价剧烈波动的问题将逐渐得到解决,股价将趋于稳定。(2)过去一段时间的股价波动将导致投机行为愈演愈烈,股价波动将更加剧烈。

当期权合约交易在交易所和场外交易市场中自由进行时,获取它们的最新价格数据十分容易。这些数据可以用于计算期权合约的隐含波动率。隐含波动率是包含在期权合约实际价格中的波动率假设。我们可以通过反向运行模型,计算出这一指标。换言之,不是根据波动率假设确定合约价格,而是在保持即期价格、行使价格、合约剩余有效期和自持成本恒定的情况下,根据价格得出生成它的波动率假设。反复验证波动率假设,直到模型得出的结果与合约的实际市场价格相等。

隐含波动率被交易商、银行风险管理人员和期权合约的买方用于分析期权合约的价格是否合理。此外,隐含波动率的实际应用范围还包括以下几方面:

达成市场共识。以微软等股票和标准普尔500等股票指数作为标的资产的期权合约交易十分活跃。根据这些期权合约的一般价格,我们可以了解市场对标的资产在合约剩余有效期内可能发生什么波动的大致预期。假设市场是公允而高效的,参与者众多,我们可以说,隐含波动率为我们提供了对未来波动率的无偏估计。他根据现有信息,在分析所有可能对标的资产未来价格走势产生影响的未来事件基础上,形成了统一的市场共识。

确定相对值。由于期权合约的买卖双方通常能在模型要求的其他四点信息上达成一致,因此,确定合约价格的关键问题就在于,决定使用什么样的波动率假设。正在考虑购买一张期权合约的交易商在得到报价后,可以将这一价格输入模型中,这样,交易商就能得知卖方得出报价所使用的波动率假设。如果交易商认为股票未来的波动将大于卖方的预期,他应慎重决定是否买入合约。他的预期支付可能大于卖方索要的权利金。

股价模拟

布莱克—斯科尔斯模型考虑到了这样一个事实:与期权合约相关的预期支付的具体值有许多种可能,必须根据每个可能数值出现的概率在它们之间进行权重分配。模型使用的概率指标叫做风险中性概率。简而言之,这意味着,模型假设期权合约卖方对标的股票交易涉及的风险进行了有效的管理①,风险中性概率的计算基于股票收益服从正态分布的假设。通过使用所谓的蒙特卡罗(Monte Carlo)模拟法,我们也能得出与布莱克—斯科尔斯模型相同的结果。蒙特卡罗模拟法的计算较为简单,虽然耗费的时间长很多。

图13.5表明了使用蒙特卡罗模拟法,计算行使价格为100美元的股票平值欧式看涨期权合约价格的结果。计算的第一步是生成一系列随机数值,然后在初始价格为100美元的基础上,根据波动率假设(和股票收益服从正态分布的假设),利用这些数值计算出合约到期时标的股票的一系列可能价格。将所有可能出现的价

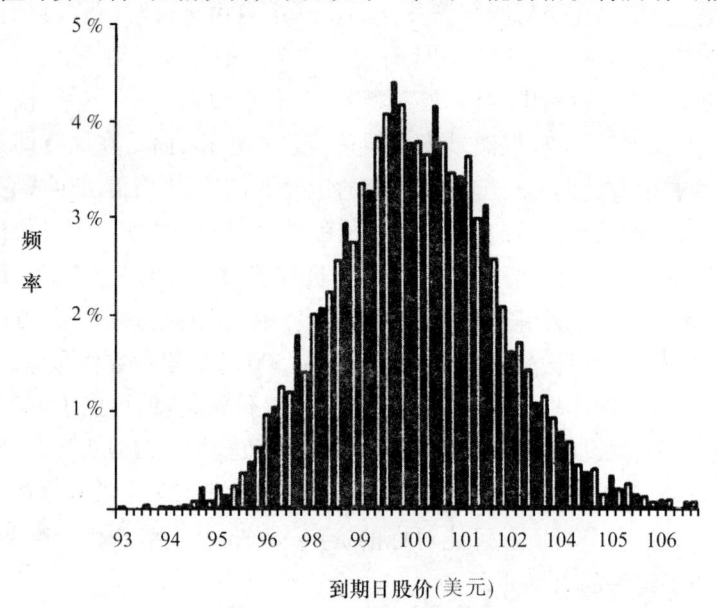

图13.5 根据蒙特卡罗模拟法计算结果绘制的柱形图

---

① 这叫做δ避险,我们将在第14、15章中解释这一概念。

格归入确定的一系列相等区间,统计出价格落入每个区间的概率。如图13.5所示,出现频率最高的股票价格在100美元上下,小于95美元和大于105美元的价格出现的频率极低。

我们正在定价的是一张行使价格为100美元的欧式看涨期权合约。我们可以忽略出现的所有等于和低于100美元的可能股价,因为如果到期日股价不高于100美元,期权合约则处于虚值状态,不具有正的内在价值。如果到期日股价高于100美元,支付将大于零。当股价为101美元时,支付等于每股1美元;当股价为102美元时,支付等于每股2美元;以此类推。对于任何一个给定的股价,我们都能从柱形图中确定它出现的概率。现在,我们可以分四步确定这张欧式看涨期权合约的价格:

1. 计算出在各种可能的到期日股价(大于行使价格)水平下,期权合约的各种可能支付值。
2. 根据获得各种可能支付值发生的概率,对它们进行权重分配。
3. 对各种可能支付值进行概率加权求和计算,从而得出合约到期时的预期支付值。
4. 计算到期预期支付的现值,这即为期权合约的价格。

布莱克—斯科尔斯模型的局限性之一表现在,在现实中,股票的实际收益并不服从正态分布。当股市剧烈波动时,这一问题越发凸显。如果股票收益果真服从正态分布,股市急剧波动情况的发生似乎将比我们预期得更加频繁。解决此问题的一种方法是修改定价时使用的波动率假设,以将对极端市场波动的预期考虑进来。另一种方法是建立改变或放松布莱克—斯科尔斯模型某些假设的,更为复杂的模型。例如,允许波动率在期权合约有效期内变化或股价分布曲线不呈钟形的模型。

看涨与看跌期权合约的价格

这一部分中,我们首先分析标的资产即期价格和看涨期权合约价格的关系。我们以一张1年期平值股票看涨期权合约为例,该合约的价格是利用布莱克—斯科尔斯模型计算的,结果已根据股票股息作出了调整。表13.2给出了这张看涨期权合约的具体条款,股价和权利金的单位均为美分。

表 13.2　　　　　　　　某看涨期权合约的细节

标的股票：	XYZ
即期/行使价格：	600 美分
期权合约类型：	买入的看涨期权
合约剩余有效期：	30 天
股价波动率：	每年 20%
净自持成本：	每年 1%
合约价格：	13.93 美分

当即期股价为 600 美分时，布莱克—斯科尔斯模型计算的期权合约价格为 13.93 美分。由于该合约此时处于平值状态，它的内在价值等于零，时间价值等于 13.93 美分。如果即期股价出现波动，期权合约的价格将如何变化呢？表 13.3 展示了当即期股价在 550 美分和 650 美分之间波动时，期权合约价格、内在价值和时间价值的变化。当即期股价跌至 550 美分时，模型将期权合约的价格定为 0.96 美分，合约的虚值程度进一步加深，内在价值仍等于零，但时间价值降低了很多。当即期股价涨至 650 美分时，期权合约的价格被确定为 51.65 美分，合约处于很深的实值状态，内在价值高达 50 美分，时间价值降至 1.65 美分。

表 13.3　在不同即期股价水平下，行使价格为 600 美分的看涨期权合约的价格、内在价值和时间价值　　　　　　　　　　　　　　单位：美分

即期股价	合约价格	内在价值	时间价值
550	0.96	0	0.96
560	1.90	0	1.90
570	3.48	0	3.48
580	5.90	0	5.90
590	9.35	0	9.35
600	13.93	0	13.93
610	19.66	10	9.66
620	26.46	20	6.46
630	34.18	30	4.18
640	42.64	40	2.64
650	51.65	50	1.65

图 13.6 将表 13.3 中即期股价、合约价格和内在价值的相关数据反映在了坐标图里。实线表示永远不为负的内在价值，虚线表示合约价格。两条线之间的垂直距离等于时间价值。如图 13.6 所示，当即期股价较低时，看涨期权合约的虚值程度很深，不仅内在价值等于零，时间价值也很低。购买处于虚值状态的看涨期权合约很像就一个不太可能出现的情况打赌。赌注（时间价值）不大，但赌赢的概率也很低。随着即期股价超过行使价格，预期支付和期权合约的时间价值也相应逐渐增加。

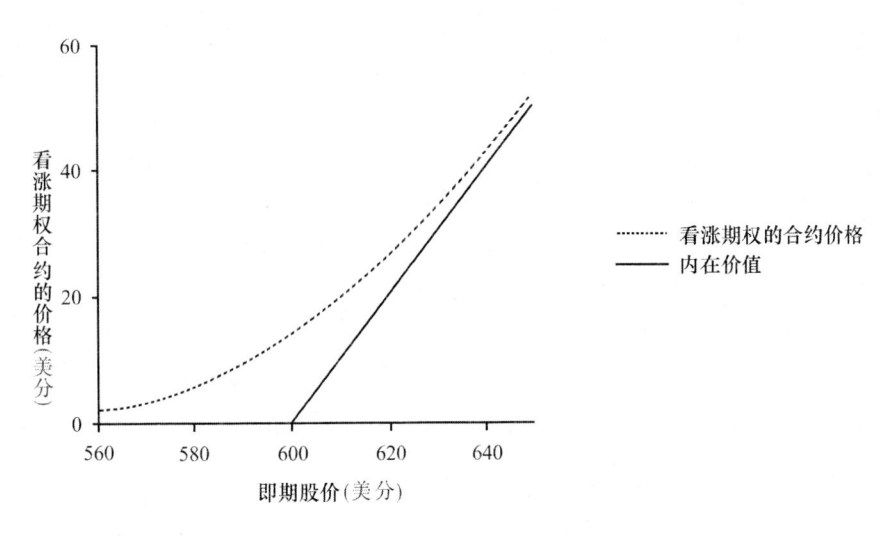

图 13.6　标的股票即期价格对行使价格为 600 美分的看涨期权合约价格和内在价值的影响

时间价值在期权合约大约处于平值状态时达到最大。在这个例子中,期权合约在即期股价为 600 美分时为平值状态。购买处于平值状态的期权合约很像打一个输赢概率各为 50% 的赌。图 13.7 中的曲线描绘了时间价值随即期股价波动而发生的变化,也像一条钟形曲线,峰底对应的即期股价约为 600 美分。随着看涨期权合约的实值程度不断加深,它的价格因内在价值的不断增加而持续提高。然而,时间价值却在不断降低。虚值或平值期权合约的时间价值可以理解为赌注。与购买实际股票相比,购买这种期权合约的成本小得多,而且潜在利润可能相当大。

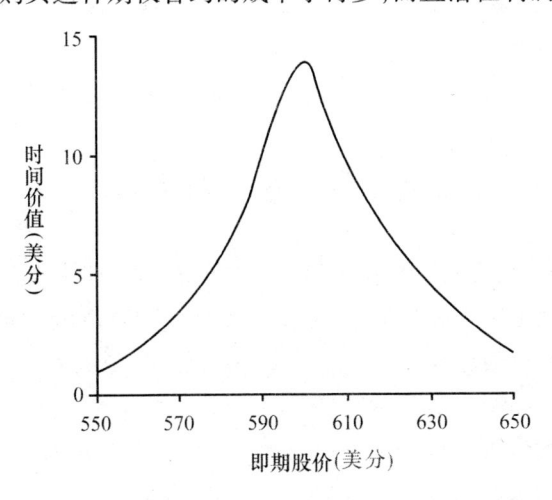

图 13.7　时间价值曲线

然而,对于实值状态的期权合约情况就不同了。持有实值程度很深的看涨期权多头,相当于持有标的股票的多头。期权合约将被行使这一点是差不多确定的。然而,这种看涨期权合约的买方将必须支付很多的内在价值,从而面临着股价下跌时期权合约内在价值降低的风险。同时,股价下跌将导致时间价值增加,而买方并不准备支付更多的时间价值。内在价值接近购买标的股票的成本。

图13.8展示了与前面欧式看涨期权合约条款相似的欧式看跌期权合约的价格和内在价值随标的股票即期价格变化的趋势。看跌期权合约的价格与即期股价呈反比。虽然内在价值仍然最小等于零,但它却是在即期股价低于行使价格时变为正数。时间价值也是在期权合约处于平值状态附近达到最大。随着合约的实值程度不断加深,持有看跌期权多头越来越相当于持有标的股的空头。这种看跌期权最终被行使的可能性极高。

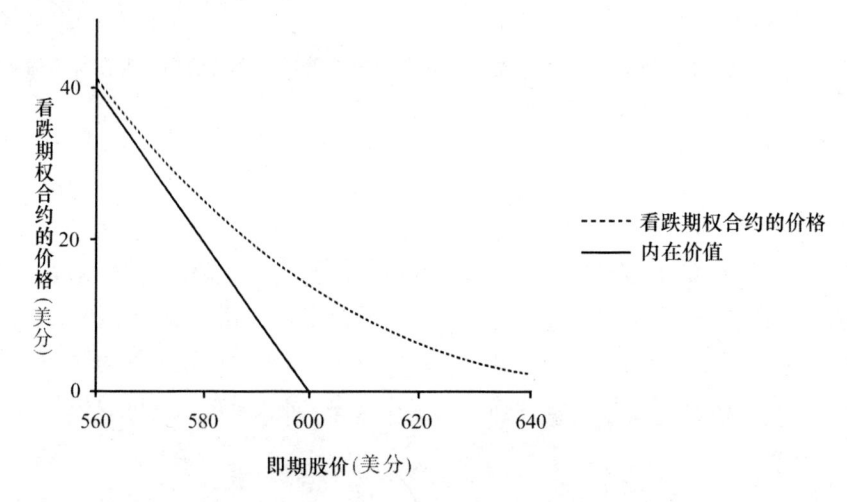

图13.8 标的股票即期价格对行使价格同为600美分的类似看跌期权合约价格和内在价值的影响

外汇期权合约的定价

给欧式外汇期权合约定价时,我们可以对布莱克—斯科尔斯模型稍加调整,将带息股票更严格地限制为持续发放股息的股票(参见附录)。调整后的模型要求使用者提供以下五点信息:

- 标的股票的即期价格。
- 期权合约的行使价格。
- 合约剩余有效期。
- 标的股票的波动率。
- 自持成本,即利率与股票股息收益率之差。

接下来,我们以一张 3 个月期欧式外汇期权合约为例,说明如何利用调整后的布莱克—斯科尔斯模型确定外汇期权合约的价格。这张期权合约赋予其买方按行使利率卖出欧元,买入美元的权利,因此是一张欧元看跌和美元看涨期权合约。欧元兑美元的即期汇率是 1.15,该期权合约的行使汇率也是 1.15,即 1 欧元买 1.15 美元。即期汇率的波动率为每年 8%。模型要求提供的利率是指美元利率,股票股息收益率指欧元利率,分别为每年 1.15% 和每年 2.2%。为这张欧式外汇期权合约定价所需的全部信息如下:

- 即期汇率 = 1.15
- 行使汇率 = 1.15
- 合约剩余有效期 = 3 个月 = 0.25 年
- 即期汇率波动率 = 每年 8%
- 利率 = 每年 1.15%
- 股息收益率 = 每年 2.2%

在模型中输入这些信息后,我们得到的结果是每欧元 0.0198 美元。每年 8% 的波动率假设可能显得较低,但它是世界主要货币间即期汇率波动率的正常反应。对于股票指数期权合约,假设的波动率可能高达 20% 或更高。一个有趣的事实是,过去 15 年中,虽然股票市场的波动总体上呈现出越发剧烈的趋势,但主要货币间汇率的波动性却总体趋于更小。原因有两方面:第一,货币市场的公开和透明度不断提高;第二,由于全球化效应的影响,世界主要经济大国和它们货币间的联盟比以往更为紧密。

图 13.9 展示了当其他所有因素保持不变时,欧元兑美元即期汇率对行使汇率

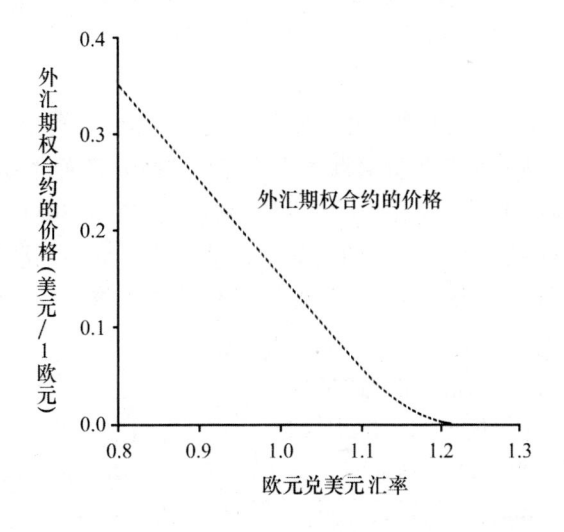

图 13.9 外汇期权合约(欧元看跌/美元看涨)价格与即期汇率的关系

为 1.15 的外汇期权合约价格的影响。随着即期汇率的升高(或下降),期权合约的价格将不断降低(或提高)。当即期汇率逐渐下降时,持有外汇期权多头越来越相当于持有欧元空头和美元多头,期权最终被行使的概率不断逼近 100%。

利率期权合约的定价

布莱克—斯科尔斯模型最初是为解决股票期权合约的定价问题而建立的。然而,我们刚才也看到了,只要我们对这一模型稍加调整,就能将它用于外汇期权合约的定价。由于债券不过是另一种金融资产,将该模型进一步用于债券期权合约的定价或许也是可行的。

然而,利用布莱克—斯科尔斯模型确定债券期权合约的价格存在一定问题,让我们看看下面关于一张债券看涨期权合约的例子。标的债券是一张 1 年期国库券,它当前的即期价格是 98 美元。这一债券本身不附带利息,但当债券 1 年后到期时,政府将按债券面值偿还 100 美元。这张债券期权合约属于欧式,行使价格为 101 美元,有效期为 1 年。对债券价格以往波动规律的分析表明,它的历史波动率为每年 5%,我们决定将这一比率作为波动率假设。这张看涨期权合约的价格显然为零,因为买方有权在 1 年后以 101 美元的价格购买价值只有 100 美元的资产。但如果我们在布莱克—斯科尔斯模型中输入上述信息,得到的结果却大于零。

哪里出了问题?模型假设在一段时间内,资产的价格有可能将偏离其初始即期价格。一般而言,合约有效期越长,资产价格的波动率越大,这种情况出现的可能性越大。对于股票这种资产,这一假设是合理的,因为从理论上讲,股票的价格可以涨至任何一个水平。然而,债券(尤其是国库券)的价格比较稳定,通常围绕其票面价值小幅波动,不会无限增加。不仅如此,随着债券到期日的不断临近,债券的价格通常将逐渐向其票面价值靠拢。这有时被称为票面价值收敛效应。没有人愿意支付高于 100 美元的价格,去购买几天后只能兑换 100 美元的债券。随着债券到期日的不断临近,债券价格的波动率逐渐减小。债券到期时的价格是明确的,关于债券交易价格应为多少这一问题的不确定性也将随债券到期日的临近不断降低。

因此,问题出现了。我们在上述债券期权合约的定价中使用的波动率假设是基于债券价格过去的变化规律。由于这是一张欧式期权合约,期权只能在合约到期日当天行使,即债券 1 年后到期时。在那时,债券价格的波动率实际上等于零,因为债券的到期价格是固定的 100 美元。布莱克 1976 年模型在为利率和债券期权合约定价时考虑到了这一点。对于债券期权合约,模型要求使用者提供标的债券在期权合约到期时的远期价格,而不是债券的即期价格。使用的波动率也是债券远期价格的波动率,以解决即期价格的波动率随债券到期日临近而逐渐减小的问题。

布莱克模型还被用于欧式短期利率期权合约的定价。与债券期权合约一样,模型也要求使用者输入期权合约到期时的远期利率,而非市场即期利率。因此,波动率假设也是基于远期利率的波动。然而,这种定价方法就利率波动规律设定的假设仍然受到争议。更为复杂的定价方法以利率的发展变化为基础,采用的分析方法与市场中远期利率的实际观察方法一致。

本章小结

期权合约的价格取决于它的预期支付。预期支付的计算方法十分简单,它等于所有可能出现的预期支付值的概率加权平均数。被奉为业内标准的布莱克—斯科尔斯模型能准确地计算出可能出现的预期支付值无限多的期权合约的价格。这一模型要求使用者提供五点信息:标的资产的即期价格、期权合约的行使价格、合约有效期、标的资产价格的波动率和净自持成本(融资成本减标的资产创造的收入)。当其他所有信息都相同时,期权合约的有效期越长,预期支付越大。在这五点信息中,最难确定的是标的资产价格的波动率。它无法通过直接观察确定,只能根据某些数据推测得到。历史波动率基于标的资产价格以往的波动情况,可能无法准确地反映未来。隐含波动率包含在期权合约的价格中,并考虑到了未来预期。

虚值程度很深的期权合约具有极低的时间价值,期权最终被行使的概率很低。时间价值在期权合约接近平值状态时达到最大,这时,期权被行使的概率为50%。随着期权合约的实值程度不断加深,它的内在价值将不断增加,但时间价值将逐渐降低。持有实值程度很深的看涨期权多头相当于持有标的资产的多头。持有实值程度很深的看跌期权多头相当于持有标的资产的空头。布莱克—斯科尔斯模型也能用于外汇期权合约的定价,但必须对模型进行稍微的调整。利用布莱克—斯科尔斯模型为利率期权合约定价更为复杂,因为利率和债券价格总是围绕它们的初始值上下小幅波动。随着债券到期日的不断接近,债券价格的波动逐渐减弱,它的市场价格逐渐向它的赎回价格靠拢。

第 14 章

期权合约价格的敏感度

概 述

在前一章中,我们了解到,根据布莱克—斯科尔斯定价模型,股票期权合约的价格取决于五个因素。

- 标的股票的即期价格。
- 期权合约的行使价格。
- 合约剩余有效期。
- 标的股票价格的波动率。
- 自持成本,即利率减股票收益。

参与期权合约买卖的交易商和投资者还对模型的敏感度感兴趣。换言之,他们同时关心这些因素的变化如何影响模型输出结果。常用的敏感度参数包括 δ、γ、θ、K 和 ρ。由于 K 实际上不是希腊字母,人们偶尔使用 κ 这个希腊字母代替。从技术的角度讲,这些参数都是期权合约定价模型的偏导数。这意味着,它们衡量的是只有一个因素变动,其他四个因素都保持不变时,期权合约价格的变动量。

衡量期权合约价格敏感度最重要的一个参数是 δ。δ 衡量的是期权合约价格对标的资产价格的敏感度。看涨期权合约的 δ 值大于零,这表明看涨期权合约的价格与标的股票价格成正比,当股票价格上涨时,期权合约的价格也将随之升高。从某种程度上讲,持有看涨期权多头相当于持有标的股票的多头。看跌期权合约的情况刚好相反,它的 δ 值小于零。这表明,看跌期权合约的价格与标的股票价格成反比,当股价下跌时,合约的价格也将相应下降。从某种程度上讲,持有看跌期权多头相当于持有标的股票的空头。

然而,δ不仅仅是敏感度参数,它还能告诉交易商应买卖多少标的股票,以有效地规避卖出期权合约的风险。δ的这方面作用,我们将在本章和随后的第15章中进行更为详细的论述。

δ 值

δ值是指,在保持行使价格、剩余有效期、标的资产价格波动率和自持成本这四个因素不变的前提下,期权合约价格变动相对于标的资产价格变动的比率。我们将在这一部分和随后的几个部分中,通过一个具体的例子介绍期权合约价格敏感度的几个参数。例子围绕一张1个月期欧式平值股票期权合约展开。我们对布莱克—斯科尔斯定价模型进行了一定调整,使之适用于以股息持续发放股票作为标的资产的期权合约。股价和合约价格的单位均为美分。表14.1给出了这张股票期权合约的全部细节。

表14.1　　某股票期权合约的全部细节

标的股票:	XYZ
即期/行使价格:	600 美分
期权合约类型:	买入欧式看涨期权
合约有效期:	30 天
股价波动率:	每年20%
净自持成本:	每年1%
合约价格:	13.93 美分

根据表14.1中的数据,期权合约目前的价格是13.93美分。如果标的股票的即期价格发生了变化,合约价格将如何变化呢?由于这是一张看涨期权合约,因此他的δ值大于零。换言之,当股价上涨时,合约的价格也将提高;当股价下跌时,合约的价格也将下降。表14.2展示了股价上涨和下跌1美分时,合约价格的具体变动情况。

表14.2　　标的股票价格变动1单位导致的看涨期权合约价格变动

即期股价	看涨期权合约的价格(美分)	绝对变动量
600	13.93	
599	13.42	0.51
601	14.46	0.53
	平均绝对变动量:	0.52

两个绝对价格变动量的平均值等于 0.52 美分,即 δ 值。δ 值等于 0.52 美分,表明标的股票价格每上涨或下跌 1 美分,看涨期权合约的价格将升高或降低大约 0.52 美分。在实践中,这一规律是用于股价波幅较小的情况。如果股价波动较大,根据它计算期权合约价格的准确度则较低。股价波动越大,准确度越低。我们将在本章后面和下一章分析股价波动较大时,根据 δ 值估计合约价格的后果。δ 值实际上是一个比率,它也可以表示为百分比形式。在这个例子中,δ 值等于 0.52 美分,即 52%。这意味着当标的股票价格上涨或下跌时,期权合约价格预计也将升高或下降。合约价格升降的幅度等于股价波动幅度的 52%。一些市场从业人员在表示 δ 值时不带百分号,简单地表示为一个数。

看涨期权合约的 δ 值是正数,介于 0~1(或 100%)之间。具体值取决于期权合约处于何种状态:实值、平值或虚值(参见表 14.3)。在我们的例子中,看涨期权合约处于平值状态,合约的行使价格和标的股票的即期价格都等于 600 美分。因此,买入这张看涨期权合约很像打一个输赢概率各为 50% 的赌,期权合约到期时进入实值和虚值状态的几率为 50:50。当 XYZ 股票即期价格发生较小波动时,这张看涨期权合约的价格也将发生同方向的变动,变动幅度约为股价波动幅度的一半(实际为 52%)。

表 14.3　　　　　　　　　　δ 的具体值

看涨期权合约状态	δ 值
虚值状态	小于 50%。随着虚值程度不断加深,δ 值将不断减小,向 0% 靠近。当标的股票价格的波动很小时,期权合约价格的变动量微乎其微。期权被行使的可能性极低。
平值状态	在 50% 上下。标的股票价格的较小变化,将导致合约价格同方向变化。后者的变动量约为前者的一半。
实值状态	大于 50%。随着合约实值程度的加深,δ 值将不断增大,向 100% 靠近。持有看涨期权多头越来越像持有标的股票的多头,期权合约价格的变化越发与股价的变化趋于一致,包括变动方向和变动量。

虚值看涨期权合约的 δ 值小于 50%。买入处于虚值状态的看涨期权合约,相当于就一个不太可能出现的情况打赌。当标的股票即期价格的波动幅度较小时,这种期权合约的价格变化很小。如果虚值程度很深,期权被行使的概率很低,δ 值接近于零。标的股票价格必须大幅上涨,合约才能由虚值变为实值状态。股价的小幅上涨无法改变合约的状态。如果合约进入实值状态,δ 值将超过 50%。持有实值程度很深的看涨期权多头,相当于持有标的股票的多头。合约价格的变动方向和变动量与标的股票一致。

图 14.1 展示了在只有标的股票即期价格这一因素发生变化的情况下,上述

XYZ股票看涨期权合约的价格将如何变动。虚线表示期权合约的价格,实线表示δ值。这两条线是相切的,实线是虚线的切线,切点为(600,13.93)。实线的斜率就是即期股价为600美分时,合约的δ值。这时,XYZ股票的即期价格每上涨或下跌1美分,期权合约的价格就将升高或降低0.52美分。

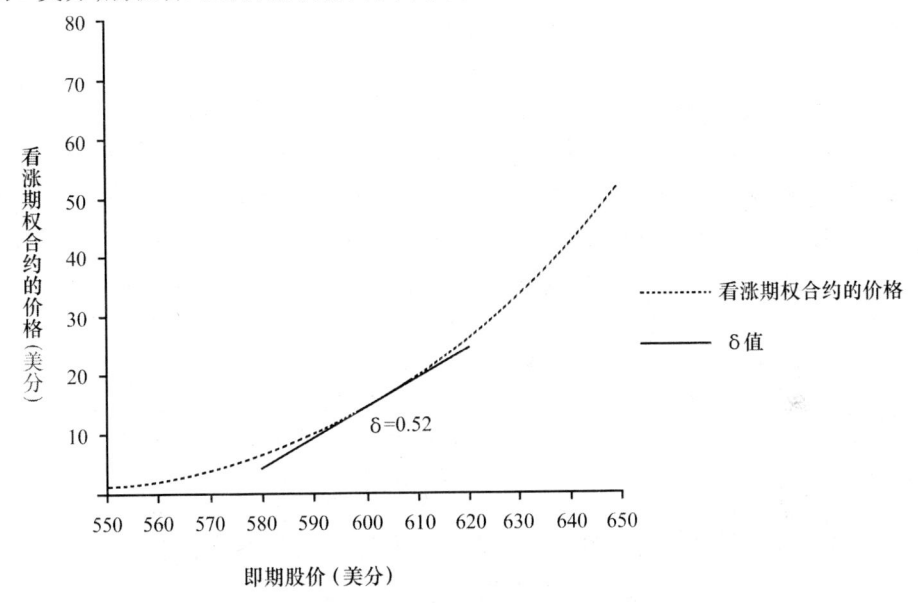

图14.1 作为期权合约价格曲线上某点斜率的δ值

因为我们将期权合约价格曲线的切线斜率作为合约的δ值,表明我们假设标的股票的即期价格和合约的价格之间具有线性关系。这样假设的好处是,当即期股价变化时,很容易计算出期权合约价格的变动量。我们只需进行一步基本的乘法运算。

- 如果XYZ股票的即期价格上涨1美分,0.52的δ值预示着期权合约的价格将提高大约0.52美分。
- 如果XYZ股票的即期价格上涨10美分,0.52的δ值预示着期权合约的价格将提高大约5.2美分。
- 如果XYZ股票的即期价格上涨100美分,0.52的δ值预示着期权合约的价格将提高大约52美分。

然而,问题在于,图14.1中表示期权合约价格的虚线是一条曲线,这说明即期股价和期货合约价格之间是非线性关系。这意味着,0.52只是这张看涨期权合约价格变动相对于XYZ股票即期价格1单位变动的一次近似值。它只适用于XYZ股票即期价格波动较小的情况下,合约价格波动量的估算。随着即期股价波幅不断增大,使用它计算出的结果将越来越不准确。事实上,当 XYZ 股票的即期价格上涨 10 美分时,看涨期权合约的价格将分别提高 5.7 美分,1 美分相差 0.05 美分(5.7 美分/10 – 5.2 美分/10)。当上涨幅度达到 100 美分时,合约价格将提高 86.4 美分,1 美分相差 0.344 美分(86.4 美分/100 – 52 美分/100)。

这可能并不是多么严重的问题,如果我们最初为购买这张看涨期权合约,支付了 13.93 美分的权利金。如果 XYZ 股票的即期价格上涨,合约价格的实际增加量将大于 0.52 与股价涨幅的乘积,这叫做利润的加速效应。这一规律我们也能从图 14.1 中期权合约价值曲线向左弯曲的事实得出。同理,如果 XYZ 股票的即期价格下跌,合约价格的实际减少量将小于 0.52 与股价跌幅的乘积,这叫做损失的减速效应。期权合约价值曲线向左弯曲表示它的曲率大于零。在期权领域中,正曲率通常被称作正 γ 值。对于看涨和看跌期权合约的买方而言,γ 值为正数。下面,我们将对 γ 这个参数进行详细介绍。

γ 值

图 14.1 中看涨期权合约价格曲线的弯曲状态表明,该曲线上各点的斜率是互不相等的。600 美分即期股价对应曲线点的斜率为 0.52,该曲线点右侧所有点的斜率均大于 0.52,左侧所有点的斜率均小于 0.52。鉴于此,也因为 δ 参数是管理期权合约交易相关风险的关键,我们还需要分析一个反映 δ 敏感度的指标,即 γ。

γ 衡量的是标的股票即期价格每变动 1 单位,δ 值的变动量。γ 值等于期权合约价格曲线的曲率。当期权合约处于平值状态时,γ 值或曲线曲率达到最大。当看涨期权合约的实值程度很深时,即期股价和合约价格之间几乎为线性关系,γ 值很小。在图 14.1 中,当 XYZ 股票看涨期权合约处于平值状态时,它的 δ 值为 0.52。这时,γ 值只略大于 0.01。这意味着,当 XYZ 股票的即期价格变动 1 美分时,δ 值将变动大约 0.01。

δ 值(即期股价等于 600 美分时) = 0.52 = 52%
δ 值(即期股价等于 599 美分时) = 0.52 – 0.01 = 0.51 = 51%
δ 值(即期股价等于 601 美分时) = 0.52 + 0.01 = 0.53 = 53%

图 14.2 展示了当标的股票即期价格发生波动时,看涨期权合约 δ 值的波动情况,其中定价模型的所有其他输入信息都保持不变。图 14.2 中的曲线证明了我们之前关于 δ 值在 0~1(或 100%)之间波动的预测。当期权合约处于平值状态时,δ 值约为 0.5 或 50%。

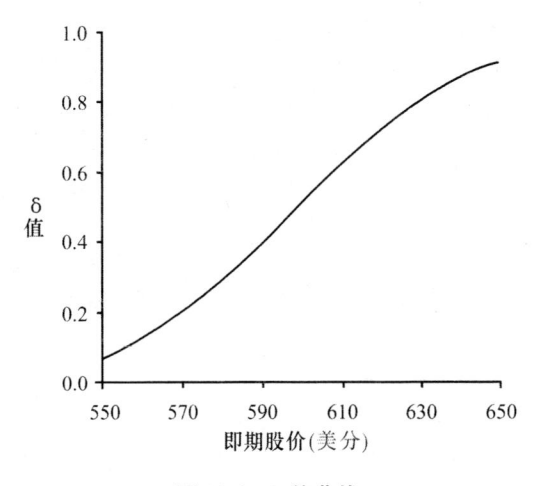

图 14.2 δ 值曲线

图 14.2 还表明，δ 值的变动率（即 γ 值）在看涨期权合约处于平值状态时达到最大。当这张看涨期权合约的虚值程度很深时，δ 值接近于零，且不受即期股价小幅波动的影响，γ 值很小。当这张看涨期权合约的实值程度很深时，δ 值接近于 1 或 100%，且也不受即期股价小幅波动的影响，γ 值很小。图 14.3 展示了这张看涨期权合约的 γ 值曲线，γ 值在即期股价为 600 美分时达到最大。

图 14.3 γ 值曲线

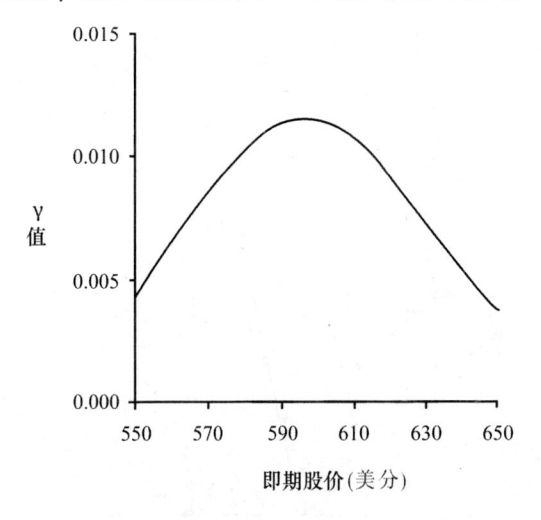

期权合约即将到期时的 δ 值和 γ 值

随着期权合约到期日的日益临近，δ 值和 γ 值会发生什么变化呢？图 14.4 和

图 14.5 反映了当前面例子中一直使用的那张 1 个月期 XYZ 股票看涨期权合约的剩余有效期只有 2 天时,它的 δ 值和 γ 值曲线。如图所示,如果该看涨期权合约此时的虚值程度很深,δ 值仍像以前一样接近于零,但 γ 值与剩余有效期为 30 天时相比降低了相当大的幅度。这时,由于期权合约将于 2 日后到期时,看涨期权最终将不被行使的结果越发明显,δ 值将保持不变。如果该看涨期权合约的实值程度很深,δ 值也像之前一样接近于 1,γ 值相比之下同样小多了。这时,看涨期权最终将被行使的确定性越发增大,δ 值将十分稳定。

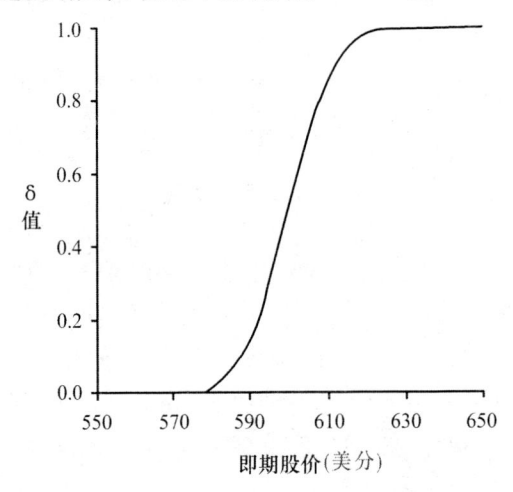

图 14.4　剩余有效期只有 2 天时的 δ 值曲线

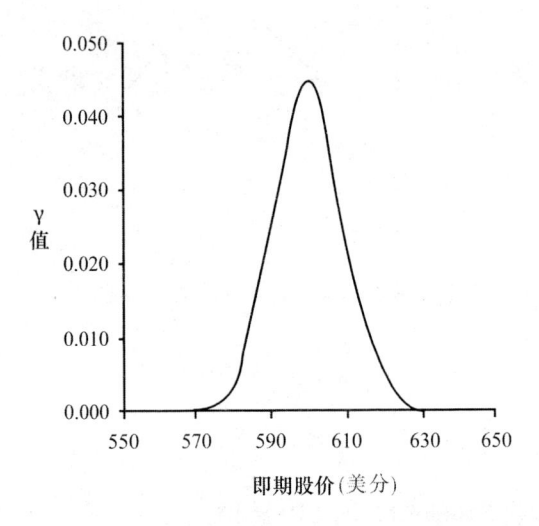

图 14.5　剩余有效期只有 2 天时的 γ 值曲线

然而，如果该看涨期权合约仍处于平值状态，δ 值将变得很不稳定，δ 值不断增大。在这种情况下，即使股价的涨幅很小，δ 值也将迅速逼近 100%；另一方面，即使股价的跌幅很小，δ 值也将猛跌为零。

θ 值

θ 衡量的是当距到期日时间变动 1 单位时，期权合约价格将如何变动。θ 值明确地表明了期权合约每天丧失的时间价值。前几部分中提到的 30 天期平值看涨期权合约的初始价格为 13.93 美分。标的股票当前的即期价格和这张期权合约的行使价格均为 600 美分。这张期权合约的 θ 值等于 -0.24。这意味着时间每逝去一天，合约的价格就将降低大约 0.24 美分。

无论是看涨或看跌期权，买入期权合约的 θ 值一般为负数。当其他因素都相同时，期权合约的时间价值往往具有在合约有效期内逐日减少的特点。图 14.6 展示了上述 30 天期看涨期权合约时间价值的变化情况。除了合约剩余有效期，输入模型的其他四个因素都未改变。值得注意的是，这张期权合约始终处于平值状态，因此它的内在价值为零。

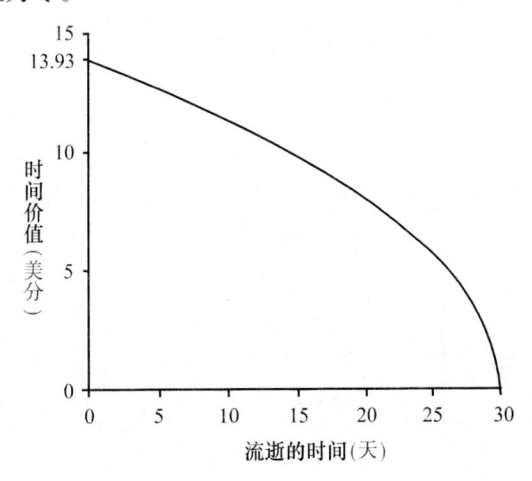

图 14.6　时间价值衰竭曲线

图 14.6 中的曲线表明，随着期权合约到期日的日趋临近，其时间价值将逐渐衰竭。当合约剩余有效期为 30 天时，它的价格为 13.93 美分。当合约剩余有效期为 29 天时，它的价格只有 13.69 美分。合约剩余有效期每减少 1 天，它的价格将降低 0.24 美分。随着时间的流逝，期权合约的预期支付将由于标的股票价格波动的几率不断降低而不断减少。

从图形上看,θ值等于图14.6中时间价值衰竭曲线某一点的斜率。这就出现了一个重要的问题:θ值不是一个常数。事实上,随着合约到期日的日益接近,曲线点斜率的绝对值不断增大。这说明时间价值衰竭的速度日益增大。在这个例子中,当合约有效期还剩30天时,θ值等于-0.24;当合约有效期还剩20天时,θ值等于-0.29;当合约有效期还剩2天时,θ值等于-0.89。我们可以从有效期减少的比例来解释这一现象。当剩余有效期从30天减为29天时,减少的1天占原来30天的比例很小,因此对时间价值的影响很小。然而,当剩余有效期从2天减为1天时,减少的1天是原来天数(2天)的一半,从而导致时间价值更大幅度的衰竭。

K 值

K衡量的是标的资产价格波动1单位(通常为1%)对期权合约价格的影响。对于买入的看涨和看跌期权合约,K值大于零。标的资产价格波动率的提高将增加买入期权合约的预期支付。就前面几部分中提到的行使价格为600美分的看涨期权合约而言,它的K值等于0.68。这意味着,如果标的股票价格波动率提高或降低1%,期权合约的价格将升高或下降大约0.68美分。

期权合约的价格(标的股票价格波动率为20%) = 13.93 美分

期权合约的价格(标的股票价格波动率为21%) = 13.93 + 0.68

= 14.61(美分)

图14.7展示了看涨期权合约定价使用的波动率假设和合约价格的关系。如果假设的波动率提高,合约的价格也将升高。

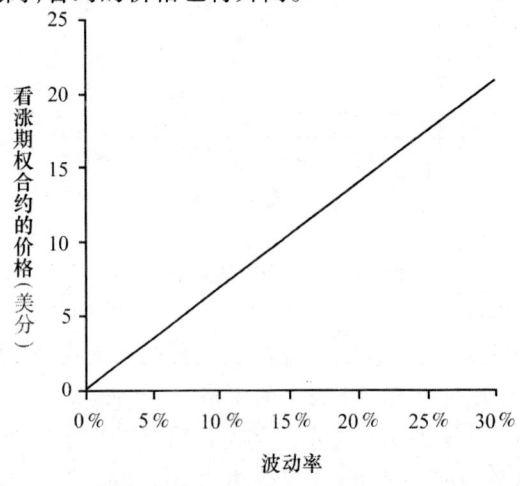

图14.7 标的股票价格波动率与看涨期权合约价格的关系

ρ 值

ρ 衡量的是利率的单位变动(通常为1%)对期权合约价格的影响。在实践中，交易商通常将 LIBOR 利率作为相关利率，因为他们的借款利率往往等于或接近 LIBOR 利率。上述看涨期权合约的 ρ 值等于 0.24。这意味着，年利率每升高或降低 1%，该期权合约的价格将增加或减少大约 0.24 美分。

期权合约的价格(年利率为 4%) = 13.93 美分
期权合约的价格(年利率为 5%) = 13.93 + 0.24 = 14.17(美分)

对于买入看涨期权合约，ρ 值大于零。因此，看涨期权合约的买方可以放心地对期权合约进行投资，并持有合约直到其到期。如果利率升高，买方的收益将增大，合约的价格也将提高。这一现象也可以从看涨期权合约卖方的角度解释。卖方可以通过借款并利用该借款购买一定数量的标的资产，来规避因卖出合约而面临的风险。如果利率升高，借款成本将因此增加，卖方将必须向买方收取较高的权利金，来弥补增加的成本。图 14.8 表明了利率和看涨期权合约价格之间存在线性关系。

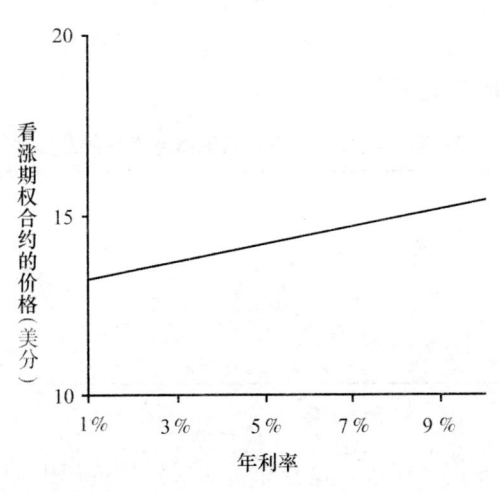

图 14.8 利率与看涨期权合约价格的关系

看跌期权合约的 ρ 值小于零，与利率负相关。从看跌期权合约卖方的角度看，它面临着标的资产价值降低的风险。为了消除这一风险，卖方可以建立标的资产的空头，并将收益存储起来。如果利率升高，存款利息也将增多。这一额外收益使卖方能够向买方收取较低的权利金。

期权合约价格敏感度指标的正负号

在前面几部分中,我们以一张30天期欧式看涨期权合约为例,论述了期权合约价格敏感度的五个指标。这些指标的数值和正负号总结如下:

● δ值 = +0.52或52%。标的资产即期价格每提高或降低1美分,合约价格将升高或下降大约0.52美分。标的资产即期价格与合约价格正相关。

● γ值 = +0.01或1%。标的资产即期价格每提高或降低1美分,δ值将增大或减小大约0.01。标的资产即期价格与δ值之间也存在正相关关系。

● θ值 = -0.24。合约剩余有效期每减少1天,合约的价格将降低大约0.24美分。合约剩余有效期与它的价值也具有正相关关系。

● K值 = 0.68。标的资产价格波动率每提高或降低1%,看涨期权合约的价格就将升高或下降大约0.68美分。二者正相关。

● ρ值 = 0.24。利率每提高或降低1%,看涨期权合约的价格就将升高或下降大约0.24美分。二者间也是正相关的关系。

表14.4给出了看涨期权多头等四种头寸状况对应的价格敏感度指标的正负号。注意,我们未将θ指标包含在表14.4中,原因是期权多头的θ值通常小于零,期权空头的θ值通常大于零。

表14.4　　　　四种基本期权头寸的价格敏感度指标的正负号

头寸	δ值	γ值	K值	ρ值
看涨期权多头	+	+	+	+
看跌期权多头	-	+	+	-
看涨期权空头	-	-	-	-
看跌期权空头	+	-	-	+

对于期权多头,γ值大于零。这意味着如果标的资产即期价格出现较大波动,期权投资利润将大于δ值预示的额度,损失将小于δ值预示的额度。对于期权空头,γ值小于零。这意味着期权投资的损失往往大于δ值预示的额度,利润往往小于δ值预示的额度。

本章小结

δ、γ、θ、K 和 ρ 都是期权合约价格敏感度指标。每个指标都旨在衡量当定价模型某条输入信息变动 1 单位时，期权合约的价格将如何波动。δ 衡量的是期权合约价格对标的资产即期价格的敏感度；γ 衡量的是 δ 的稳定性；θ 衡量的是期权合约价格对合约剩余有效期的敏感度；K 衡量的是期权合约价格对标的资产价格波动率的敏感度；ρ 衡量的是期权合约价格对利率的敏感度。

看涨期权多头的 δ 值大于零。如果标的股票的价格升高（或降低），买入的看涨期权合约的价格将增大（或减小）。这意味着，利润往往加速增长，损失往往减速增长。看跌期权多头的 δ 值小于零，γ 值大于零。如果标的股票的价格升高（或降低），买入的看跌期权合约的价格将减小（或增大）。γ 值大于零意味着，利润往往加速增长，损失往往减速增长，损失永远不超过最初支付的权利金。

第 15 章

期权合约交易风险管理

概　述

　　本章将着重论述如何利用 δ 和 γ 等期权合约价格敏感度指标,衡量和管理持有期权空头面临的各种风险。具体而言,我们将从交易室中期权合约卖方(而非在公司或投资机构中工作的期权合约产品最终使用者)的角度,分析参与期权合约交易的相关风险。本章涉及的一些概念还会在下一章中提及,下一章讲的是专业交易商使用的主要期权投资战略。那些不大关心对期权合约投资组合有影响的交易与风险管理问题的人,可能想跳过这两章,直接阅读后面的章节。在最后两章,我们将介绍可转换债券和一系列用衍生金融产品组合的结构性证券。
　　δ 不仅仅是一个敏感度指标,δ 值还可以告诉期权合约交易商如何规避风险。问题在于,δ 值不稳定,它随标的资产即期价格的波动而不断变化。γ 是衡量 δ 值稳定性的指标。这一事实为期权合约的卖方提出了严重的问题。如果期权空头的 γ 值很大,卖方将必须考虑对他的避险措施进行频繁的再调整。

看涨期权空头的 δ 风险

　　让我们仍以前一章的看涨期权合约为例。然而,这一次,我们从卖方的角度考虑问题。不仅如此,为了使示例更符合实际,合约的交易单位变为 10 000 股股票。合约的其他条款与之前一样。标的股票当前的即期价格和期权合约的行使价格还都等于 600 美分,合约的卖价(即权利金)为每股 13.93 美分,等于利用定价模型计算的公允价格。这张期权合约的买方有权在 30 天后,支付 60 000 万美元,买下 10 000 股 XYZ 股票。

应付的权利金总额为 1 393 美元(10 000 股 × 0.139 3 美元/1 股)。买方必须在购买期权合约时支付这笔权利金。事实上,卖方进行这笔期权合约交易的最大利润就等于 1 393 美元。表 15.1 从卖方的角度总结了这张看涨期权合约的全部细节。

表 15.1　　　　　　　　　　某张看涨期权合约

标的资产:	XYZ 股票
标的资产的即期价格:	600 美分
行使价格:	600 美分
期权合约类型:	卖出的欧式看涨期权
XYZ 股票数量:	10 000 股
合约有效期:	30 天
行使方式:	欧式
收取的权利金:	1 393 美元

看涨期权空头的 δ 值等于每股 -0.52 或 -52%。负号意味着,从这张看涨期权合约卖方的角度看,合约卖方的利润和损失与标的股票的即期价格负相关。如果标的股票的即期价格升高 1 美分,合约的价格将提高每股 0.52 美分。不幸的是,这对于持有期权空头的卖方而言是损失。如果股票即期价格降低 1 美分,该看涨期权合约将进入虚值状态,卖方将因此实现一定利润,因为卖方能以比最初卖价低每股 0.52 美分的价格,回购售出的那张看涨期权合约。

看涨期权空头的 δ 值也可以从股票数量的角度衡量,即头寸 δ 值。由于合约基于 10 000 股 XYZ 股票,头寸 δ 值的计算如下:

$$头寸 δ 值 = -10\ 000 \times 0.52 = -5\ 200(股)$$

这一数值告诉我们,标的股票即期价格升高(或降低)1 美分为期权合约卖方造成的损失(带来的利润),约等于持有 5 200 股股票空头的损失和利润。为了解释这一点,回想一下,卖方出售期权合约时收取了 1 393 美元的权利金。为了结束空头,卖方将必须回购出售的期权合约。如果标的股票的即期价格升高了 1 美分,根据定价模型,合约的价格将升至每股 14.45 美分,10 000 股股票共计 1 445 美元。因此,如果卖方回购合约,损失将为 52 美元:

$$合约售价 - 回购价 = 1\ 393 - 1\ 445 = -52(美元)$$

另一方面,如果标的股票的即期价格下降了 1 美分,卖方将获得 52 美元的利润。卖方回购合约的价格将比售出合约的价格低52美元。如果持有5 200股股票空头,股票即期价格升降1美分的损失和利润也等于52美元。头寸δ值对期权合约的卖方十分有用。它还表明,购买5 200股标的股票和卖出看涨期权合约的损失和收益能相互抵销。例如,假设标的股票的即期价格涨高了1美分,因卖出期权合约而遭受的损失将与因购买5 200股标的股票而获得的收益抵销。

$$期权合约交易损失 = 合约售价 - 回购价$$
$$= 1\ 393 - 1\ 445$$
$$= -52(美元)$$
$$股票收益 = 5\ 200 \times 0.01 = 52(美元)$$

如果标的股票的即期价格降低了1美分,购买5 200股标的股票而遭受的损失将与期权合约交易的利润相抵销。

$$股票损失 = 5\ 200 \times (-0.01) = -52(美元)$$
$$期权合约交易利润 = 合约售价 - 回购价$$
$$= 1\ 393 - 1\ 341$$
$$= 52(美元)$$

根据头寸δ值建立股票头寸来规避期权合约交易风险的方法叫作德尔塔避险法。采用德尔塔避险法的期权交易商具有的头寸叫作德尔塔中性头寸。德尔塔避险法规避的是标的股票即期价格小幅波动的风险。正如我们将在下一部分谈到的,它并不能规避所有风险。

德尔塔避险与 γ 指标

德尔塔避险法适用于标的股票即期价格波动较小(如1美分)的情况。当即期股价波动较大时,德尔塔避险法将无法有效地规避风险。原因是期权合约的δ值不稳定。当即期股价变化时,合约的δ值也将改变。如果δ值变化较大,根据初始头寸δ值采取的避险措施将无法完全规避期权合约交易的风险。

为了说明这一点,假设标的股票即期价格由原来的600美分猛增为610美分。定价模型给出的合约价格因此变为每股19.66美分,即10 000股1 966美元。合约价格提高了很多,因为它现在处于实值状态。通过回购合约来结束空头的卖方将遭受损失:

$$期权合约交易损失 = 合约售价 - 回购价$$
$$= 1\ 393 - 1\ 966$$

= -573(美元)

不幸的是,卖方按头寸δ值购买5 200股标的股票而获得的收益将不足以弥补这一损失,从而导致卖方必须承担53美元的净损失:

股票利润 = 5 200 × 0.1 = 520(美元)
净损失 = -573 + 520 = -53(美元)

图15.1用图形说明了这一问题。图中虚线表示当标的股票的即期价格介于550~650美分之间时,看涨期权合约卖方的交易损益。实线表示卖方采用德尔塔避险法规避期权合约交易风险,买入5 200股标的股票实现的损益。期权合约剩余有效期、标的股票价格波动率和自持成本这些定价模型因素都未发生改变。

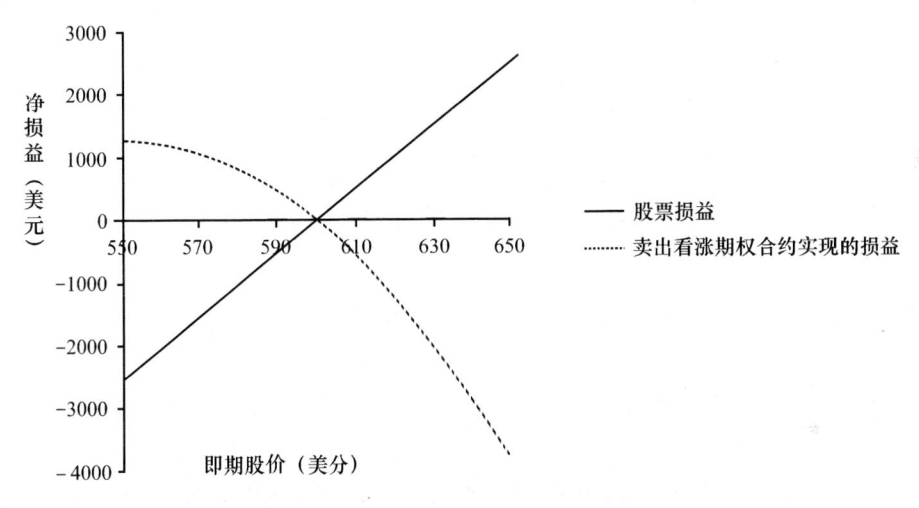

图15.1 购买股票(根据德尔塔避险法)和
卖出看涨期权合约的损益比较

股票损益与即期股价之间呈线性关系。看涨期权合约交易损益与即期股价之间是非线性的关系,而且负相关,这表现为曲线的斜率为负。简而言之,这意味着如果即期股价大幅升高,与股票收益相比,期权合约交易损失增长的速度较快。如果即期股价大幅降低,与股票损失相比,期权合约交易利润增长的速度较慢,直到达到1 393美元的最大利润点。如果即期股价的波动较小,股票和期权合约交易的损益将大致能够相互抵销。

因此,如图15.2所示,当即期股价大幅升高时,股票收益将不足以完全抵销期权合约交易的损失;当即期股价大幅下降时,期权合约交易的利润将无法抵销全部的股票损失。换言之,当即期股价大幅波动时,看涨期权合约的卖方将遭受净损失。

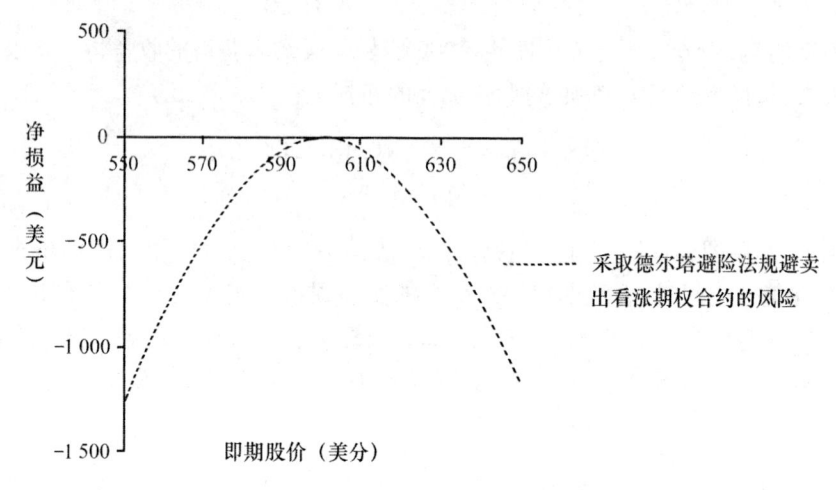

图 15.2 利用德尔塔避险法规避持有看涨期权空头风险的净损益

持有看涨期权空头的利润

不偏不倚的读者在看过图 15.2 后，可能会很自然地得出这样一个结论：卖出期权合约根本称不上交易。期权合约卖方承担的风险如此之大，以至于他购买了一定数量的标的股票。然而，对于卖方而言，可能出现的最好结果也只是净损益等于零。从理论上讲，如果即期股价波动较大，潜在损失将无限增大。

导致这种净损益结果出现的原因在于，图 15.2 中的净损益曲线反映的是看涨期权合约卖方在某个时点的净利润或损失。同时，除了标的股票的即期价格，期权合约定价所需的其他全部信息都保持不变。这样一来，如果股票价格波动剧烈，卖方遭受净损失也就不足为奇了。换言之，如果标的股票价格的实际波动率大于卖方在出售看涨期权合约时的预期，卖方将遭受净损失。

看涨期权合约卖方最希望看到标的股票即期价格的波动很小。如果看涨期权合约到期时，标的股票的即期价格仍为 600 美分，期权合约将一文不值，即它的内在价值等于零。卖方为建立德尔塔中性头寸而购买的 5 200 股标的股票，虽然无法为其创造利润，但也未使其遭受损失。总之，卖方将实现 1 393 美元的毛利润，也就是卖出期权合约时收取的权利金。卖方的净利润等于权利金收入与交易成本的差额。

卖方也可以通过回购卖出的看涨期权合约并出售已买入的 5 200 股标的股票，在所售期权合约到期前结束德尔塔中性头寸。图 15.3 展示了卖方这样做实现的净损益。我们假设卖方在进行头寸结束操作时，所售看涨期权合约的剩余有效期减少了15天,标的股票价格波动率也降低了每年5%。图15.3中的曲线表明,只要标的股票的即期价格位于575美分和628美分这个范围内,买方通过回购期权合约和出售股票结束头寸,能实现一定利润。

看涨期权合约生效15天后,
标的股票即期价格波动率减低了5%

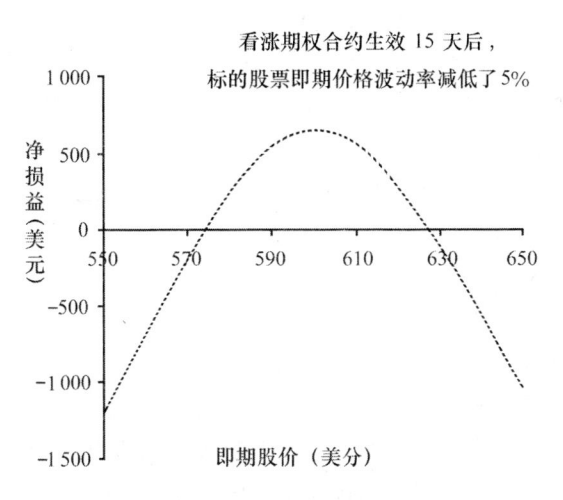

图15.3 通过回购已卖出期权合约和出售股票结束头寸实现的净损益

追赶 δ

让我们再回到故事的最开始,假设看涨期权合约的卖方出售合约获得了1 393美元的权利金收入,为了避免德尔塔风险,卖方还购买了5 200股标的股票。期权合约的剩余有效期仍为30天。如我们在前面看到的,如果标的股票的即期价格猛增为610美分,卖方因卖出看涨期权合约而遭受的损失将超出买入股票创造的利润大约53美元。然而,除非卖方当时立即回购已出售合约和出售已买入股票,以实际结束看涨期权空头和股票多头,否则这53美元只是未实现损失。尽管如此,面对这种情况,看涨期权合约的卖方必须作出某些困难的决策,他至少面临着以下三种选择:

• 不采取任何措施。继续保持看涨期权空头和股票多头。如果卖方决定什么也不做,一旦标的股票的即期价格继续上涨,卖方面临的未实现损失将进一步扩大。从理论上讲,潜在净损失可以无限增大。

• 结束头寸。回购之前售出的看涨期权合约,出售之前买入的标的股票,从而遭受53美元的净损失。

• 调整德尔塔股票头寸。根据δ的变化,购买更多的标的股票,以避免即期股价进一步上涨导致的损失。

这里,我们对第三种选择展开更为详细的论述。调整德尔塔股票头寸有时也被称作"追赶δ"。如前所述,对于看涨期权合约的卖方而言,δ值不仅小于零,而且随着标的股票即期价格的不断上涨,δ值将进一步减小。在我们的例子中,如果标的股票的即期价格涨至610美分,以股票数表示的δ值实际应为 - 6 300 股,而不是我们前面计算的 - 5 200 股。因此,问题产生了:如果看涨期权合约的卖方为了规避德尔塔风险,只购买了5 200股标的股票,当股价上涨为610美分时,他持有的头寸就不能再称为德尔塔中性头寸。然而,卖方可以通过进一步购买1 100 股标的股票,来恢复德尔塔中性头寸。

最新股票即期价格 = 610 美元

看涨期权空头头寸的最新δ值 = - 6 300 股

卖方目前持有的股票数 = 5 200 股

需额外买入的股票 = 1 100 股

为了重新保持德尔塔中性头寸,卖方必须按每股610美分的价格,另外买入1 100股标的股票。这样一来,卖方就获得了标的股票即期价格进一步上涨的风险保护。然而,这样做也有不利的一面。假设标的股票即期价格在涨至610美分后,又骤然回落为600美分。因此,看涨期权空头头寸的δ值也将再次变为 - 5 200 股,从而使看涨期权卖方拥有的股票数又多了1 100股。为了再次恢复德尔塔中性头寸,卖方必须出售1 100 股标的股票,但售价比之前的买价低了10 美分,卖方将因而遭受110 美元的已实现损失:

$$已实现损失 = 1\ 100 \times -0.1 = -110(美元)$$

这一已实现损失几乎占了看涨期权合约卖方权利金收入的10%,而且此时,合约的剩余有效期还有30天。当标的股票即期价格波动时,卖方虽然能通过"追赶δ"来更有效地规避风险,但结果很可能是遭受一系列已实现损失。

一些期权合约交易商对出售期权合约收取的权利金有一种非常简单而有用的看法。权利金是一笔期权合约卖方可用于不时调整德尔塔避险头寸的资金。只要标的股票的即期价格波动未超出给期权合约定价时使用的波动率假设范围,买方就能定期调整δ值,并使权利金收入在合约到期时还有一定剩余。但是,如果股票价格的波动比预期更为剧烈,卖方因不断调整股票多头而遭受的已实现损失将大于权利金收入。总之,成功采用德尔塔避险法的关键在于,准确地预测标的股票即期价格在合约有效期内的波动率。

德尔塔避险法的局限性

德尔塔避险法本身具有一些对期权合约卖方权利金要价有影响的实际问题。这是因为,布莱克—斯科尔斯定价模型设置了一些简化问题的假设,这些假设并非总与实际情况相符。

- 交易成本为零。布莱克—斯科尔斯模型不考虑佣金和买卖价差等交易成本。使用德尔塔避险法的期权合约交易商通常都必须承担这些成本,因此,他们必须将交易成本包含在向买方所要的权利金中。对于那些标的资产价格波动剧烈的期权合约来说,这一问题更为严重。
- 标的资产具有完全流动性。模型假设期权合约卖方能在不影响标的资产价格的情况下,很容易地通过不断买卖标的资产,来管理德尔塔风险。如果事实并非如此,卖方收取的权利金则应更高。
- 标的资产的交易频繁,价格波动呈持续的随机路线。模型假设标的资产的交易十分活跃,其价格不会骤升骤降。流动性较差资产的交易很不活跃,它们的价格变化是不连续的。
- 标的资产即期价格波动率在合约有效期内保持不变。模型假设标的资产即期价格的波动率是已知的,而且在期权合约的期限内不会发生变化。事实上,波动率并不是一成不变的,甚至可能大幅波动。
- 标的股票的收益率服从正态分布。模型假设标的资产的收益率曲线呈钟形。然而,事实上,有大量证据表明这完全不准确,尤其对股票而言。股票收益率往往服从"肥尾"分布。与钟形曲线反映的价格波动情况相比,股价极端波动的几率更高。

在已经过去的20世纪里,曾发生过三次或四次股市崩溃危机(确切的数字取决于使用的股市崩溃定义)。如果股票收益率服从正态分布,这类事件的发生则不应如此频繁。在正常的市场环境中,布莱克—斯科尔斯定价模型设置的上述假设很难被人们所接受。该模型也不是用于交易极其活跃的某些资产。然而,如果交易商认为管理德尔塔风险可能有一定难度,他在为期权合约报价时应考虑这一点。

对于基于小公司股票的期权合约,采用德尔塔避险的问题更为突出。因为标的股票的交易很难达成,任何大量买进或卖出的行为都可能影响股票的市场价格。此外,关于股票发行公司的信息可能很少且不可靠,股价的波动也可能十分剧烈。

期权合约交易具有规模优势。如果交易商同时买入并卖出了大量基于相同标的资产的看涨和看跌期权合约,他通常将发现,期权合约价格敏感度指标衡量的风险中,许多风险都能相互抵销。交易商只需针对其余未被抵销掉的风险购买合适数量的标的股票,从而降低交易成本。交易商买卖期权合约的价格总会有一定的差额。此外,交易商可能不严格按照δ值购买标的股票,即额外多买或多卖一些股票。这使交易商能在标的股票价格发生有利波动时,获得更大的利润。

本章小结

期权合约卖方能通过买卖合适数量的标的资产,来规避持有期权空头所面临的风险。不受标的资产即期价格小幅波动影响的头寸叫做德尔塔中性头寸。通过建立德尔塔中性头寸来规避期权合约交易风险的方法,叫做德尔塔避险法。然而,δ值在期权合约有效期内是不断变化的,它的衡量指标是γ。购买标的股票以规避德尔塔风险的期权合约卖方将发现,如果标的资产的即期价格波动较大,期权合约交易和股票的损益将无法完全抵销。卖方可以定期调整股票头寸,但如果标的股票价格的波动率大于预期,就面临着遭受一系列实现损失的风险。如果波动率与预期相符,买方应该能够有效地避免德尔塔风险,并实现一定的利润。

在实践中,德尔塔避险法有一定的局限性。交易风险的存在使期权合约卖方,无法向布莱克—斯科尔斯定价模型要求的那样,不断调整股票头寸。如果标的股票的流动性较差,股票交易很可能影响它的即期价格,导致股价猛跌猛涨。标的股票价格波动率在期权合约有效期内可能发生变化。股价可能发生极端波动。卖方在为期权合约报价时,必须考虑这些限制因素。然而,如果卖方买卖了大量基于相同标的资产的期权合约,许多交易风险将相互抵销。

第16章

期权合约交易战略

概 述

对于标准看涨期权合约而言,如果标的资产的价格升高,合约的价格也将升高。对于标准看跌期权合约而言,如果标的资产的价格下降,合约的价格反而将升高。然而,他们只是期权合约可选范围的一部分。期权合约是极具灵活性的工具,以多种方式对他们进行组合,可以形成许多种风险与回报特征互不相同的战略。

如今,由于奇异期权的出现,新型期权合约不断涌现,如我们前面提过的障碍和复合期权合约。本章和下一章将集中介绍以下新型期权工具:平均价格期权,又称亚式期权;二元期权,又称数位期权;远期生效期权;后定期权;以及棘轮期权。设计这些期权工具的目的是锁定标的资产价格变动产生的收益。

现代证券公司的产品设计桌是这些奇异期权产品产生的地方。公司的销售和市场营销人员在了解顾客的交易和避险要求后,将问题转达给产品设计人员,让他们帮助设计能满足客户要求的解决方案。随着现有期权工具日益多样化和复杂化,在设计解决方案的过程中,出现新期权工具的可能性相当大。这一过程往往是反复的。最初迸发的一些想法最后可能由于权利金成本过高等原因而无法令客户满意。然而,为了使客户满意,设计人员可以从多方面着手,修改解决方案。例如,调整行使价格或加入对权利金或总体风险与回报有影响的额外期权工具。最终的解决方案必须使销售人员觉得适合客户。解决方案的定价由公司的交易员负责。一旦公司和客户就解决方案达成一致并签署了有关协议,交易商将随即开始管理公司因与客户达成交易而面临的各种风险。

在这一章,我们接着前一章继续探讨如何在衍生金融工具的基础上,设计解决方案。此外，我们还要介绍一些主要的期权合约交易战略。其中，一些战略旨在从标的资产价格的波动中获利，其他一些战略旨在从标的资产价格波动率的变化中获利。这些战略拥有一个共同点，即没有哪一种战略适用于所有的交易情况。期权合约的交易战略多种多样，交易商应根据市场状况和预期选择合适的交易战略。

牛市价差战略

多头差价战略是指分别买入和卖出一张标的资产相同，但行使价格不同的期权合约。采取这一战略的交易商预期，标的资产的价格将提高。该战略的特点是，利润和损失都有上限。为了说明如何使用牛市价差战略，假设一名交易商认为，XYZ 股票的即期价格（目前为 100 美元）很可能将在随后的几个月内上涨，虽然幅度不大。于是，交易商向一名期权交易商购买了一张基于 XYZ 股票的看涨期权合约，并同时向其出售了一张同样以 XYZ 股票作为标的资产的看涨期权合约。从交易商的角度看，所买看涨期权合约的行使价格较低，支付的权利金较高。合约细节如表 16.1 所示。

表 16.1　　　　　　　　牛市价差战略的案例

合约	有效期	行使价格	权利金
买入基于 1 股 XYZ 股票的看涨期权合约	3 个月	100 美元	－6.18 美元
卖出基于 1 股 XYZ 股票的看涨期权合约	3 个月	110 美元	＋2.61 美元

图 16.1 展示了，两张期权合约到期时，交易商采取牛市价差战略实现的损益

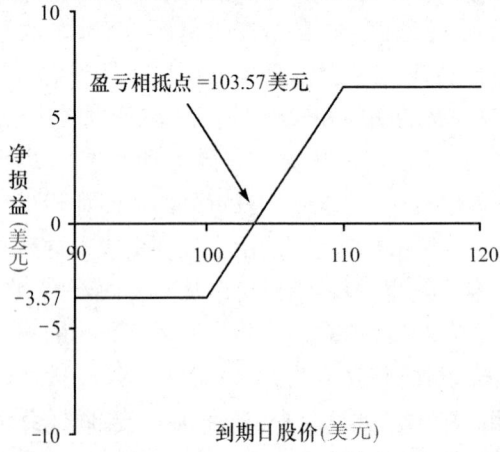

图 16.1　期权合约到期日当天，采取牛市价差战略交易商的损益情况

情况。交易商的最大损失是 3.57 美元(6.18 美元 – 2.61 美元)的净权利金成本。当 XYZ 股票的价格涨至 110 美元(所卖看涨期权合约的行使价格)时,交易商的利润将达到最大的 6.43 美元。盈亏相抵点是 103.57 美元。与只买入一张行使价格为 100 美元的看涨期权合约相比,采取牛市价差战略的好处是降低了权利金成本。

图 16.2 展示了在两张期权合约买卖当天,交易商的损益情况。假设 XYZ 股票价格的波动在那一天介于 70 美元和 130 美元之间,期权合约定价模型要求的其他信息均保持不变。如果股价上涨,交易商可以通过卖出已买入的看涨期权合约和回购已卖出的看涨期权合约,来获得利润。如果不考虑资金的时间价值,交易商的最大利润仍为 6.43 美元。

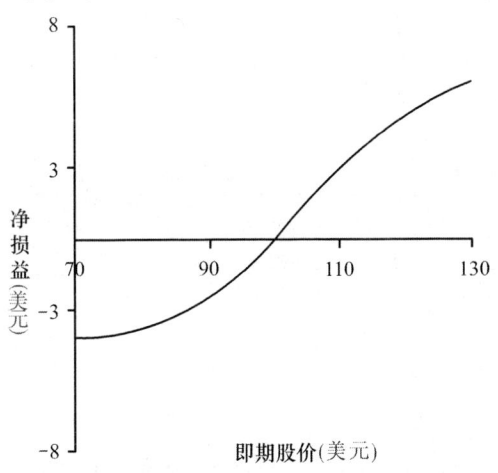

图 16.2 交易日当天,采取牛市价差战略交易商的损益情况

对于看跌期权合约,牛市价差战略要求卖出一张行使价格为 110 美元的实值看跌期权合约,并买入一张行使价格为 100 美元的平值看跌期权合约。这样做的好处是,交易商无须承担权利金成本,而且还能获得一笔权利金收入。然而,如果将资金的时间价值考虑进来,交易商最终的利润和损失并没有发生实际的改变。

买入二元期权合约

如果交易商使用二元期权工具,他实现的损益可能与采取牛市价差战略相差无几。如前所述,如果交易商选择买卖看涨期权合约,他承担的权利金成本为 3.57 美元。交易商可以按这一价格,买入一张 3 个月期行使价格为 105 美元的"现金全付或不付型"二元看涨期权合约,现金支付为 10 美元。"现金全付或不付型"二元看涨期权合约是指合约到期时,如果标的资产当时的价格低于规定的行使价格,期权合约的内在价值等于零,买卖双方无须进行现金结算。如果高于行使价格,双方必须按约定的现金支付额(而不是依据期权合约的内在价值)结算,卖方向买方支付相应数额的现金。因此,二元期权合约的现金结算额与期权合约实际内在价值的大小无关。

图 16.3 展示了在到期日股价的各种水平下,交易商可能实现的净损益。无论到期日股价处于什么水平,净利润永远等于 10 美元的现金支付额与支付的权利金之差,净损失永远等于权利金。

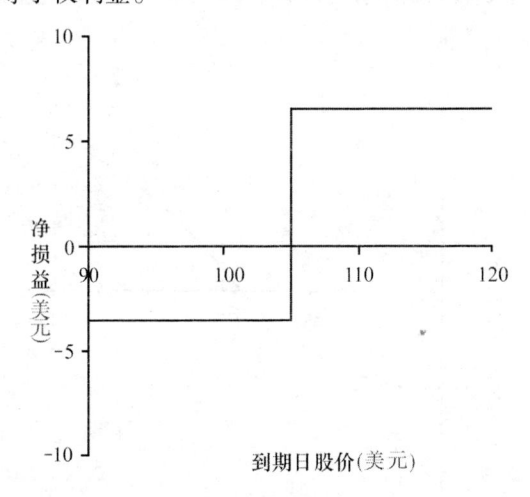

图 16.3 买入二元看涨期权合约实现的损益

注:行使价格:105 美元;现金支付:10 美元。

在这个例子中,二元期权合约的权利金约等于交易商采取牛市价差战略支付的净权利金。因此,虽然交易商只买入了一张"现金全付或不付型"二元看涨期权合约,但潜在的最大净利润和最大净损失都与采取牛市价差战略时近似相等。买入这张二元看涨期权合约与采取牛市价差战略的不同之处在于:

• 购买二元期权合约的人认为,标的股票的价格在合约到期时将高于(但不是大大高于)105 美元。如果到期日当天的股价低于 105 美元,买方将得不到任何现金支付,从而遭受 3.57 美元的最大净损失。如果股价高于 105 美元,买方将得到卖方支付 10 美元的现金,从而获得 6.43 美元的最大净利润。

• 采取牛市价差战略的人认为,标的股票的价格在合约到期时将高于 100 美元。如果到期日股价低于 103.57 美元,根据股价的具体水平,交易商将遭受一定程度的净损失。如果到期日股价高于 103.57 美元,根据股价的具体水平,交易商将获得一定数额的净利润。净损失在股价等于或低于 100 美元时达到最大,净利润在股价等于或高于110美元时达到最大。

"现金全付或不付型"二元看涨期权合约的现金支付可以提高,但买方必须为此支付更高的权利金。如果我们将前面提到的那张合约的现金支付由10美元调高为20美元,买方支付的权利金将是原来的2倍。

当其他因素都保持不变时,标的股票即期价格的变化对二元看涨期权合约价格的影响很有意思,如图16.4所示。虚线表示行使价格为105美元的标准看涨期权合约的价格与标的股票即期价格的关系,实线表示行使价格和现金支付分别为105美元和10美元的"现金全付或不付型"二元看涨期权合约的价格,随标的股票即期价格波动的情况。两张期权合约的剩余有效期均为3个月。随着即期股价的上涨,标准看涨期权合约的价格不断提高,提高的速度是均匀的。然而,"现金全付或不付型"二元看涨期权合约的价格不断向现金支付额集中,提高的速度不断加大。行使期权的概率不断接近100%,但现金结算额是固定的10美元,他与标的股票的实际即期价格无关。

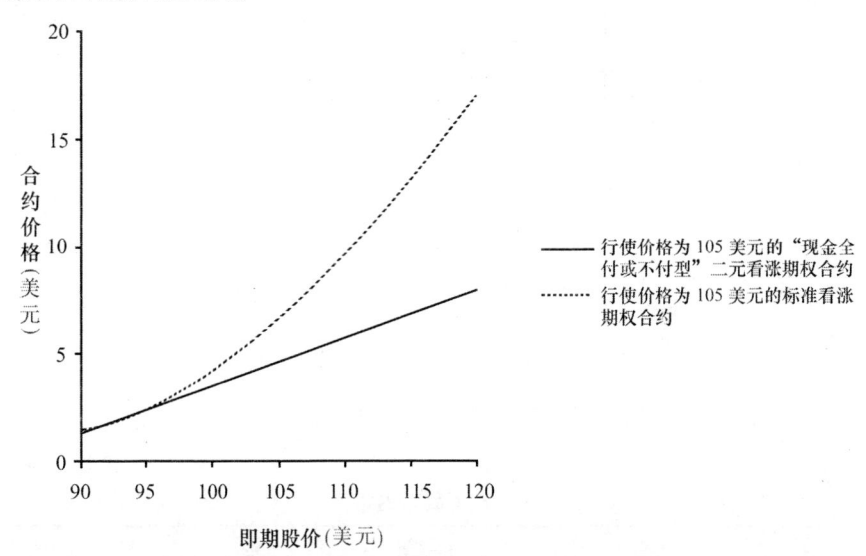

图16.4 "现金全付或不付型"二元看涨期权合约的价格与标的股票即期价格的关系

除了"现金全付或不付型",二元期权合约还有其他形式。例如,"资产价值全付或不付型",这种二元期权是指如果期权合约到期时处于实值状态,买卖双方必须按标的资产的价值进行结算。如果处于平值或虚值状态,双方则无须进行结算。此外,有些二元期权合约规定,除非标的资产的价格在规定的时间里达到某个水平,否则卖方无须向买方支付现金。

熊市价差战略

熊市价差战略适用于标的资产即期价格预期将走低的情况,它也具有封顶潜在利润和损失的特点。在如表 16.2 所示的战略应用举例中,我们假设一名交易商在买入一张行使价格为 100 美元的 3 个月期看跌期权合约的同时,也卖出了一张行使价格为 95 美元的 3 个月期看跌期权合约,它们的标的资产同是当前即期价格为 100 美元的 XYZ 股票。交易商的净权利金成本为 2.22 美元,这也是交易商的最大潜在损失。最大潜在利润在标的股票价格等于或大于 95 美元时实现。图 16.5 展示了这名交易商通过采取熊市价差战略实现的净损益情况。

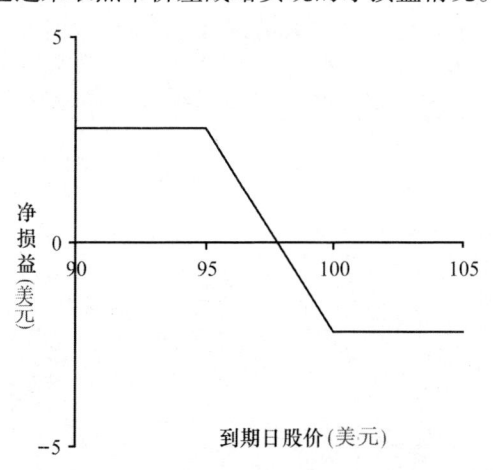

图 16.5 期权合约到期日当天,采取熊市价差战略交易商的净损益

表 16.2 熊市价差战略的案例

合约	有效期	行使价格	权利金/1 股
买入基于 1 股 XYZ 股票的看跌期权合约	3 个月	100 美元	－5.68 美元
卖出基于 1 股 XYZ 股票的看跌期权合约	3 个月	95 美元	＋3.46 美元

在这两张期权合约有效期内的某个时点上,交易商也可能不愿继续持有头寸,并决定通过卖出一张行使价格为 100 美元的合适看跌期权合约,买入一张行使价格为 95 美元的合适看跌期权合约来结束头寸。交易商这样做能否实现利润,取决于标的股票即期价格和决定期权合约价格的其他因素是否变化及如何变化。

期权合约价格决定因素变化对交易商损益的具体影响,由交易商买入的行使价格为 100 美元的看跌期权合同和卖出的行使价格为 95 美元的看跌期权合约的价格敏感度指标值决定。表 16.3 给出了这两张看跌期权合约的价格敏感度指标值，以及各指标值的净值，即熊市价差头寸的指标值。①

表 16.3　　　　　　　　熊市价差头寸的指标值

期权合约	δ	γ	θ(1天)	K(1%)	ρ(1%)
买入的行使价格等于100美元的看跌期权合约	-0.455	0.026	-0.029	0.197	-0.128
卖出的行使价格等于95美元的看跌期权合约	0.325	-0.024	0.027	-0.179	0.090
净值	-0.130	0.002	-0.002	-0.018	-0.038

熊市价差头寸

熊市价差头寸的指标值等于战略相关的两张期权合约各自指标值的总和。这里，我们也假设，在计算某个指标的数值时，除了相关的那个定价因素，其他所有定价因素都保持不变。例如，计算 δ 值时，假设合约剩余有效期、标的股票价格波动率和自持成本保持恒定，只有标的股票的即期价格变化。K 值的计算基于标的股票即期价格、合约剩余有效期和自持成本不变，只有标的股票价格波动率变化的假设。下面，我们对表 16.3 中的数据稍加解释。

δ = -0.13。这表明标的股票即期价格每上涨或下跌 1 个单位，熊市价差头寸的持有者就将损失或获利大约 0.13 个单位。δ 值小于零，表明采取的是熊市价差战略。只有当标的股票即期价格下跌，熊市价位持有者才能获利。

γ = 0.002。这说明标的股票即期价格每上涨或下跌 1 个单位，δ 值将增大或减小 0.002 个单位。

θ = -0.002。这表示合约剩余有效期每减少 1 天，熊市价差头寸的时间价值就将降低大约 0.002 个单位。对熊市价差头寸而言，时间价值衰竭的速度很慢，原因是它涉及一张买入的和一张卖出的期权合约，他们的 θ 值差不多能相互抵销。

K = 0.018。这意味着标的股票即期价格波动率每增大或降低 1%，熊市价差头寸的价值将增加或降低大约 0.018 个单位。熊市价差战略对标的股票即期价格波动率不特别敏感。

ρ = -0.038。这表明利率每升高或降低 1%，熊市价差头寸的价值将降低或增加大约 0.038 个单位。ρ 值也不大。买入和卖出的两张期权合约的 ρ 值差不多相抵。

采取熊市价差战略的主要风险源于数值为负的 δ。其他指标的数值都很小，虽然比零稍大的 γ 值可能有利于降低损失或扩大利润。当期权战略的 γ 值大于零

---

① 关于期权价格敏感度指标的更多信息和它们的使用，请参阅第 14 章和第 15 章。

时,这意味着如果标的股票的即期价格下跌,战略将变得更接近于做空。如果价格上涨,战略将变得更接近于做多。然而,γ指标这个特点对熊市价差战略的适用性十分有限,因为该期权战略同时包含一张买入和一张卖出的期权合约。

该特点更为适用的期权战略涉及,买入一张处于平值状态和即将到期的看涨期权合约。这样一张看涨期权合约的 δ 值约等于 0.5,γ 值也大于零。然而,如果标的股票即期价格下跌,δ 值将不断减小,直到降为零。如果即期股价上涨,δ 值将不断增大,直到变为 1。当 δ 值等于零时,将不存在标的股票即期价格波动的风险。当 δ 值等于 1 时,持有看涨期权多头则相当于持有股票多头。本章后面的示例表明,当 γ 值小于零时,无论标的股票即期价格上涨或下跌,即期股价波动的风险将朝错误的方向变化。

熊市比率价差战略

在前面介绍的熊市价差战略中,涉及的两张期权合约都基于相同数量的 XYZ 股票。在采取价差战略时,买入和卖出的期权合约的标的股票数量也可以不等,这种价差战略叫做熊市比率差价战略。如表 16.4 所示的熊市比率价差战略举例使用了欧式看跌期权合约。标的股票仍是 XYZ 股票,该股票目前的即期价格仍为 100 美元。主要的变化在于,买入的期权合约基于 1 股股票,卖出的期权合约基于 2 股股票,他们规模的比率等于 1:2。净权利金成本等于 0.8 美元。

表 16.4　　　　　　　　熊市比率价差战略的案例

合约	有效期	行使价格	每股权利金	总权利金
买入基于 1 股 XYZ 股票的看跌期权合约	3 个月	100 美元	−5.68 美元	−5.68 美元
卖出基于 2 股 XYZ 股票的看跌期权合约	3 个月	92 美元	+2.44 美元	+4.88 美元

图 16.6 展示了在到期日股价的各种水平下,交易商采取熊市比率价差战略的损益情况。如果两张期权合约到期时,标的股票的即期价格等于或高于 100 美元,所有期权合约的内在价值都等于零,它们的卖方都不会行使期权,因此,交易商的损失为 0.8 美元的净权利金成本。如果标的股票在合约到期时的即期价格低于 100 美元,行使价格为 100 美元的看跌期权合约将处于实值状态。交易商将在到期日股价等于 92 美元时获得 7.2 美元的最大利润。这一最大利润等于,交易商买入的行使价格为 100 美元的看跌期权合约在标的股票即期价格为 92 美元时具有的内在价值与净权利金成本的差额。如果标的股票在期权合约到期日当天的即期价

格低于92美元,行使价格为92美元的看跌期权合约也将具有正的内在价值,其卖方行使期权将对交易商的利润产生不利影响。由于卖出的看跌期权合约是基于2股XYZ股票,净损益曲线的AB段并不与横轴平行,而是与横轴成45°的夹角。

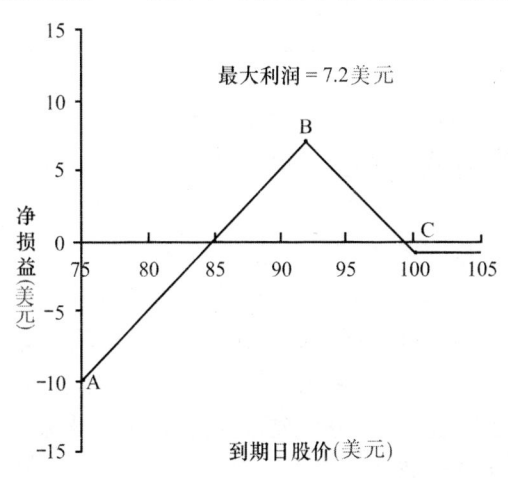

图16.6　期权合约到期时,采取熊市比率价差战略交易商的损益情况

交易商预期股价可能上涨,但涨幅不大时,熊市比率价差战略是更好的选择。因为与熊市价差比率相比,当实际情况是标的股票的即期价格上涨时,交易商的潜在损失更小。采取熊市比率价差战略的不利一面是,如果标的股票即期价格的下跌幅度很大,潜在损失则相当大。在这个示例中,假设XYZ股票的即期价格跌为零,采取熊市比率差价战略的损失等于84.8美元。损失程度取决于涉及的两张期权合约规模之比。例如,交易商也可以卖出基于3股XYZ股票的看跌期权合约,这样,合约规模之比将变为1:3。交易商将无须承担权利金成本,而且能获得1.68美元的权利金收入。然而,潜在损失也将因此增大,交易商面临的风险更大。

多头跨式组合战略

多头跨式组合战略基于标的资产即期价格波动率将增大的预期。该战略是指,分别买入一张看涨期权合约和一张看跌期权合约,这两张期权合约的标的资产、行使价格和有效期都相同。行使价格通常被设定为标的资产在期权合约买卖时的即期价格。我们仍以XYZ股票作为标的资产的期权合约来说明,如何实施多头跨式组合交易战略。表16.5给出了合约细节:

表 16.5　　　　　　　　　　多头跨式组合战略的案例

合约	有效期	行使价格	权利金
买入看涨期权合约	3 个月	100 美元	-6.18 美元
买入看跌期权合约	3 个月	100 美元	-5.68 美元

多头跨式组合战略的不利一面在于,交易商必须支付两笔权利金,金额共计 11.86 美元。这也是交易商可能遭受的最大损失。图 16.7 展示了在到期日股价的各种水平下,交易商通过采取多头跨式组合战略实现的损益情况。如果期权合约到期时,标的股票的即期价格等于 88.14 美元或 111.86 美元,交易商将实现盈亏相抵。只要标的股票在期权合约到期当天的即期价格低于 88.14 美元或高于 111.86 美元,交易商就能实现利润。多头跨式组合战略适合预期股价将大幅上涨或下跌,但无法确定具体波动方向的交易商采用。促使某些人作出这种预期的原因可能是,权威机构发布了可能影响股价走势的金融分析数据,或未来股市将进入一段不确定时间,从而导致股价异常波动。

多头跨式组合是一笔做多波动率交易,头寸的 K 值大于零。换言之,当期权合约定价模型的其他因素都保持不变时,如果假设的标的股票即期价格波动率提高,期权合约的价值将增加,采取多头跨式组合战略的交易商将获得利润。

由于期权合约处于平值状态,因此,初始 δ 值通常十分接近于零。γ 值大于零,意味着如果标的股票的即期价格持续上涨,多头跨式组合头寸将越来越接近于标的股票多头。如果标的股票的即期价格持续下跌,多头跨式组合头寸将越来越接近于标的股票空头。多头跨式组合头寸的 θ 值通常小于零,因此,其时间价值往往呈现出不断衰竭的趋势。

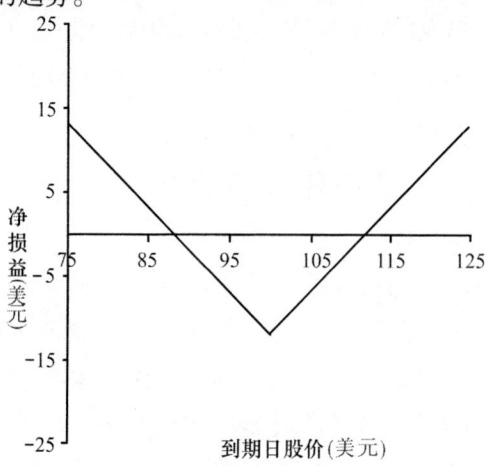

图 16.7　期权合约到期时,采取多头跨式组合战略交易商的损益情况

图16.8中的实线表示,在多头跨式组合战略涉及的两笔期权合约交易达成当天,在期权合约价格的其他决定因素都未发生改变,合约的买卖差价也暂时忽略时,标的股票即期价格的波动如何影响该交易战略的损益。在这一天,如果标的股票的即期价格始终保持100美元不变,利润等于零。交易商可以将买入的两张期权合约,按他们最初的买价售出。如果即期价格上涨,买入的看涨期权合约的内在价值将不断增加,买入的看跌期权合约的内在价值将不断降低,但最大损失等于最初支付的权利金。类似地,如果即期价格下跌,所买看跌期权合约将进入实值状态,所买看涨期权合约将进入虚值状态,但损失也仅限于权利金成本。

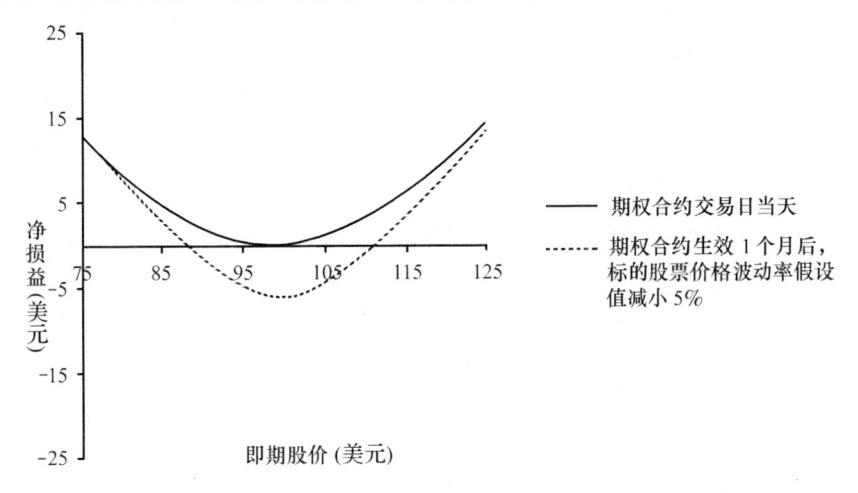

图16.8 期权合约交易日当天,采取多头跨式组合战略交易商的损益情况

图16.8中的虚线表示,期权合约生效1个月后,如果假设的标的股票即期价格波动率降低了5%,多头跨式组合战略的损益情况。由于期权合约损失了部分时间价值,因此,虚线的位置比实线要低一些。粗略地讲,标的股票的即期价格必须上涨或下跌大约11美元,才能弥补价格波动率下降和时间价值衰竭造成的损失,从而使利润得以实现。

买入后定期权合约战略

采取多头跨式组合战略的问题在于,交易商必须支付两笔权利金,而且很可能因为合约时间价值衰竭和标的股票即期价格波动率下降而无法获得利润。时间衰竭效应将随着期权合约到期日的日益临近而不断增大。降低净权利金成本的一种方法是,购买后定期权合约。这种期权合约允许买方在一段时间后,选择购买的期权合约是看涨或看跌期权。例如,一名交易商买入了一张包含以下条款的选择方期权合约。这张期权合约的标的资产仍是前面反复出现的,当前即期价格为100美元的XYZ股票。合约的细节如表16.6所示：

表16.6　　　　　　　　　　买入后定期权合约的案例

合约	有效期	行使价格	选择期	权利金
买入后定期权合约	3个月	100美元	1个月	-9.40美元

后定期权合约生效1个月后,这名交易商必须决定购买的是看涨,还是看跌期权合约。无论交易商作出何种决定,行使价格都将是100美元,而且合约将于2个月后到期。图16.9展示了在交易商购买这张后定期权合约的当天,如果只有影响后定期权合约价格的标的股票即期价格出现了波动,其他影响因素都未发生变化,买入这种期权合约的损益情况。买入后定期权合约战略的净损益曲线与多头跨式组合战略的净损益曲线相似。

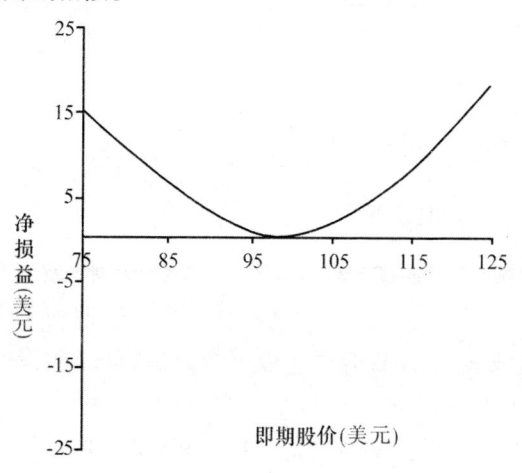

图16.9　后定期权合约交易日当天的损益情况

在任何时点上,买入的后定期权合约的价格都等于它未来可能成为的看涨或看跌期权合约价格中较高的一个。如果标的股票的即期价格上涨(或下跌),后定期权合约的价格将等于看涨(或看跌)期权合约的价格,因为买方很可能如此选择。γ值(曲线的曲率)大于零。这表明标的股票即期价格的上涨(或下跌)幅度越大,后定期权多头就越像标的股票多头(或空头),它的δ值越接近于+1(-1)。

后定期权可能听起来极其特殊,虽然后定期权头寸也可以利用定价相当简单的标准期权合约建立。如果我们忽略自持成本的复杂计算,上述后定期权头寸可以通过买入一张行使价格为100美元的3个月期看跌期权合约和一张行使价格相同的 1 个月期看涨期权合约来复制。

空头跨式组合战略

与多头跨式组合战略相对，空头跨式组合战略是指分别卖出一张看涨期权合约和一张看跌期权合约，这两张期权合约的标的资产、行使价格和有效期都相同。空头跨式组合是做空波动率交易，因为如果标的资产即期价格的波动率减小（所有其他因素都保持不变），两张期权合约的价格都将降低。这时，交易商能够以低于最初卖价的价格回购卖出的看跌期权合约，从而结束空头跨式组合头寸。为了说明空头跨式组合战略的应用，我们以之前讨论过的多头跨式组合交易的相反交易为例。标的资产仍是当前即期价格为 100 美元的 XYZ 股票。表 16.7 给出了合约细节：

表 16.7　　　　　　　　空头跨式组合案例

合约	有效期	行使价格	权利金
卖出看涨期权合约	3 个月	100 美元	+6.18 美元
卖出看跌期权合约	3 个月	100 美元	+5.68 美元

图 16.10 展示了期权合约到期时，多头跨式组合战略的损益。最大利润为收取的两笔权利金总和。交易商在到期股价为 100 美元时，能实现最大利润。空头跨式组合战略适合在市场预期股价将围绕初始水平小幅波动时采用。只要标的股票的即期价格介于 88 美元和 112 美元之间，空头跨式组合战略都能或多或少地实

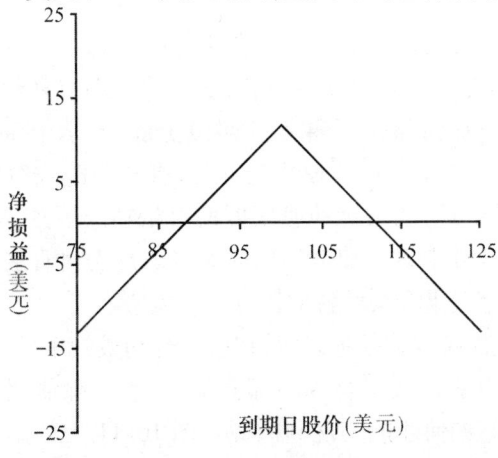

图 16.10　期权合约到期日当天，空头跨式组合战略的损益情况

现一定的利润。

图16.11中的实线表示,在空头跨式组合战略涉及的两笔期权合约交易达成当天,标的股票即期价格的随即变化将如何影响该交易战略的损益。在这一天,如果标的股票的即期价格始终保持100美元不变,空头跨式组合头寸则近似等于德尔塔中性头寸。这意味着如果股价发生小幅波动,两笔期权合约交易的利润和损失将差不多能够相互抵销。不存在标的股票即期价格小幅波动的定向风险。如果即期价格小幅上涨,卖出的看涨期权合约的内在价值将增加,该合约的回购价将高于它的最初卖价。然而,卖出的看跌期权合约的内在价值将降低,它的回购价将低于最初卖价。类似地,如果即期价格小幅下跌,因卖出看跌期权合约而遭受的损失将被卖出看涨期权合约获得的收益抵销。

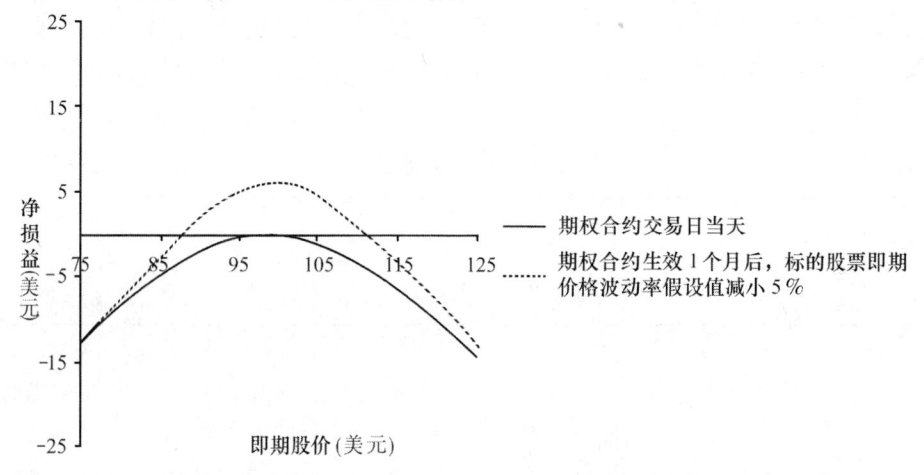

图16.11　期权合约交易日当天,空头跨式组合战略的损益情况

然而,曲线的形状表明了空头跨式组合头寸的γ值小于零。这意味着如果标的股票即期价格大幅上涨,δ值将变为负数,卖出看涨期权合约的损失将大大超出卖出看跌期权合约获得的利润。如果股价继续上涨,已小于零的δ值将进一步减小,不断接近-1或-100%。在这种情况下,持有空头跨式组合头寸就相当于持有标的股票空头。类似地,如果标的股票即期价格持续下跌,δ值将大于零,并不断接近1或100%。卖出看跌期权合约的损失将超过卖出看涨期权合约获得的利润。最终,持有空头跨式组合头寸就像持有标的股票多头。

图16.11中实线的位置清楚地表明,在期权合约最初生效时,无论标的股票的即期价格或涨或跌,空头跨式组合战略都会遭受损失,除非股价的波幅很小。那么,空头跨式组合战略如何才能实现利润呢?图16.11中的虚线给出了这一问题的答案,这条虚线表明了,如果标的股票即期价格波动率在期权合约生效1个月后

降低了5%,空头跨式组合战略的损益情况。只要即期股价上涨或下跌的幅度小于11美元,空头跨式组合战略都能创造一定利润,原因是所卖期权合约的回购价低于它们最初的卖价。空头跨式组合头寸的θ值通常大于零,随着合约到期日的临近,期权合约的回购价将不断降低。空头跨式组合头寸的K小于零,如果标的股票即期价格波动率减小,两张期权合约的价格都将降低。

伽玛(γ)风险管理

采取空头跨式组合战略的主要风险是头寸的γ值为负。正如我们看到的,γ值的负值程度越大,当标的股票即期价格波动时,头寸净δ值偏离零的速度越快,空头跨式组合战略遭受损失的速度越快。

降低伽玛风险的方法之一,是在卖出看涨和看跌期权合约各一张的同时,另外买入处于虚值状态的看涨和看跌期权合约各一张。图16.12表明了这样做对空头跨式组合战略损益的影响。卖出的两张期权合约的行使价格均为100美元,收取的权利金共计11.86美元。买入的看涨期权合约的行使价格为110美元,看跌期权合约的行使价格为90美元,支付的权利金共计4.5美元。因此,净权利金收入等于7.36美元,这也是潜在的最大利润,与之前相比减少了4.5美元。

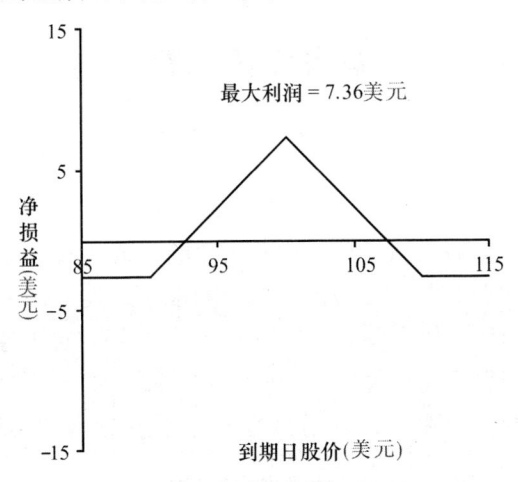

图16.12　通过买入处于虚值状态的看涨和看跌期权合约来降低伽玛风险

买入处于虚值状态的看涨和看跌期权合约的目的在于:(1)降低空头跨式组合战略的潜在损失。(2)减小负γ值效应。这意味着,从交易的角度看,空头跨式组合头寸的δ值将在标的股票即期价格波动相当大时,仍近似等于零。这种降低伽玛风险的方法有一个问题,即购买期权合约将产生权利金成本,从而降低了可得利润。这种在卖出一张看跌和看涨期权合约(空头跨式组合交易)的同时,分别买入一张行使价格较低的看跌期权合约和一张行使价格较高的看涨期权合约的做法叫做铁蝶式期权交易战略。

应对伽玛风险的另一种方法是监控头寸,对伽玛风险进行动态管理。例如,如果标的股票的即期价格上涨,空头跨式组合头寸的δ值将变成负数,损失将急速增加,如图16.11所示。为了避免损失,可以采取德尔塔避险法,即购买一定数量的标的股票。这有助于抵销股价上涨造成的损失。这样做的不利一面是,如果股价随后下跌,购买的股票将变成多余的,股票的售价将低于最初的买价,从而产生已实现损失。

如果标的股票的即期价格下跌,空头跨式组合头寸的δ值将变成正数,从而相当于持有股票多头头寸,利润将加速减少。为了防止这种情况出现,可以建立标的股票的空头,但是,如果股价随后上涨,结束股票空头将造成损失。正如在第15章中提到过的,追赶δ的成本可能极高。因此,决定采用空头跨式组合战略的交易商必须对标的股票即期价格波动预期充满信心。如果股价的波幅很小,交易商就能用合理的成本管理交易风险,从而实现一定利润。然而,如果波动比预期的剧烈,追赶δ遭受的已实现损失将大于卖出期权合约获得的权利金收入。

日历价差战略

日历价差战略,是指买入和卖出行使价格相同,但到期日不同的两张期权合约,旨在利用它们时间价值衰竭速率不同而获利。该战略并不基于标的股票即期价格将向哪个方向变化的预期。日历价差头寸的δ值通常十分接近于零,即标的股票即期价格小幅波动对期权合约价格的影响很小。表16.8给出了一个采取日历价差战略的交易示例。假设一名交易商买入了一张3个月期看涨期权合约,并卖出了一张1个月期看涨期权合约。两张合约都属于欧式,标的资产都是当前即期价格为100美元的XYZ股票。交易商的净权利金成本为2.62美元。

表16.8　　　　　　　　　　日历价差战略的案例

合约	有效期	行使价格	权利金
买入看涨期权合约	3个月	100美元	−6.18美元
卖出看涨期权合约	1个月	100美元	+3.56美元

这两张看涨期权合约的δ值一正一负,刚好将相互抵销。然而,它们的θ值不

同,即时间价值衰竭的速率不同。有效期只有 1 个月的看涨期权合约的时间价值将更快地衰竭,因为它将先于 3 个月期期权合约到期。这一点对交易商而言是有利的,因为为了结束日历价差头寸,交易商必须回购卖出的 1 个月期看涨期权合约,出售买入的 3 个月期看涨期权合约。在这个例子中,日历价差头寸的净 θ 值约等于 0.024。这意味着,当其他因素保持不变时,每过 1 天,日历价差头寸的时间价值将增加大约 0.024 个单位。

然而,期权合约时间价值衰竭的速率不是恒定不变的,它随着时间一天天的流逝而不断增大。例如,如果 5 天过去了,利润不是 0.12(5×0.024)个单位,而实际上是 0.13。为了说明这一效应,图 16.13 展示了假设标的股票即期价格和波动率等因素不变,在日历价差战略实施的头 1 个月内,两张看涨期权合约时间价值的衰竭情况。

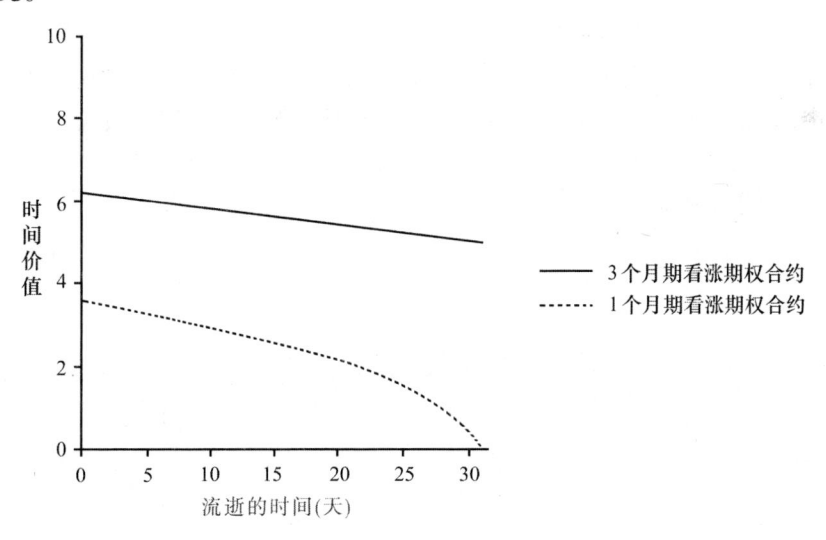

图 16.13　两张到期日不同的看涨期权合约的时间价值衰竭曲线

日历价差战略的缺点是,整体头寸的 γ 值小于零,因为有效期较短合约 γ 值的负值程度大于有效期较长合约 γ 值的正值程度。这意味着,如果标的股票即期价格发生较大波动,日历价差头寸的净 δ 值将可能偏离零,从而面临股价波动风险。

本章小结

取决于交易商的风险承受度和投资回报预期,他们可以采用的期权合约交易战略多种多样。牛市价差战略的特点是,如果标的资产即期价格下跌,交易商将遭受损失；如果股价上涨，交易商将获得利润，损失和利润都有上限。熊市价差战略刚好相反，因为交易商预期价格将下跌，同时潜在损益也都有上限。比率价差战略与基本的价差战略类似，不同之处就在于，涉及的两张期权合约规模不等。二元期权合约的出现丰富了期权合约交易战略。"现金全付或不付型"二元看涨期权合约是指，只有在合约到期时处于实值状态的情况下，卖方才必须向买方支付固定数额的现金。

　　一些期权合约交易战略建立在标的资产即期价格波动率变化，或期权合约时间价值衰竭速度差异的基础上。就多头跨式组合战略而言，如果标的资产即期价格波动率大于预期，交易商将实现利润，但交易商往往会因期权合约时间价值衰竭而遭受损失，并且必须支付两笔权利金。买入后定期权合约战略与多头跨式组合战略的特点差不多，但买方可以在一段时间内决定购买的是看涨还是看跌期权。对于空头跨式组合战略，如果标的资产即期价格波动率小于预期，交易商就能获得利润。交易商在采取空头跨式组合战略时，往往将标的资产即期价格波动风险限制在很小的范围内。然而，如果股价波动十分剧烈，交易商将遭受损失。日历价差战略是指买入和卖出两张行使价格相同，但到期日不同的期权合约，利用它们时间价值衰竭速率不同来获得利润。

第 17 章

可转换债券与可交换债券

概　述

　　可转换债券是指持有人有权在一段时间（称为转换期）内，按一定的转换比例或转换价格，将债券转换成债券发行公司（通常情况下）的普通股股票。转换期一般等于债券有效期，但在极少情况下也可能短于债券有效期。转换比例是指每张可转换债券可以换取多少股普通股股票。转换价格是指将可转换债券转换为公司股票时公司股票的价格。

　　可转换债券持有人拥有按转换比例，用债券交换公司股票的权利。因此，从本质上讲，可转换债券中内嵌着一张股票看涨期权合约，因为如果标的股票的价格上涨，可转换债券的价格也将提高。之所以说股票看涨期权合约内嵌于可转换债券中，是因为这种期权合约无法离开后者而独立存在。期权的行使只能通过将可转换债券转换为股票。发行可转换债券的公司并不要求投资者在购买债券时，就内嵌的股票看涨期权合约支付权利金。发行公司采取了一种变相收取权利金的方式，即对可转换债券适用相对普通债券较低的票面利率。

　　可交换债券与可转换债券十分相似，这类债券允许持有人按照预先约定的条件，将债券转换成债券发行公司持有的其他公司（如子公司）股票。可交换债券的发行人包括持有其他公司大量股票，想以一种有序而高效的方法卖掉这些股票的公司。通过发行可交换债券，这些公司能够以较低的成本进行融资，而且一旦持有人进行转股，公司无须用现金赎回债券。其他交易建立在资产私有化基础上。例如，2003 年 7 月，德国政府所有的德国复兴信贷银行发行了总额 50 亿欧元，基于德国电信公司（Deutsche Telekom）股票的可交换债券。德意志银行和摩根大通银行

(JP Morgan)主导了这笔交易。

在某些方面，与可转换债券相比，分析可交换债券更为容易。可转换债券持有人面临着与发行公司有关的两类风险：第一，他面临着公司股价波动的风险，因为这将影响债券的价格；第二，如果可转换债券发行公司的信用评级下降，同时市场日益担心发行公司信用评级的前景，可转换债券的价格将降低。在实践中，这些因素可能在很大程度上相互关联。公司股价大幅下跌后可能伴随着信用评级下降。可交换债券的优势在于，发行公司信用评级的变化与其股价波动之间不可能存在紧密的联系，因为这种债券能交换的股票是其他公司发行的。

可转换债券的另一个问题是，当持有人提出转换要求时，发行公司通常会专门发行新股来完成与持有人的交割。这就产生了股权稀释效应，因为公司的利润如今要在更多的股票间分配。可交换债券的优势在于，这种债券是与已发行股票交换，因而不具有股权稀释效应。然而，这并不意味着，公司宣布可交换债券发行消息时，标的股票的价格不会受到丝毫影响。市场可能将发行可交换债券视为出售大量其他公司股票的一种方法，虽然实际出售日是在未来某天，这仍将导致股票市价走低。在实践中，这一效应可能十分有限。公司决定通过发行可交换债券处理交叉持有的过量其他公司股票，而不是到股市上直接出售股票，也部分出于这方面的考虑。

可转换债券和可交换债券等证券统称为股票挂钩证券，因为他们的价格与某股股票或一篮子股票相关。股票挂钩证券市场目前十分繁荣。根据 Dealogic 调查公司的统计数据，可转换债券 2001 年的全球发行总金额高达 1 650 亿美元。

可转换债券的投资者

可转换债券的投资者通常可分为两大类。一类是套利者和相对价值交易商。如果可转换债券相对便宜，套利者可通过购买债券建立起股票看涨期权头寸，并采用第 15 章介绍的德尔塔避险法建立股票空头，以规避股价方向性波动风险。从本质上讲，套利者总的头寸就变成了波动率多头头寸，即只要标的股票即期价格出现大幅波动，无论是上涨还是下跌，套利者都能获得利润，这与第 16 章分析的多头跨式组合交易有些相似。可转换债券也对市场利率和发行人的信用评级反应敏感。这些风险可以利用利率和信用违约互换工具来规避。对于公司发行的每批可转换债券而言，套利者购买比例超过 50% 的情况很少发生。

可转换债券的第二类投资者是以获利为目的的传统投资者。这类投资者包括想通过建立证券头寸来创造额外收入，但同时也希望将投资风险控制在一定范围

内的基金管理人员。可转换债券对于不愿承担风险的投资者而言,具有以下几个明显的优势:

- 资本保护。债券持有人不承担必须将债券转换为股票的义务。如果相关股票表现不佳,持有人可一直持有债券直到到期,从而获得发行公司定期支付的利息,并于债券到期时收回本金。即使内嵌看涨期权合约的价格已经到了崩溃的地步,可转换债券的价格也不会低于普通债券。在市场中,普通债券的价格有时被称为可转换债券的债券底价。
- 上升空间。另一方面,如果股票表现出色,转换价格对持有人来说就是有利的。持有人将按较低转换价格换得的股票拿到市场上以更高的市价出售,能实现高于债券票面利率的投资回报率。
- 收入提高。可转换债券的利息可能高于直接购买标的股票获得的股息。如果事实如此,债券持有人在转换前就能获得更多的收入。然而,如果可转换债券内嵌看涨期权合约极具吸引力,情况可能就不同了。有些可转换债券本身不附带任何利息。
- 利息支付先于股票股息。可转换债券利息的支付排在普通股股息之前。公司在对普通股股东支付股息前,必须先向债券投资者支付利息和本金。
- 是一种类似股票的债券。管理固定收益型基金的职业投资者在购买普通股方面,可能要受到一定限制。可转换债券虽然不是股票,但它的收益却与股票相挂钩。如果股价上涨,可转换债券的价格也将提高。

投资银行的可转换债券分析师所作的,关于更传统投资群体的研究笔记通常涉及对股票发行公司自身定位和发展战略的讨论。换言之,这些研究笔记解释了分析师为何认为股价在某个投资期限内有上涨的可能性。由于可转换债券的价格与股价相关,因此,除非更传统投资者对可转换债券发行公司有信心,对公司股票的盈利前景持乐观态度,否则他们不会购买可转换债券。

研究笔记一般还解释了在标的股票价格发生指定变化时,投资者投资可转换债券能实现的预期回报率,这一预期回报率经常被称作参与率。本章后面将对参与率这一概念进行详细的论述。研究笔记还可能论述投资者购买可转换债券能获得的资本保护程度,并将这一程度与直接标的股票面临的潜在损失进行了比较。如今,可转换债券的定价方法已为更多的人所理解,笔记中还可能提及内嵌于可转换债券中的看涨期权合约的公允价格。

可转换债券的发行者

历史上,美国可转换债券的发行长期被信用评级较低的高增长公司,尤其是处于科技和生物科技领域的高增长公司主导着。最近几十年，随着投资者对购买股票挂钩债券兴趣的增强，越来越多的高信用等级公司也开始进入可转换债券市场。在欧洲，可转换债券的发行却呈现出些许相反的趋势：近些年，次投资等级债券的发行量不断增大。

低信用等级公司可能发现，他们很难以自己能够接受的价格出售股票。投资者可能认为购买低信用等级公司的股票风险很大。对这些公司而言，如果发行普通债券，投资者要求的票面利率可能过高。如果事实如此，低信用等级公司或许会发现，自己可以通过发行可转换债券来更有效地筹集资本。可转换债券的价格有债券低价的支撑，这为投资者提供了合理程度的资本保护。如果股价表现出色，这种债券同时也使投资者获得了具有吸引力的回报前景。此外，如果可转换债券的定价合适，它还将吸引打算采取避险战略的避险基金和其他交易商。总之，可转换债券为公司提供了一个有效的资本来源。与股票或标准债券相比，可转换债券的优势表现在以下几方面：

• 融资成本较低。由于投资者获得了将债券转换为股票的权利，因此，可转换债券的应付利息少于标准债券。此外，可转换债券的发行成本通常相对较低，发行公司通常无须获得信用评级。

• 溢价出售股票。可转换债券的转换价格是投资者通过购买可转换债券获得股票的成本。当公司发行可转换债券时，确定的转换价格可能比公司股票当时的即期价格高25%或更多。[1] 投资者接受这一点的原因是，他们认为，在债券有效期内，股价上涨幅度等于或大于这一比例的几率很大。对发行公司而言，这相当于以高出股票发行价格很高的价格出售股票。

• 税收减免。与股票股息不同，债券利息通常是免税的。发行可转换债券的公司能在投资者将债券转换为股票前，在一定程度上避税。

• 低信用评级公司的一个有效资本来源。可转换债券市场能帮助低信用评级公司有效地利用资本市场。在这种情况下，股价的波动往往十分剧烈，这增加了内嵌看涨期权合约的预期支付，也吸引了避险基金购买可转换债券。

可转换债券价值的衡量指标

为了进一步剖析可转换债券的本质，我们下面列举一个简单的示例，并讨论几个定价问题，尤其是可转换债券价值和标的股票价格之间的关系。假设某公司几

---

[1] 近期，溢价程度呈现出不断提高的趋势，有时大于50%。

年前平价发行了可转换债券,目前距债券到期日还有 5 年的时间,表 17.1 给出了该公司发行可转换债券的细节。

表 17.1　　　　　　　　　　　可转换债券的细节

发行者:	XYZ 公司
票面金额:	100 美元
转换比例:	1 张债券可转换 25 股 XYZ 股票
票面利率:	每年 5%
转换期:	债券有效期

在可转换债券最初发行时,确定的票面利率低于标准债券。因此,可转换债券作为单纯债券的价值(利息和本金现金流量的现值)实际上低于 100 美元。然而,投资者之所以愿意平价购买可转换债券,是看重了内嵌看涨期权合约的价值。通常情况下,在发行伊始,可转换债券中大约 75% 的价值源于它本身也是一种债券(债券价值),其余大约 25% 的价值源于内嵌的看涨期权合约(期权合约价值)。

在这个例子中,我们将分析可转换债券发行一段时间后具有的价值。假设目前市场上对回报率的要求是每年 5%,刚好等于可转换债券的票面利率。这意味着,可转换债券当前的债券价值等于其票面金额,即 100 美元。可转换债券的交易价格不应低于其债券价值(也就是债券底价),因为这代表了未来利息和本金现金流量的现值。这是否意味着可转换债券当前只值 100 美元?答案取决于标的股票当前的即期价格。假设,股票目前的即期价格为 5 美元。这样,我们就能计算出债券的平价或转换价值:

$$平价或转换价值 = 5 \times 25 = 125(美元)$$

转换价值衡量的是可转换债券的股票价值。换言之,它衡量的是每张债券能转换的一定数量股票的当前总价值。假设允许可转换债券立即转换为股票,与可转换债券的交易价格不应低于其债券价值的道理一样,可转换债券的买价低于其转换价值也应是不可能发生的事情。否则,套利机会就将产生。如果我们以低于 125 美元的价格买下可转换债券,然后立即将债券转换成价值 125 美元的股票,我们将获得一定数额的无风险利润。市场力量应防止这种情况发生,可转换债券的价格不应低于其平价。平价与内在价值这一概念是相关的。可转换债券价格不应低于其平价的道理,与美式看涨期权合约的价格不应低于其内在价值一样。

这是否意味着 XYZ 公司发行的可转换债券的价格只应等于其平价?否,理由至少有两个。第一,与投资股票不同,可转换债券为投资者提供了资本保护。第二,可转换债券还有 5 年才到期,股价在此期间上涨的可能性很大,这将促使可转换债券的价值增加。可转换债券包含了一张规模为 25 股 XYZ 股票,5 年后到期的内嵌看涨期权合约,这张期权合约具有很高的时间价值。投资者愿意支付的买价与可转换债券平价或转换价值的差额叫做转换溢价。假设 XYZ 股票的价格是 5 美元,可转换债券的平价是 125 美元,如果可转换债券的市场价格是 156 美元,转换溢价的计算过程如下:

转换溢价 = 156 − 125 = 31(美元)
转换溢价百分比 = 31/125 = 24.8%
每股转换溢价 = 31/25 = 1.24(美元/股)

如果投资者以 156 美元的价格买下 XYZ 公司可转换债券并立即转换成股票,通过这种方式获得股票的成本为每股 6.24 美元,比直接购买股票的成本高 1.24 美元或 24.8%。这意味着,XYZ 股票的价格必须至少上涨 24.8%,投资者才可能将可转换债券转换成股票。注意,正如下一部分将详细论述的,转换溢价与期权合约权利金的意思并不完全相同。

转换溢价与平价

图 17.1 展示了 XYZ 公司可转换债券的债券价值、平价和总价值这三者之间的关系。假设债券价值(债券底价)等于 100 美元,可转换债券的剩余有效期为 5 年,XYZ 股票的价格波动率为每年 30%,股票不支付股息。由于可转换债券的票

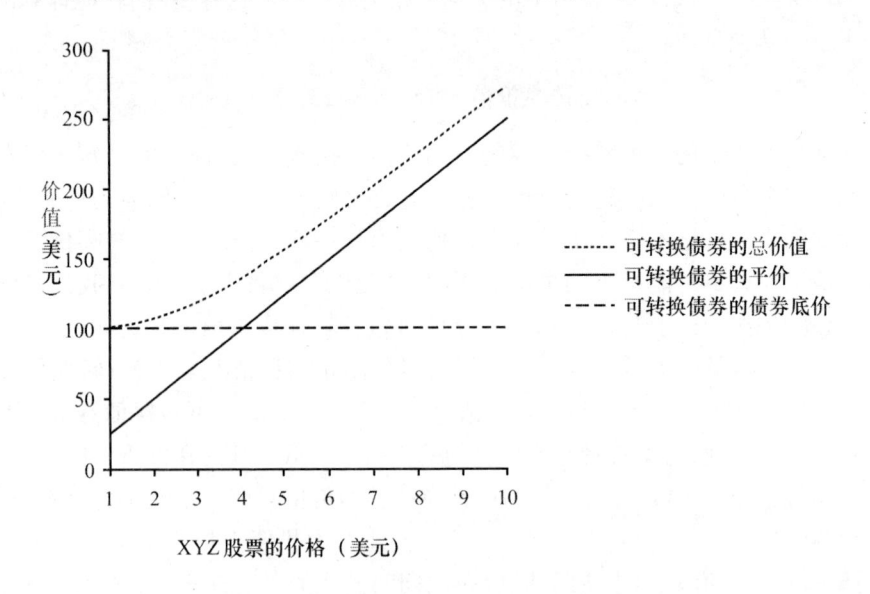

图 17.1　可转换债券的债券价值、平价与总价值

面利率为每年5%,这意味着持有它的投资者具有收入优势。在图17.1中,表示可转换债券平价的实线是一条向右上倾斜的直线。由于每张可转换债券能固定地转换成25股股票,股价和可转换债券平价之间是完全的线性关系。如果股价由5美元跌至1美元,可转换债券的平价将由125美元降为25美元。如果股价由5美元涨至10美元,可转换债券的平价将由125美元升为250美元。表示可转换债券底价的虚线与横轴平行,这说明无论股价如何波动,波幅多大,可转换债券的债券价值都始终等于100美元。表示可转换债券总价值的虚线略微有一些弯曲,与债券底价直线交于起点。

可转换债券总价值和平价之间的差额是转换溢价。转换溢价的两个主要决定因素是债券底价和内嵌看涨期权合约的价值,哪个因素起主导作用取决于股票价格水平。

1. 债券底价。当股价较低时,可转换债券的价值与债券底价较为接近。这时,投资者将可转换债券转换成股票的可能性极低。内嵌看涨期权合约的价值几乎为零,虚值程度很深。转换溢价主要取决于这一事实:投资者无须进行转换,他们可以将可转换债券视为不具有转换特征的标准债券,最终获得利息形式的回报。如果投资者购买的是股票,股票价值将低于可转换债券的平价。

2. 内嵌看涨期权合约。当股价较高时,可转换债券的价值与其平价十分接近。每张可转换债券就如同25股股票,因为几乎可以100%确定,投资者会将可转换债券转换成股票。这时,内嵌看涨期权合约处于很深的实值状态,它的内在价值很高,时间价值很低。

可转换债券价值的其他影响因素

可转换债券市场中流行着这样一句话:可转换债券实际上是债券和股票看涨期权合约的结合。从解释可转换债券这种衍生金融工具基本结构这一角度看,这一界定足以解释清楚,但它具有一定的误导性,需要加以限定。第一,可转换债券持有人通常有权在一段时间内,而不是只能在债券到期日当天,将债券转换成股票。定价方法必须考虑可转换债券的价格不应低于其平价这一点,否则套利机会就会产生。第二,当可转换债券持有人要求转股时,公司通常是发行新股来满足这一要求。这具有股权稀释效应。第三,如图17.1所示,我们假设可转换债券的债券底价(被视为标准债券具有的价值)不受股价波动的影响,可转换债券和它能转换的股票是同一家公司发行的。如果股价下跌,由于担心公司可能无力偿还债务或宣告破产,可以预期可转换债券的债券底价也将下降。在评估可转换债券的价值时,我们应针对股价波动和债券底价水平之间的关系设置合理的假设。

如前所述,在某些方面,分析可交换债券更为容易。可交换债券和它能交换的股票并不是同一家公司发行的。这意味着,可交换债券的信用风险和股价之间并不存在十分紧密的关联。正在分析可交换债券标的股票发行公司自身定位和发展战略的投资者,在判断投资这些股票的获利前景时无须过多考虑债券的信用风险。可交换债券往往是高信用评级公司发行的。这些公司想卖掉由于某些已不复存在的历史原因而获得的其他公司股票。

在对可转换债券估价时要考虑的最后一个因素是,可转换债券的赎回条款。如果可转换债券的价格在一段时间内连续高于某个水平,发行公司可能有权按与可转换债券票面价值相等或更高的价格,提前赎回债券。假设在前面的例子中,XYZ公司有权在可转换债券价格连续2周高于175美元的情况下,按票面价值赎回债券。如果XYZ股票的价格大幅上涨,从而推动可转换债券的平价提高,这种情况则可能出现。通过发布提前赎回通知,公司能有效地促使投资者进行转换。然后,公司可以发行转换价格高于当前股价的新可转换债券。显然,赎回条款对可转换债券的发行公司有利,对投资者不利。这一事实应反映在可转换债券的市场价格中。

可转换债券的价格往往十分复杂,需要进行相当深入的估价分析。可转换债券的赎回条款可能有不同规定,有些允许发行公司在一段时间后提前赎回债券,无论债券的价格是多少;有些只允许发行公司在债券价格在一段时间内连续高于某个水平的情况下提前赎回债券。此外,可转换债券的回售条款可能赋予了投资者在一定条件下将债券卖回给公司的权利。回售条款显然对投资者有利,使投资者能在发现可转换债券投资回报很低时提前收回资本。因此,回售条款也应反映在可转换债券的价格中。

参与率

可转换债券的参与率是指当股价外的其他因素都保持不变时,投资者在股价发生特定幅度波动时,预期能够实现的回报率。为了进一步解释参与率这一概念,我们仍以前几部分中分析过的XYZ可转换债券为例。表17.2总结了债券的主要细节。XYZ可转换债券不附带赎回或回售条款。

表 17.2　XYZ 可转换债券的细节

发行者：	XYZ 公司
票面金额：	100 美元
转换比例：	1 张债券可转换 25 股 XYZ 股票
票面利率：	每年 5%
剩余有效期：	5 年
转换期：	债券有效期

假设 XYZ 股票当前的市场价格是 5 美元，XYZ 可转换债券的平价则等于 125 美元。然而，债券的到期日是 5 年后，票面利率是 5%，XYZ 股票不支付股息。与股票投资不同，可转换债券为投资者提供了资本保护。由于这些原因，可转换债券的价值高于其平价。

假设 XYZ 可转换债券的实际市场价格是 156 美元，表 17.3 展示了当其他因素都不变时，如果 XYZ 股票的价格突然涨为 6 美元或跌为 4 美元，XYZ 可转换债券的价格将如何变化。这里，我们采用的方法是，在基于股价是唯一变量的假设基础之上，重新对内嵌于可转换债券中的看涨期权合约进行估价。

表 17.3　XYZ 可转换债券参与率的计算步骤

XYZ 股票的价格(美元)	变动率(%)	XYZ 可转换债券的价格(美元)	变动率(%)	参与率(%)
4	−20	136	−13	64
5	0	156	0	0
6	20	178	14.1	71

表 17.3 还表明了股价的变动率和股价波动导致可转换债券价格发生的变动率。如果股价从 5 美元涨至 6 美元，即上涨 20%，可转换债券的价格就将提高大约 14%。以 156 美元的价格买下可转换债券的投资者实现的投资回报，将只是投资股票所实现回报的 71%。这是一个上涨参与率，即可转换债券投资者参与股价上涨的比率：

$$上涨参与率 = 14.1\%/20\% = 71\%$$

另一方面，如果股价下跌 20%，可转换债券投资者的损失将只是直接投资股票所遭受损失的 64%。如果股价下跌幅度很大，可转换债券的价格将回复为其债券底价。图 17.2 中的虚线表明了标的股票价格的波动在理论上如何影响可转换债券的价格。实线表明了如果投资者未购买可转换债券，而是以 5 美元的价格购买了股票，股价波动对股票价值的影响。

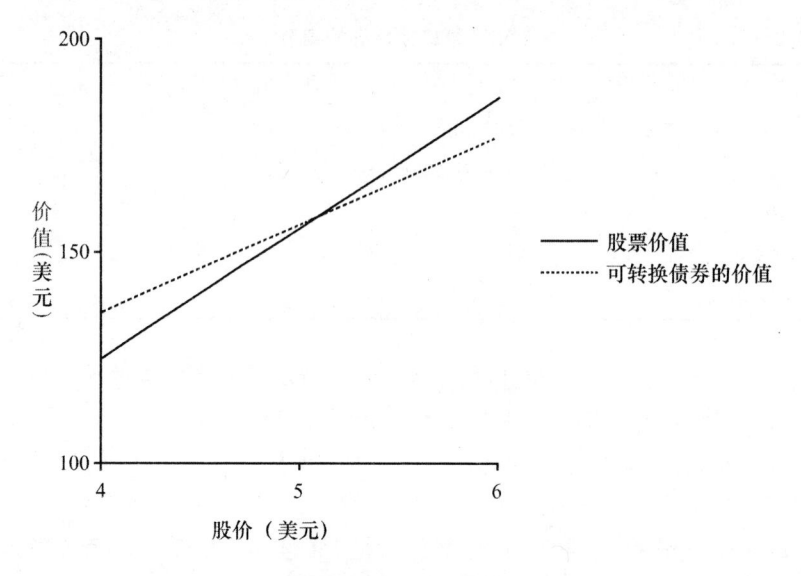

图 17.2　投资可转换债券和标的股票的比较

强制性可转换和可交换债券

强制性可转换债券是要求投资者必须在未来某个日期进行转股的可转换债券。例如，2003 年 2 月，德意志电信公司发行了一批总金额共计 23 亿欧元的强制性可转换债券，以减轻自己高达 600 亿欧元的债务负担。这批强制性可转换债券极受欢迎，预购量比发行量多了大约 3 倍。

强制性可交换债券的发行者可能是交叉持有其他公司股票，明确希望在未来处理掉这些股票的公司。这种带有强制特征的可交换债券实际上是提前付款的股票远期合约。公司不愿直接在市场上出售股票，而是愿意通过发行强制性可交换债券这种方式处理掉其他公司股票的原因包括：

- 税收效率可能更高。
- 市场影响力可能较小。在市场上出售大量股票，可能将严重影响股票的市价。如果公司还保留部分股票，这样做对他非常不利。
- 可能存在出售股票的法律或监管约束。

下面举一个简单的例子。假设一家公司打算在 1 年之后处理掉另一家公司的大批股票。股票当前的价格是 100 美元，年股息是每股 1 美元，1 年期利率是每年 5%。因此，使用第 2 章介绍的现购自持法计算的 1 年公允远期价格就等于 104 美元（100 美元 + 5 美元 − 1 美元）。

这家公司可以与一名交易商签署一张远期合约，并承诺 1 年后以 104 美元的价格出售股票。公司将于 1 年后收到每股 104 美元的付款,由于 1 年期利率为每年 5%,1 年后收到的 104 美元相当于今天的 99 美元。与进行远期合约交易相比,更好的做法是发行强制性可交换债券,具体条款如表 17.4 所示。

表 17.4	强制性可交换债券的条款
债券发行价:	100 美元
有效期:	1 年
交换比例:	每张债券交换 1 股股票
票面利率:	0%

由于是强制性可交换债券,投资者现在按 100 美元的价格买下债券后,必须于 1 年后将每张债券换为 1 股股票。这实际上相当于公司必须在 1 年后将股票出售给投资者,但公司现在就收到了付款。发行强制性可交换债券的好处是,公司不仅提前收到了付款,而且收到的 100 美元大于 1 年后收到的 104 美元的现值(99 美元)。在实践中,强制性可转换和可交换债券可能包含某些保护条款,以免投资者因股价下跌而遭受巨大损失。如果没有这种条款,公司会将票面利率定得较高,作为对投资者遵守强制性转换或交换要求的补偿。下一部分中的举例更充分地说明了如何利用强制性可交换债券的优势。

强制性可交换债券的有效利用

发行强制性可交换债券的优势是,公司可以灵活设置债券的条款,以提高债券对投资者的吸引力。投资银行采用的一种方法是,在强制性可交换债券的票面利率上做文章,使其略高于投资者购买股票实现的股息收益率。然而,投资者承担着在债券到期时换股的义务。不仅如此,与实际购买股票相比,当股价上涨时,适用的交换比例可能导致参与率较低。

表 17.5 给出了某强制性可交换债券的条款。

表 17.5	强制性可交换债券的条款
发行价:	100 美元
有效期:	3 年
标的股票:	ABC 股票
债券发行时 ABC 股票的即期价格:	100 美元
股票股息收益率:	每年 0%

	续表
交换比例：	如果债券到期时 ABC 股票的价格低于 100 美元，投资者可用每张债券交换 1 股 ABC 股票。如果股价介于 100 美元和 125 美元，投资者将得到总价值 100 美元的一定数量 ABC 股票。如果股价高于 125 美元，投资者则能用每张债券交换 0.8 股股票。
票面利率：	每年 5%

图 17.3 中的实线表明了，基于 ABC 股票的上述强制性可交换债券，假设，投资者在债券发行时，以 100 美元的价格购买了 1 张债券，到期时，ABC 股票价格与投资者资本利得或损失之间的关系。虚线表示投资者直接购买标的股票获得的资本利得或损失。

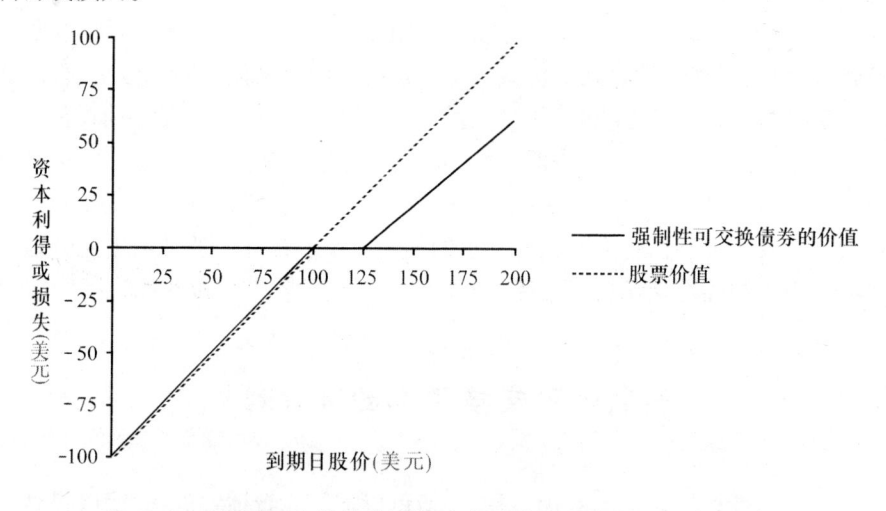

图 17.3 强制性可交换债券到期时，投资者实现的资本利得或损失

如果 ABC 股票的价格在债券到期时跌至 75 美元，投资者将得到 1 股价值 75 美元的 ABC 股票，从而遭受 25 美元的资本损失。如果债券到期时股价仍等于 100 美元，投资者将得到 1 股价值 100 美元的股票，资本利得或损失为零。如果到期日股价介于 100 美元~125 美元之间，投资者将得到总价值为 100 美元的一定数量股票。如果到期日股价为 150 美元，投资者将得到 0.8 股价值 120 美元的股票，从而获得 20 美元的资本利得，与购买股票相比少 30 美元。如果到期日股价高达 200 美元，投资者将得到 0.8 股价值 160 美元的股票，资本利得为 60 美元，与购买股票相比少 40 美元。

当股价高于 125 美元时，强制性可交换债券的投资者开始参与股价的进一步上涨，但与直接购买股票相比程度较低。此外，强制性可转换或可交换债券也不提供不具有强制特征可转换或可交换债券能提供的资本保护。然而,前者的票面利率更高,虽然标的股票不支付股息。投资者在 3 年内能享受这种收入优势,然后必须将债券换成股票。在股市中的资本增长机会很少时,这是能使资本增加的一个不错选择。较高的利息收入也能在一定程度上,抵销未来 3 年中股价下跌给投资者造成的资本损失。

本章小结

可转换债券持有人有权,但不用必须按预定的转换比例,将债券转换成发行公司的股票。可转换债券的平价是债券被视为一定数量股票所具有的价值,等于当前股价与转换比例的乘积。债券底价是可转换债券被看作普通债券具有的价值。假设立即转换是可能的,可转换债券的交易价格不应低于其债券底价或平价。可转换债券价值高于其平价的部分叫做转换溢价。

转换溢价受内嵌于可转换债券中的看涨期权合约价值的影响。当股价较低时,持有人将债券转换成股票的可能性很小,债券的价格接近于它的债券底价,转换溢价较高。当股价较高时,持有人将债券转换成股票的可能性较大,债券的价格接近于它的平价,转换溢价较低。

可转换债券对既想在股价上涨时获利,又不想在股价下跌时遭受损失的投资者具有吸引力。此外,可转换债券还吸引了希望以较低成本间接买入期权合约的避险基金。在实践中,对可转换债券进行估价比较复杂。有些可转换债券附带赎回条款,这种条款允许发行公司提前赎回债券。

可交换债券是一家公司发行的、可交换其他公司股票的债券。这种债券的发行机构有时是握有其他公司股票的公司,这些公司能通过出售可交换债券筹集到了成本更低的资金。购买强制性可转换或可交换债券的投资者,必须在未来某个确定的日期将债券换为股票。为了使带有强制性特征的可转换或可交换债券也能具有提供资本保护的优点,可以将他们的票面利率定高些。

第 18 章

结构性证券举例

概 述

衍生金融产品的优点之一是它们可以通过许多方式组合,不断形成新的风险管理方案。银行和证券交易所也可以利用衍生金融产品,创造出适用于机构和零售市场的新投资产品。开发的各种新投资产品具有不同的风险回报特点,以吸引不同市场条件下的各类投资者。投资者的选择不再仅仅局限于购买债券、投资股票或存款。衍生金融产品能生成回报取决于各种不同变量的证券,这些变量包括汇率、股票指数、公司债务违约率、商品价格、电价和自然灾害发生等。

某些结构性证券是专门为更加谨慎或想在更大程度上规避风险的投资者设计的。它们结合了至少保护投资者部分初始资本的特点。其他结构性证券实际上提高了投资者承担的风险,它们是针对那些希望实现更大潜在回报的投资者设计的。一个经典例子是反向浮动债券,它的价格与市场利率成反比。问题在于,反向浮动债券可能包含较大的杠杆系数,如果利率升高,潜在损失将十分巨大。1994 年,加利福尼亚州橘郡在反向浮动债券的投资中损失高达 16 亿美元以上。

衍生金融产品也使金融机构和公司得以将危险的头寸打包卖给愿意承担相关风险以赚取合适回报的投资者。第 17 章给出了这种方法的一个示例。交叉持有其他公司股票的公司可以发行可交换债券。这样做不仅能降低融资成本,也无须偿还本金。公司也可以使发行的可交换债券具有强制性特点,这样公司必须在未来某个确定的日期按某个固定价格出售股票,但公司能预前获得销售收入。

事实上,使用衍生金融产品生成结构性证券的方法有成千上万种。然而,碍于篇幅有限,本章只能详细分析一些结构性证券。本章将首先论述具有资本保护特点的股票挂钩证券,它是一种非常典型的结构性证券。然后将介绍能吸引不同投资者群体的各种产品组合方法和产品的实际构成要素。本章最后将分析回报与贷款或债券组合违约率相挂钩的结构性证券。这种结构性证券是现代金融市场中占有份额最大的产品之一。

股票挂钩债券

股票挂钩债券不仅能为投资者提供资本保护,也能使它们在一定程度上参与一篮子股票价格的上涨。当这种债券被卖到零售市场中时,债券回报通常与标准普尔500指数或金融时报100种股票指数等著名股票指数的水平相挂钩。股票指数实际上跟踪的是假设的某股票组合价格的变动。在特定时间,也可赋予债券一个对投资者有吸引力的"theme"。例如,债券的预期支付可能取决于由小公司股票或科技股构成的股票指数的价值。在这一章,我们将在目前价值5 000万欧元的某股票组合的基础上,"组装"股票挂钩债券。总发行金额是5 000万欧元,债券2年后到期,它们的到期价值计算如下:

债券的到期价值 = (投资的本金额 × 资本保护水平)
+ (投资的本金额 × 篮子股票价值的上涨幅度 × 参与率)

例如,假设我们发行的是,无论股票组合价格在2年中的上涨幅度如何,资本保护水平和参与率均为100%的股票挂钩债券,如果债券到期时股票篮子价值4 000万欧元,投资者也能收回他们最初投资的5 000万本金,从而不会损失任何资本。如果股票篮子的价值上涨了50%,投资者将得到7 500万欧元。

到期价值 = (5 000 × 100%) + (5 000 × 50% × 100%)
= 7 500(万欧元)

组装股票挂钩债券的第一步是保证投资者的资本。可以采用的一种方法是,用销售债券筹集的5 000万欧元的一部分进行2年投资,并确保投资到期时本金和利息之和刚好等于5 000万欧元。假设我们发现了一个合适的固定利率投资机会,利率为每年5.6%,利息每年重复计算一次,如果我们将大约4 484万欧元存储起来,这笔投资2年后将价值5 000万欧元。这笔资金可以用于保证投资者购买股票挂钩债券支出的5 000万欧元本金。

我们如何能够根据股票组合价值的任何上涨,向投资者支付回报呢?显然,我们无法购买实际股票,因为通过向投资者出售债券筹集到的大部分资金已经被用于保证资本偿还。我们可以买入一张欧式看涨期权合约,这张合约的预期支付要根据股票篮子2年后的价值,将行使价格定为5 000万欧元。假设期权合约到期时股票组合价值7 500万美元,与初始价值相比上涨了50%,根据100%的资本保护水平和参与率,我们将必须向投资者支付7 500万欧元。我们有足够的资金用于向投资者支付。我们将因存款到期得到5 000万欧元的本息和,同时所买看涨期权合约的内在价值为2 500万欧元。

第二步是联系一名期权合约交易商,购买一张基于债券股票篮子的2年期平值欧式看涨期权合约。假设,交易商给我们的权利金报价是整张合约860万欧元。这样一来,我们显然无法为投资者提供100%的资本保护和100%的股票组合价值上涨参与率。我们从投资者那里得到了5 000万欧元,存储4 484万欧元后只剩516万欧元。如果投资者要求完全的资本保证,降低权利金成本将是必要的。事实上,我们能够支付的权利金决定了我们能为投资者提供的参与率。我们知道860万欧元可以买到100%的参与率,因此我们的预算将只能买到最大60%的参与率:

$$最大参与率 = 516/860 = 60\%$$

100%资本保护股票挂钩债券的到期价值

表18.1展示了前一部分中基于债券提供100%资本保护水平和60%参与率的2年期股票挂钩债券的到期价值。第(1)栏表示债券到期时股票组合可能具有的价值水平;第(2)栏表示股票组合价值相对初始水平的变动率;第(3)栏表示股票挂钩债券的到期价值;第(4)栏和第(5)栏表示投资者的资本利得或损失。

表 18.1　　　　　　100%资本保护股票挂钩债券的到期价值

(1)股票组合在债券到期时具有的价值(欧元)	(2)股票组合价值的变动率(%)	(3)股票挂钩债券的到期价值(欧元)	(4)资本利得或损失(欧元)	(5)资本利得或损失(%)
40 000 000	-20	50 000 000	0	0
50 000 000	0	50 000 000	0	0
60 000 000	20	56 000 000	6 000 000	12

如表18.1所示,如果债券到期时,股票组合的价值从最初的5 000万欧元跌至4 000万欧元,投资者将只能收回他们的投资本金,而无法获得任何回报。资本利得或损失等于零。如果债券到期时,股票组合的价值仍处于5 000万欧元的初始水平,投资者将收回他们最初投资的5 000万欧元本金。由于股票组合价值的变动率为零,投资者将不会得到任何额外偿付。他们的资本利得或损失为零。如果

股票组合在债券到期时的价值为 6 000 万欧元,上涨了 20%。由于参与率等于 60%,投资者因此将得到 600 万欧元(50 000 000×20%×60%)的资本利得。资本利得率等于 12%(60%×20%)。

图 18.1 中的实线表明了股票挂钩债券到期日当天,在股票组合价值各种可能的水平下,债券投资者的资本利得率或损失率。虚线表示股票组合价值的变动率。如果债券到期时,股票组合价值 8 000 万欧元,购买实际股票的投资者将实现 60% 的资本利得率。

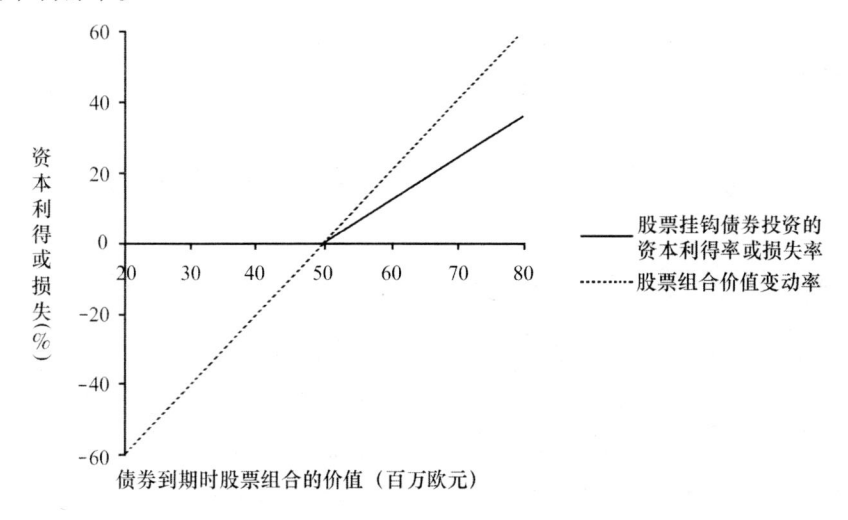

图 18.1 100%资本保护股票挂钩债券的资本利得或损失

股票挂钩债券投资者实现的资本利得率只有这 60% 的 60%,即 36%。另一方面,如果股票组合在债券到期时价值仅为 2 000 万欧元,股票投资者将损失 60% 的资本,而债券投资者不会遭受任何资本损失。注意,这种分析只考虑了资本利得和损失;债券不支付任何股息或利息。潜在投资者可以购买标的股票,赚取股息收入,或将现金存入银行,赚取利息收入。

100% 参与率股票挂钩债券

一些投资者不要求资本保护水平较高,但要求股票挂钩债券具有较高的参与率。假设我们决定提供 100% 的参与率,如前所述,这要求我们支出 860 万欧元购买一张看涨期权合约。因此,我们从投资者那里筹集的 5 000 万欧元中,只有 4 140 万欧元可以用于投资,按每年 5.6% 的利率计算,2 年后本息和等于 4 620 万欧元。这大约相当于投资者初始投资资本的 92%,即如果投资者要求 100% 的参与率,我们能为投资者提供的最大资本保护水平。

图18.2展示了在股票组合债券到期日当天,具有价值的各种可能水平下,投资者购买92%资本保护水平和100%参与率的股票挂钩债券实现的资本利得或损失率。如果股票组合价值仍为5 000万欧元,投资者将损失8%的投资资本。如果投资者购买的是股票,资本损失将等于零。然而,投资债券的最大损失是8%,但投资股票的最大潜在损失却是100%。

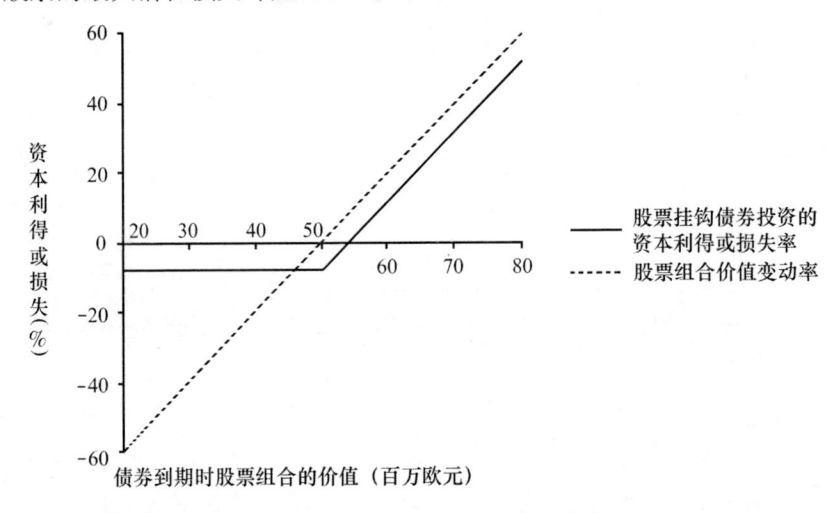

图18.2 100%参与率股票挂钩债券的资本利得或损失

如果股票组合在债券到期时的价值高于5 000万欧元,参与率较高的优势将变得十分明显。例如,如果股票组合价值为8 000万欧元,资本利得率将高达52%。虽然与投资股票实现的60%的资本利得率相比,52%仍略显低些。然而,与投资100%资本保护股票挂钩债券的36%的资本利得率相比,52%高出了很多。

总而言之,对于那些更愿意降低投资风险的投资者,股票挂钩债券的资本保护水平应较高,对于那些愿意承担更大风险以实现更大投资回报的投资者,股票挂钩债券的参与率应定得较高。注意,截至目前,我们在这一章中介绍的结构性证券从本质上讲很像可交换债券,既为投资者提供了资本保护,也为他们创造了与股票相挂钩的投资回报。

投资回报封顶的100%资本保护和参与率股票挂钩债券

100%资本保护和100%参与率股票组合价值任何幅度上涨的股票挂钩债券。

我们如何确定利润上限呢？这一战略涉及卖出一张基于股票组合的虚值看涨期权合约，获得的权利金增加了可用于购买平值看涨期权合约的资金。必须将所卖看涨期权合约的行使价格规定为债券利润的上限。我们知道必须通过出售看涨期权合约筹集多少资金。

> 通过发行股票挂钩债券筹集到的资金＝5 000 万欧元
> 为保证100%资本保护而必须存储的资金＝4 484 万欧元
> 为提供100%参与率而购买看涨期权合约的权利金成本＝860 万欧元
> 差额＝344 万欧元

这表明，我们必须合理确定所卖看涨期权合约的行使价格，以使买方愿意支付344 万欧元的权利金。假设，我们联系了一名期权合约交易商，并同意出售基于债券标的股票组合的行使价格为 6 750 万欧元的看涨期权合约，从而刚好筹集到 344 万欧元。与标的股票组合当前的即期价值相比，这一行使价格高了 35%。

在出售100%资本保护和100%参与率的股票挂钩债券的同时，分别买卖一张合适看涨期权合约的总效应是：我们能保证履行100%的资本保护水平和参与率承诺，但投资债券的资本利得必须限制在 1 750 万欧元以下，即 5 000 万欧元初始资本35%的回报。我们买入了一张行使价格为 5 000 万欧元的看涨期权合约。然而，当股票组合价值超过 6 750 万欧元时，额外获得的资本利得将必须给予行使价格为 6 750 万欧元看涨期权合约的买方。

图18.3 比较了投资者购买回报封顶股票挂钩债券和实际股票实现的资本利得。为了说明债券回报封顶特征对投资者资本利得的影响，下面具体分析图中的部分数据。

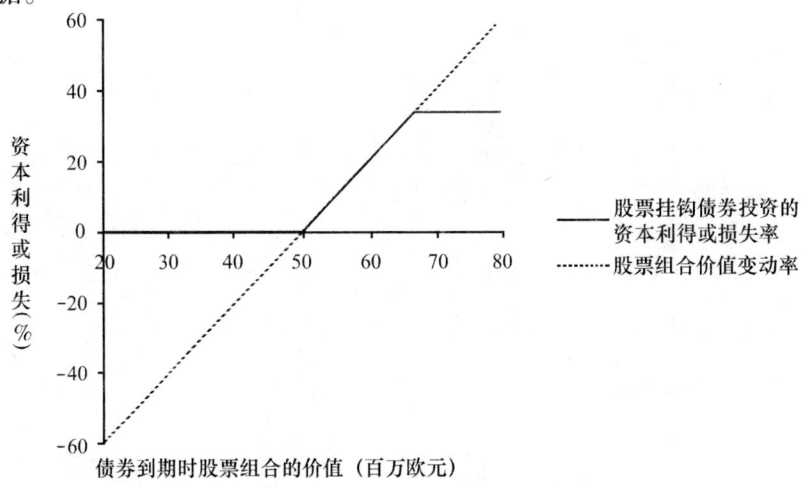

图 18.3 回报封顶式股票挂钩债券的资本利得或损失

• 债券到期时股票组合价值 4 000 万欧元。由于债券提供 100% 的资本保护，投资者将能够收回全部 5 000 万欧元的资本，资本损失为零。如果投资者最初购买的是股票，他们将损失 1 000 万欧元或 20% 的资本。

• 债券到期时股票组合价值 6 000 万欧元。股票组合的价值上涨了 20%，由于参与率为 100%，投资者除了收回 5 000 万欧元的初始资本，还将额外获 1 000 万欧元（5 000×20%×100%）。资本利得率为 20%，与投资股票实现的资本利得率相等。

• 债券到期时股票组合价值 8 000 万欧元。股票组合价值上涨的幅度高达 60%。然而，由于投资回报不超过 1 750 万欧元，投资者除了收回 5 000 万欧元资本，额外将只获得 1 750 万欧元，而不是 3 000 万欧元（5 000×60%×100%）。

在这个例子中，股票挂钩债券的资本利得率的上限被限定为 35%。然而，投资股票的潜在收益却是无限的。此外，股票还可能支付可用于再投资的股息，而债券不支付任何利息。如果将债券改为带息型，必须对债券的其他特征进行调整，如降低资本保护水平或调低回报上限。

平均价格股票挂钩债券

投资者在购买股票挂钩债券时心中可能怀有这样一种顾虑：股票组合在债券有效期的大部分时间里表现不错，但组合价值在到期日到来前出现大幅下跌。图 18.4 说明了这一问题。股票组合最初价值 5 000 万欧元。除了前几个月，在 2 年的大部分时间里，股票组合价值虽然有升有降，但几乎始终高于 5 000 万欧元。然

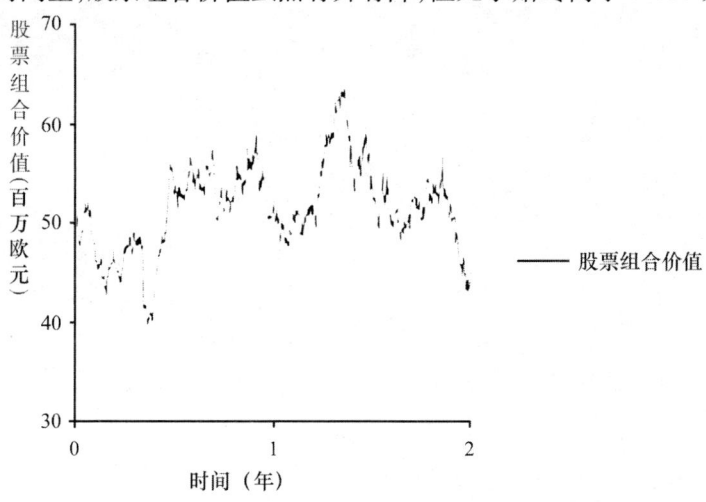

图 18.4 2 年中股票组合价值的波动趋势

而，股票组合的价值在最后 1~2 个月突然持续下降。就本章目前谈到的各种股票挂钩债券而言，投资者将无法从暂时的价值上涨中获利。投资回报只取决于债券到期日当天股票组合的价值。

解决该问题的方法之一是，在组装股票挂钩债券的同时使用平均价格或亚式看涨期权工具。平均价格看涨期权合约到期时的价值等于零和标的资产平均价格与期权行使价格差额这两个数值中较大的一个。平均价格期权合约是专门为了解决投资者对股票挂钩债券这方面顾虑而设计的，因为支付将不再基于标的资产在合约到期日当天的价值，而是基于资产在某段时间内的平均价值。平均价格计算参考的时间段可能是到期前 3 个月或 6 个月，甚至可能是期权合约的有效期。平均计算过程可以基于价格每日、每周或每月的变动幅度。

对于股票挂钩债券等结构性证券的组装人员而言，平均价格期权工具还另外具有一个重要的优势。当其他因素都相等时，平均价格期权合约往往比标准期权合约更为廉价。因为与标的资产即期价格波动率相比，标的资产平均价格的波动率相对较小。换言之，资产在某段时间内的平均价格往往比其即期价格更为稳定。[①] 平均计算过程具有缓和价格波动率的效应。平均计算过程进行得越频繁，缓和效应越大。当其他因素都相等时，每日进行一次平均计算的平均价格期权合约比每周进行一次平均计算的平均价格期权合约更便宜。

我们知道，为了提供 100% 的资本保护，我们必须存储 4 484 万欧元。如果使用标准期权工具，余下的 516 万欧元将不足以购买一张权利金为 860 万欧元的看涨期权合约，以为投资者提供 100% 的参与率。由于没有足够的可用资金来同时提供 100% 的资本保护和参与率，我们必须对股票挂钩债券进行一定的调整，如调低参与率或设置回报的上限。然而，购买平均价格期权合约的成本较低，从而使我们的支出不超出预算的 516 万美元。通过利用平均价格期权工具，我们能够提供 100% 的资本保护和 100% 的股票组合平均价值上涨参与率。

锁住临时收益

平均价格期权工具很有用，然而，如果股票组合价值最初上涨幅度很大，但很快呈现出持续下跌的趋势，平均价格期权工具也可能发挥不了多大作用。原因是，平均价格可能低于平均价格期权合约的行使价格。解决这一问题的一个方法是，在组装股票挂钩债券的同时，使用棘轮期权工具。棘轮期权合约能锁住特定时间段的临时收益。假设我们这一次在组装股票挂钩债券时，买入了一张包含以下两

[①] 假设，即期价格的波动沿着某条随机路径，价格的上涨和下跌将在一定程度上相互抵销。

个组成部分的棘轮期权合约:

1. 即日起开始生效、行使价格为标的股票组合当前即期价值 5 000 万欧元的 1 年期欧式看涨期权合约。这是一张标准的看涨期权合约。

2. 1 年后开始生效、行使价格为标的股票 1 年后即期价值的 1 年期欧式看涨期权合约。这是一张远期起算的看涨期权合约。

下面解释棘轮期权合约如何能锁住临时收益。图 18.5 是股票组合价值在随后 2 年中变化的假设趋势图。股票组合最初价值 5 000 万欧元。第 1 年年底时,股票组合大约价值 5 500 万欧元。第一张看涨期权合约这时将到期,并具有 500 万欧元的内在价值,这一收益不会失去。现在,第二张看涨期权合约将开始生效,行使价格为 5 500 万欧元。如果在这张合约到期日当天,股票组合的价值低于 5 500 万欧元,期权合约期满时将变得一文不值。如果股票组合的价值高于 5 500 万欧元,除了之前锁定的 500 万欧元,我们还将额外实现一定收益。

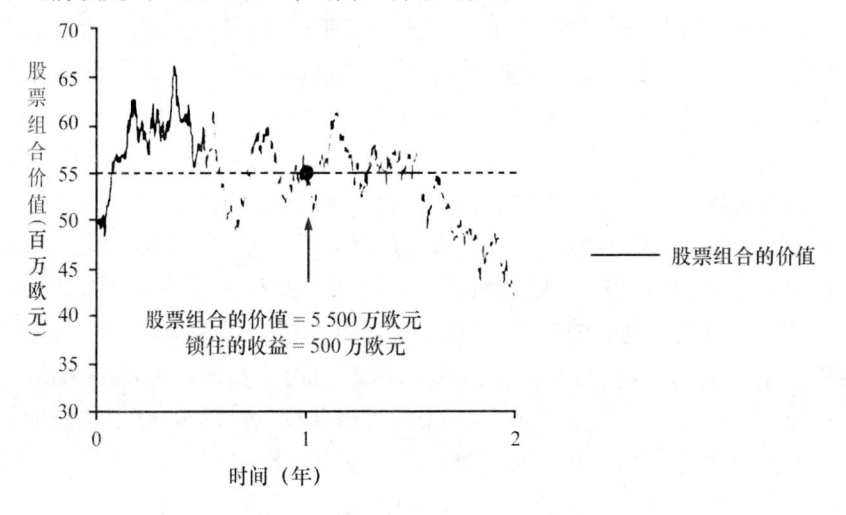

图 18.5　股票组合价值的变动趋势与锁定收益

使用棘轮期权工具的问题在于权利金成本。我们实际上要买入两张有效期都等于 1 年的看涨期权合约。与购买一张 2 年期的标准看涨期权合约相比,购买棘轮期权合约的成本相对更高,因为后者提供了更大的灵活性。因此,如果使用棘轮期权工具,我们必须调低资本保护水平、参与率或回报上限。

资产证券化

最后,我们介绍几种其回报与一组资产违约率挂钩的结构性债券。资产证券化一般是指,将抵押借来的款项和银行贷款等资产打包,以债券形式将它们出售给资本市场投资者的行为。债券持有人的回报来自标的资产产生的现金流。资产证券化的成长是金融领域过去10年中的重大发展之一。根据欧洲证券化论坛(European Securitization Forum)的统计数据,2002年欧洲市场上资产支持证券的总发行金额共计1 577亿欧元。

投资银行家在可用于证券化的资产类型方面越来越富于创造性。从目前看来,几乎所有经合理预测能够产生未来现金流的资产都能被聚集起来,拿到市场上以债券形式出售。在已发行的资产支持债券中,有以摇滚歌手应得版税和版权收入作为标的资产的,从而产生了所谓的鲍伊债券(Bowie Bonds)。意大利已发行了以艺术馆未来门票销售收入和未来收取的未付税款作为支持的债券。足球俱乐部发行了基于赛季比赛门票收入的债券。甚至整家公司也被证券化。

资产证券化的基本过程通常可分为两个标准的步骤:第一,确定一组能产生未来现金流的资产;第二,资产所有人将资产卖给一家称作特殊目的机构的实体。特殊目的机构负责发行债券,然后用发行债券获得的收入从资产原所有人那里购得资产。资产产生的现金流将被用于债券本金和利息的支付。

债券通常会由一家或多家主要的评级机构给予评级。如果标的资产质量较差,而且同时存在资产的未来现金流可能不足以支付债券本金和利息的风险,利用信用升级方法使债券变得更具吸引力则是必要的。常用的信用升级方法是分批发行几种风险与回报特征不同的债券。

例如,第一批发行的债券经评级机构分析可能为AAA最高信用等级,这意味着投资者收回本金和获得利息的概率极高。后面发行的几批债券将具有较低的信用等级,但票面利率定得较高以作为补偿。如果资产无法产生足够的现金流,最低等级债券的投资者将第一个遭受损失。排在偿付次序最后的常常是所谓的股权投资者,他们只有在其他投资者分得回报后还有剩余时才能赚到投资回报。

图18.6展示了一个典型的证券化过程。标的资产是一家商业银行发放的银行贷款。为了收回资本以发放新贷款,同时也为了降低资产负债表的信用风险水平,这家银行想降价出售这类资产。尚未收回具有信用风险的已发放贷款的银行,必须保留一定资本以防止贷款违约事件的发生。这可能对银行的净资产收益率等重要业绩指标产生不利影响。因此,在本机构投资银行专家和律师的帮助下,银行将贷款组合卖给了专门建立的一家特殊目的机构。特殊目的机构用从债券投资者那里收集的资金购买了贷款,并负责用标的贷款产生的现金流向投资者支付债券本金和利息。

投资者为什么会购买债券呢?因为投资者认为,他们投资债券获得的回报相对承担的风险而言是有吸引力的。在这个例子中,标的资产是银行贷款,投资者面

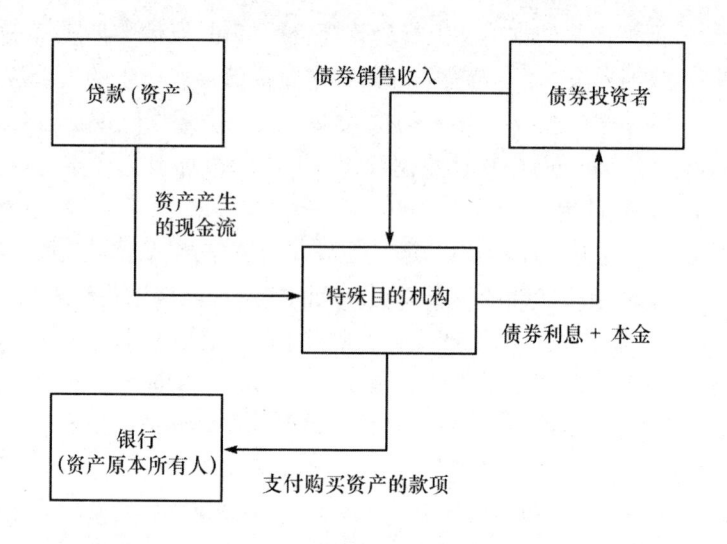

```
          贷款(资产)              债券销售收入         债券投资者


                    资产产生
                    的现金流
                              特殊目的机构
                                              债券利息 + 本金

          银行
       (资产原本所有人)          支付购买资产的款项
```

图 18.6　银行贷款的证券化过程

临的主要风险是相当大的违约风险。这意味着,特殊目的机构可能无法支付债券利息,甚至无法偿还本金。

在这种情况下,分别发行几种风险与回报特征不同的债券能提高债券的吸引力。不愿意承担较大风险的投资者可以购买最高信用等级的债券,从而使投资更加安全。愿意承担较大风险的投资者可以购买低信用等级但票面利率较高的债券,他们面临着贷款违约事件发生时首先遭受损失的风险。证券化过程中经常采用的另外一种方法是超额担保。特殊目的机构贷款资产的金额大于贷款支持债券的面值,从而降低了投资者因违约事件遭受的损失。

从投资者的角度看,由特殊目的机构作为投资者和资产原本所有人之间的中介发行资产支持债券的好处是,资产所有权发生了转移。债券投资者只是面临着与资产有关的信用风险,这一风险可能相对容易分析和监控。在上述例子中,如果投资者购买商业银行直接发行的债券,他们还将面临其他诸多风险,如银行因自我管理不善而无力偿还债务的风险。

合成资产证券化

然而,银行有时候并不想出售整个贷款组合。贷款组合中可能包含对重要公司客户的商业贷款,出于关系原因,转移所有权可能并不容易。此外,银行还可能面临税务、法律和监管方面的约束。问题是,如果银行保留贷款的所有权,他则面临着违约风险,而且必须保留额外资本以防范这一风险。为了解决这种问题,银行可以利用衍生金融工具,如信用违约互换。如前面第7章中所述,信用违约互换交易双方是信用保护的卖方和信用保护的买方。

- 信用保护的买方。信用保护买方要向卖方定期或一次性支付保险费,以获得债券、贷款或贷款组合等参考资产的信用保护。
- 信用保护的卖方。如果信用违约互换合约有效期内发生了交易双方约定的信用违约事件,卖方必须向买方支付现金补偿,或按固定价格买下参考资产。
- 信用违约事件。信用违约互换合约中规定的引发现金偿付或参考资产交割的事件。常见的信用违约事件包括拒绝偿还到期债务和信用等级下降。

图18.7表明了一笔涉及一家商业银行的合成资产证券化交易。这一次,银行没有将贷款资产卖给特殊目的机构,而是通过信用违约互换工具,向特殊目的机构购买了信用保护。银行定期向特殊目的机构支付保险费。特殊目的机构向投资者出售债券,并用保费收入购买了国库券。

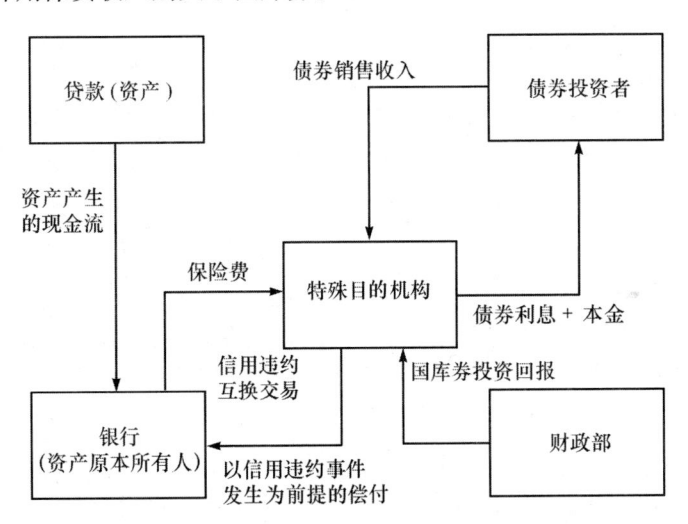

图18.7 合成资产证券化

由于特殊目的机构用银行缴付的保险费投资了国库券,购买特殊目的机构所发债券的投资者除了获得债券利息,还将获得国库券投资带来的回报。根据信用违约互换合约,银行作为信用保护买方要就他获得的信用保护缴付保险费。作为信用保护的卖方,如果合约规定的信用违约事件发生,特殊目的机构必须向银行支付现金赔偿。由于特殊目的机构除了持有的国库券没有其他任何资产,为了向银行支付赔偿,他可能不得不出售持有的部分国库券,从而减少了可用于向投资者支付债券本金和利息的现金。

之所以将这种证券化过程称为合成证券化,是因为银行并没有实际出售资产。银行依然持有资产,但他通过与特殊目的机构签署信用违约互换合约,购买了信用保护。为了鼓励投资者购买债券,特殊目的机构通常会采取信用升级措施。商业银行可能同意,在特殊目的机构按信用违约互换合约条款进行赔偿前,自己首先承担一定限额的贷款组合损失。此外,特殊目的机构发行的债券通常具有几种不同的信用等级,低信用等级债券投资者将先于高信用等级债券投资者遭受损失。

本章小结

衍生金融工具不仅能在风险管理和交易中发挥作用,它们也能被用于生成回报取决于一篮子股票价值、汇率或利率等因素的所谓结构性证券。银行业可以利用衍生金融工具将部分商业风险打包卖给那些愿意承担风险以获得合适回报的投资者。

股票挂钩债券是最常见的一种结构性证券。投资者通常能获得一定程度的资本保护和标的股票或股票指数价值上涨参与率。发行机构在发行股票挂钩债券的同时,可以将部分债券销售收入存储起来以保证债券到期时有足够的资金偿还本金,并购买一张基于债券标的股票或股票指数的看涨期权合约。债券发行机构也可以对债券投资回报设置上限,或根据标的股票或股票指数的平均价格支付回报,甚至可以使用棘轮期权工具锁住临时收益。

资产证券化是聚集贷款等资产,将它们以债券形式出售给投资者的过程。投资者的回报来自资产产生的未来现金流。资产通常被转移给一家特殊目的机构,这种机构专门负责发行债券,用债券销售收入购买资产,以及用资产产生的现金流向投资者支付本金和利息。特殊目的机构发行的债券通常具有不同的风险与回报特征和信用等级。用于证券化的资产有时是目前市场价格较低的已有债券、未来门票销售收入、税款、版权收入和管理式俱乐部连锁店未来收入等。

不愿实际出售贷款组合的银行也可以进行合成证券化交易。这要求银行向一家特殊目的机构购买信用保护,并向其缴付保险费。特殊目的机构用这笔保费收入,向债券投资者支付债券本金和利息超出国库券收益的部分。从债券投资者的角度看,合成证券化交易的不利一面在于,如果银行贷款违约率相当高,投资者将遭受损失。

附 录

金融指标计算

资金的时间价值

资金的时间价值是现代金融学中的一个重要概念。它告诉我们以下两点：
- 今天收到的1美元比未来收到的1美元更具价值。
- 未来收到的1美元比今天收到的1美元价值要小。

原因是，今天收到的1美元可以立即用于投资，未来将变成一笔更大的资金。资金在特定时间段内的成本(时间价值)等于同期的利息率。在金融市场中，利率通常表示为名义年利率。名义利率由两部分组成：
- 实际利率。这是就在一段时间内使用贷款人资金，而给予其的补偿。
- 通货膨胀率。这是针对资金价值在一段时间内的预期降低，而给予贷款人的补偿。

与实际利率相比，通货膨胀率的波动通常更为频繁和剧烈。二者的关系可以用以下两个数学公式表达(公式中的利率为小数形式)：

1 + 名义利率 = (1 + 通货膨胀率) × (1 + 实际利率)

实际利率 = [(1 + 名义利率)/(1 + 通货膨胀率)] − 1

如果1年期名义利率为每年5%(0.05)，同期的通货膨胀率预计为每年3%(0.03)，则实际利率为：

实际利率 = (1.05/1.03) − 1 = 0.0194 = 1.94%(每年)

按照惯例，利率通常表示为年利率形式，即使借款期限短于1年。为了计算期限不足1年贷款或存款的利息，必须对年利率进行相应的折算。

终值（FV）

假设我们在银行存了 100 美元,存期 1 年,利率为每年 10%,利息按单利计算。投资的本金数额叫做现值。本金和到期存款利息的总额叫做终值。存款利率表示为小数形式等于 0.1。

终值 = 本金 + 到期存款利息
　　 = 100 + (100 × 0.1) = 110(美元)

到期存款利息 = 100 × 0.1 = 10(美元)

这种利息计算方法很简单,因为利息是按单利计算。注意,如果我们在银行存储了一笔 100 美元的 1 年期定期存款,存款到期时账户余额变成了 110 美元,我们就可以计算出投资回报率是每年 10%。现在,假设我们将存款期限提高为 2 年,本金仍为 100 美元,利率仍为每年 10%,但利息按复利计算。2 年后,100 美元的终值是多少呢？第 1 年年底时,存款账户的余额将由 100 美元增加为 110 美元(100 × 1.1)。因此,为了计算出 100 美元第 2 年年底时的终值,我们需要用 1.1 乘以 110 美元。

终值 = 本金 + 利息
　　 = 100 × 1.1 × 1.1 = 100 × 1.1² = 121(美元)

由于采用了复利计算法,利息变成了 21 美元。第 1 年的利息是 10 美元。第 2 年的利息是 11 美元。这 11 美元包括 100 美元本金第 2 年的利息和 10 美元第 1 年利息的利息。当定期按复利计算利息时,终值的计算公式是：

$$FV = PV \times (1 + r/m)^n$$

其中,FV 表示终值;PV 表示现值;r 表示小数形式的年利率(百分比形式的利率/100);m 表示利息每年结算的次数;n 表示剩余投资期内的复利计算期数,它等于剩余投资年限与 m 的乘积。

在前面的例子中,利息每年只结复一次,存款期限是 2 年,因此：

$r = 0.1$

$r/m = 0.1/1 = 0.1$

$n = 2$

$PV = 100$

$FV = 100 \times 1.1^2 = 121$(美元)

对许多其他类型的投资而言,1 年中利息结算的次数大于 1。例如,美国和英国国库券每 6 个月结算 1 次利息。有些投资每 3 个月结算一次利息。信用卡通常按月结算客户未还款余额的利息。假设我们拿 100 美元进行了一笔 2 年投资，利率为每年 10%，利息每 6 个月结算一次。投资到期时，这 100 美元投资本金的终值是多少？

$$FV = 100 \times (1 + 0.1/2)^4 = 121.55(美元)$$

为了得出 6 个月利率，需要将年利率除以 2。复利计算期数等于 4。与利息每年结算一次相比，利息每年结算 2 次的终值更大。这反映了资金时间价值的一条基本原则，即越早赚取利息越好，因为利息能用于再投资，再生利息。

约当年利率

由于各种市场利率相关的复利计算频率不同，谨慎地比较利率就显得尤为重要。例如，我们面前有两个投资机会供选择。投资期限均为 1 年，年回报率均等于 10%。区别只在于，第 1 个选择的利息复利计算频率是每年 1 次，第 2 个选择的利息复利计算频率则是每年 2 次，即每半年 1 次。我们应选择哪一个投资机会？

答案是利息每半年结算 1 次的投资机会，因为前半年的利息可以在后半年中用于再投资。然而，这两个投资机会的名义利率从表面上看是相等的。这表明，每半年结算一次利息的 10% 名义年利率和每年结算一次利息的 10% 名义年利率是不能直接比较的。事实上，利息每半年结算一次的 10% 年利率相当于利息每年结算一次的 10.25% 年利率。这一点可以利用终值计算公式加以证明。假设我们将 1 美元投资 1 年，年利率为 10%，利息每半年结算一次。现值等于 1 美元。1 年后，投资到期时 1 美元的终值计算如下：

$$FV = 1 \times (1 + 0.1/2)^2 = 1.1025(美元)$$
$$到期利息 = 1.1025 - 1 = 0.1025(美元)$$

如果我们按利息每年结算一次的 10.25% 的年利率，将 1 美元投资 1 年，到期利息也等于 0.1025 美元。这一计算过程是约当年利率或有效年利率的基础。复利计算频率为每半年 1 次的 10% 的年利率等于复利计算频率为每年 1 次的 10.25% 的年利率。名义年利率的约当年利率与复利计算频率成正比，如表 A.1 所示。例如，复利计算频率为每天 1 次的 10% 年利率相当于复利计算利率为每年 1 次的 10.5156% 年利率。

名义年利率和约当年利率之间的换算公式如下：

$$r_{ann} = (1 + r_{nom}/m)^m - 1$$

其中，r_{ann} 表示小数形式的约当年利率，r_{nom} 表示小数形式的名义年利率，m 表示利率 1 年中被结算的次数。

在金融市场中,人们表述利率的形式也可能产生歧义。例如,"半年10%"的利率通常并不意味着它是每6个月10%的利率。它通常是指利息每半年结算1次,年利率为10%的利率,折合成6个月的利率实际上等于5%。

表 A.1　　　　　　　　　10%名义年利率的约当年利率

复利计算频率	约当年利率(%)
每年1次	10.0000
每半年1次	10.2500
每3个月1次	10.3813
每月1次	10.4713
每周1次	10.5065
每天1次	10.5156

随着复利计算频率不断提高,约当年利率将接近某个界限值。这个界限值可以通过连续复利率计算公式计算。当 m 趋于无穷大时,利息结算周期趋于无穷小,这就意味着银行连续不断地向顾客支付利息。这时,约当年利率的计算公式(即连续复利率计算公式)如下,公式中所有利率都表示为小数形式:

$$r_{ann} = e^{r_{cont}} - 1$$

其中,r_{ann} 表示约当年利率,r_{cont} 表示复利计算连续进行的名义年利率,e 表示自然对数的底(约等于2.71828)。

利息结算连续进行的10%的名义年利率相当于利息结算每年进行1次的10.5171%年利率。Excel软件中的EXP( )函数能进行 e(自然对数的底)的幂运算。

现值 (PV)

前面我们已经介绍了如何根据已知的现值和利率计算终值。下面,我们将介绍在给定终值和利率的基础上计算现值。利息每年定期结算的资金时间价值基本计算公式是:

$$FV = PV \times (1 + r/m)^n$$

整理后:

$$PV = FV/(1 + r/m)^n$$

在现值计算公式中,r 称作贴现率。利用这个公式,我们能计算出未来将收到的现金今天的价值。在金融市场中,此公式的应用范围十分广泛。例如,债券等债务证券的投资者有权收到利息和本金的未来付款。政府或公司发行的标准债券通常都附带利息。零息债券不支付利息,但它在市场上的交易价格低于票面价值或赎回价。

假设,你正在确定票面价值为100美元的20年期零息债券的价格,类似投资当前的回报率为每年10%,利息每年结算一次。套用资金时间价值公式,债券的公允价值计算如下:

$$PV = 100/1.1^{20} = 14.8644(美元)$$

贴现率是当前进行其他信用风险和期限相同的类似投资所能实现的投资回报率。贴现率是确定必要回报率和债券公允价值的基础。经济学家将贴现率称作资金的机会成本,即用资金进行债券投资以外的其他类似投资实现的回报率。

这一方法也能用于附息债券的定价。附息债券是指债券发行方在债券有效期内定期支付利息的债券。假设你购买了一张每年按10%的票面年利率支付一次利息的债券。债券的票面价值为100美元,目前距债券到期日还有整整3年的时间。如果市场上类似投资当前的回报率为每年12%,利息每年结算一次,该债券当前的价值是多少?传统的估值方法是先计算出债券每年产生的未来现金流,然后计算每笔未来现金流的现值,最后将现值加总。

债券1年后产生的现金流是10美元,即按100美元的票面价值和10%的票面年利率计算的1年利息。按12%的贴现率贴现这笔现金流1年的现值等于8.9286美元(10/1.12)。

债券2年后产生的现金流也等于10美元,也是按100美元的票面价值和10%的票面年利率计算的1年利息。按12%的贴现率贴现这笔现金流2年的现值等于7.9719美元($10/1.12^2$)。

债券3年后(即到期时)产生的现金流包括10美元的1年利息和100美元的票面价值,共计110美元。按12%的贴现率贴现这笔现金流3年的现值等于78.2958美元($110/1.12^3$)。

现值之和等于95.2美元,即债券的公允市场价格。债券的市场交易价格低于其票面价值的原因是,它是按每年10%的利率定期支付利息,而市场上其他类似投资当前的年回报率是每年12%。从经济的角度看,除非债券的价格低于其票面价值,并稳定地处于95.2美元的水平上,否则投资者往往会卖掉债券,转向当前回报率较高的其他投资。

期权合约定价模型在计算终值和贴现未来现金流时,使用的往往是连续复利率。基于连续复利率的终值和现值计算公式如下:

$$FV = PV \times e^{rt}$$

$$PV = FV \times e^{-rt}$$

其中，FV 表示终值，PV 表示现值，r 表示连续复利年利率，t 表示年数，e 表示自然对数的底（约等于 2.71828）。

例如，当连续复利年利率为 10% 时，100 美元投资 1 年后的终值计算如下：

$$FV = PV \times e^{rt} = 100 \times e^{0.1 \times 1} = 110.5171(美元)$$

再如，如果连续复利年利率等于 10%，1 年后收到的 100 美元的现值计算如下：

$$PV = FV \times e^{-rt} = 100 \times e^{-0.1 \times 1} = 90.4837(美元)$$

投资回报率

利息定期结算的资金时间价值基本计算公式是：

$$FV = PV \times (1 + r/m)^n$$

当现值和终值已知时，我们也可以根据这个公式计算出投资实现的回报率：

$$年回报率(利息定期结算) = [\sqrt[n]{FV/PV} - 1] \times m$$

其中，FV 表示终值；PV 表示现值；m 表示利息每年结算的次数；n 表示剩余投资期内的复利计算期数，它等于剩余投资年限与 m 的乘积。

假设我们今天投资 100 美元，3 年后投资到期时将获得 125 美元，期间没有其他现金流产生。这时，影响投资回报率的唯一因素是复利计算频率。

$$回报率(利息每年结算一次) = [\sqrt[3]{125/100} - 1] \times 1 = 7.72\%(每年)$$

$$回报率(利息每半年结算一次) = [\sqrt[6]{125/100} - 1] \times 2 = 7.58\%(每年)$$

当复利计算频率趋于无穷大，即利息连续结算时，资金时间价值公式则变为：

$$FV = PV \times e^{rt}$$

整理后：年回报率(利息连续结算) = ln(FV/PV) × (1/t)

其中，ln( ) 等于括号中数值的自然对数；t 表示剩余投资年限。

仍以前面的问题为例，假设我们用 100 美元进行 1 笔 3 年投资，投资到期时将收到 125 美元，期间没有任何其他的现金流产生。

$$年回报率(利息连续结算) = \ln(125/100) \times (1/3) = 7.44\%(每年)$$

利息连续结算的每年 7.44% 的回报率相当于利息每年结算一次每年 7.72% 的回报率。Excel 软件中能计算数值自然对数的函数是 LN( )，这一函数是 EXP( ) 的逆函数。

利率期限结构

在发达的金融市场中,特定期限投资的最低回报率取决于国库券的回报率。国库券的回报率有时被称为无风险回报率,因为国库券投资不具有违约风险。期限结构表明了各种期限零息国库券的投资回报率。不依据附息国库券的原因是,附息债券投资回报率在一定程度上取决于债券有效期内债券利息的再投资利率。为了计算出附息债券的投资回报率,有必要设置关于未来再投资利率的假设。相比之下,零息债券投资回报率的计算较为简单,因为无须假设未来再投资利率。

零息债券的票面利率也叫即期利率,使用即期利率有许多优势。第一,如前所述,根据即期利率计算终值时,无须设置关于未来再投资利率的假设。第二,即期利率是贴现未来现金流,计算现值的可靠和一贯参考。1年后收到的无风险现金流应按1年期国库券的票面利率贴现;2年后将收到的无风险现金流应按2年期国库券的票面利率贴现;以此类推。公司债券等国库券以外的其他证券产生的未来现金流的贴现率,应等于合适国库券票面利率加上反映债券信用和流动性风险的利率差额。例如,如果债券1年后支付利息,这笔应付利息的贴现率应等于1年期国库券的票面利率加上一定利率差额;如果债券2年后支付利息,贴现率则应等于2年期国库券的票面利率加上利率差额;以此类推。

即期利率不仅能用于计算贴现率,它们还被用于利率远期、期货、互换和期权合约的定价。下面,我们将介绍如何根据即期利率计算远期利率。

远期利率的计算

表A.2展示了各种期限的即期利率,利息每年结算一次。表中的利率数据是根据银行同业拆借利率而不是国库券票面利率计算的,因此它们包含了在无风险国库券即期票面利率基础上,添加的利率差额。$Z_{0\times1}$即期利率表示现在起算,1年后到期投资的回报率。在下面的例子中,所有1年后产生的现金流都将按这一利率贴现。$Z_{0\times2}$即期利率表示现在起算,2年后到期投资的回报率。所有2年后产生的现金流都要按这一利率贴现。$Z_{0\times3}$即期利率表示现在起算,3年后到期投资的回报率,它是3年后产生的所有现金流的贴现率。

1年和2年之间的远期利率可以根据这些利率值计算出来,我们将这一远期利率计作$F_{1\times2}$。$F_{1\times2}$实际上是以现在为起点,1年后起算,2年后到期投资的回报率。如果我们要将2年后产生的现金流贴现1年,应将$F_{1\times 2}$作为贴现率。如果我们想进一步得出的贴现值贴现到现在,则应将$Z_{0\times 1}$作为贴现率。

表A.2　　　　　　当利率每年计算一次时,各种期限的即期利率

即期利率	利率值(每年%)
$Z_{0\times 1}$	4.00
$Z_{0\times 2}$	5.00
$Z_{0\times 3}$	6.00

假设我们借了1美元,借期2年,借款利率为每年5%,利息每年结算一次。我们先将这1美元现金存1年,存款利率为每年4%。待存款到期时,我们再将本金和利息进行1年的再投资,再投资利率为每年8%,利息每年结算一次。2年后,我们的现金流将如下所示:

- 偿还贷款本金和利息 = 1×1.05^2 = 1.1025(美元)
- 将存款本息按每年8%的利率再投资1年实现的收益 = $1\times 1.04\times 1.08$ = 1.1232(美元)

这是一种套利行为。2年后,虽然我们必须偿还1.1025美元的贷款本息,但我们在这2年中通过投资和再投资实现了1.1232美元的收益。由于这种"免费的午餐"不可能长期存在,这意味着我们不可能在第2年按每年8%的利率进行再投资。公允的$F_{1\times 2}$远期利率是不会导致套利机会产生的、第一年投资收益再投资1年的利率。要想杜绝套利机会,下列等式必须成立:

$$(1+Z_{0\times 2})^2 = (1+Z_{0\times 1})\times (1+F_{1\times 2})$$

这一等式表明,借款利率为$Z_{0\times 2}$即期利率的2年期贷款本息的终值必须等于按$Z_{0\times 1}$即期利率投资贷得资金实现的收益,按$F_{1\times 2}$远期利率再投资1年实现的收益。将数值代入上述等式:

$$1.05^2 = 1.04\times (1+F_{1\times 2})$$

因此:$F_{1\times 2}$ = 6.01%(每年)

$F_{2\times 3}$远期利率的计算方法与此类似。$F_{2\times 3}$远期利率是指未来2年到3年之间的远期利率。假设我们以$Z_{0\times 3}$的利率,借了1美元,借期3年。我们先将这1美元按$Z_{0\times 2}$的利率进行2年投资。为了防止套利机会产生,2年投资收益再投资1年的利率即$F_{2\times 3}$远期利率必须使以下等式成立:

$$(1+Z_{0\times 3})^3 = (1+Z_{0\times 2})^2\times (1+F_{2\times 3})$$

即:　　　　　　　　$1.06^3 = 1.05^2\times (1+F_{2\times 3})$

因此:$F_{2\times 3}$ = 8.03%(每年)

注意,随着时间的延长,远期利率不断提高。这种情况普遍存在。如利率期限

结构所表明的,期限越长,即期利率越高。市场考虑到了利率不断升高的预期。

远期利率与远期利率协议

远期利率必须与利率期货合约和远期利率协议的市场价格相挂钩,否则套利机会就可能产生。因为利率期货合约和远期利率协议可以用于锁定未来一段时间内的借款或贷款利率。例如,假设我们可以安排以下交易(忽略买卖价差和佣金费):

- 借款交易:金额10万美元,借期2年,利率为每年5%的2年期即期利率。
- 存款交易:金额10万美元,存期1年,利率为每年4%的1年期即期利率。
- 买卖交易:出售一份1×2年的远期利率协议,名义本金为10.4万美元,远期利率为每年8%。

存款1年后到期的本息和等于10.4万美元。出售基于这一数额名义本金的远期利率协议的目的是,将第2年再投资的回报率锁定为每年8%。表A.3表明了2年后这一战略为我们带来的收益。

表A.3　　　远期利率协议价格偏离公允水平,导致套利机会产生

(1) 贷款本息 还款额 (美元)	(2) 第1年储蓄 投资收益 (美元)	(3) 再投资 利率 (每年%)	(4) 第2年储蓄 投资收益 (美元)	(5) 远期利率协议 交易的现金 结算额(美元)	(6) 净现金 (美元)
-110 250	104 000	4	108 160	4 160	2 070
-110 250	104 000	6	110 240	2 080	2 070
-110 250	104 000	8	112 320	0	2 070
-110 250	104 000	10	114 400	-2 080	2 070
-110 250	104 000	12	116 480	-4 160	2070

第(1)栏是2年后贷款到期时,根据10万美元贷款额,每年5%的利率和利息每年结算一次这些条件,计算的贷款本息总和。

第(2)栏是按年利率4%和利息每年结算一次的条件,将10万美元存储1年获得的收益。

第(3)栏是将第1年储蓄投资收益再投资1年的几种可能利率水平。

第(4)栏是按第(3)栏中的再投资利率,将第1年储蓄投资收益进行1年再投资获得的收益。

第(5)栏是远期利率协议交易的现金结算额。如果再投资利率为4%，我们将得到交易对方支付的现金补偿，金额为4 160美元；如果再投资利率为12%，我们则必须向交易对方支付4 160美元的现金补偿。

第(6)栏是第(1)、第(4)和第(5)栏对应数值的总和。

第(6)栏表示的净现金始终大于零，无论再投资利率是多少。这表明套利机会存在。对我们来说，售出远期利率为8%的1×2年远期利率协议本应是不可能的。1×2年远期利率协议的公允远期利率是我们前面计算过的$F_{1\times 2}$，即每年6.01%。表A.4假设1×2年远期利率协议的价格是每年6.01%，套利机会消失了。

表 A.4　　　　远期利率协议价格等于公允水平，套利机会消失

(1) 贷款本息还款额 （美元）	(2) 第1年储蓄投资收益 （美元）	(3) 再投资利率 （每年%）	(4) 第2年储蓄投资收益 （美元）	(5) 远期利率协议交易的现金结算额 （美元）	(6) 净现金 （美元）
−110 250	104 000	4	108 160	2 090	0
−110 250	104 000	6	110 240	10	0
−110 250	104 000	8	112 320	−2 070	0
−110 250	104 000	10	114 400	−4 150	0
−110 250	104 000	12	116 480	−6 230	0

远期利率与利率互换

利率互换合约是交易双方签订的，关于定期交换根据不同方法计算的现金流的协议。在标准利率互换合约交易中，交易一方支付的利息按合约中规定的固定利率计算，另一方支付的利息按与LIBOR利率等基准利率相挂钩的浮动利率计算。适用的浮动利率定期重新确定，如每6个月调整一次。利息计算依据的名义本金固定不变。

在下面的讨论中，我们将用到贴现系数这个有用的概念。贴现系数实际上是1美元现值与按即期利率计算的终值的比值。

表A.5展示了根据表A.2中使用的即期利率计算出的贴现系数。1年期即期利率为每年4%，对应的1年期贴现系数为0.96153846(1/1.04)；2年期即期利率为每年5%，对应的2年期贴现系数为0.90702948(1/1.05^2)；依此类推。

表 A.5　　　　　　　　　　即期利率与贴现系数

即期利率	利率值(每年%)	贴现系数	系数值
$Z_{0\times1}$	4.00	$DF_{0\times1}$	0.96153846
$Z_{0\times2}$	5.00	$DF_{0\times2}$	0.90702948
$Z_{0\times3}$	6.00	$DF_{0\times3}$	0.83961928

使用贴现系数的优势之一,是在未来现金流数额已知的情况下,能很快计算出它的现值,即将未来现金流数额与相应贴现系数相乘即可。

接下来,我们将探讨互换利率、贴现系数和远期利率三者之间的关系。假设我们正在考虑签署一张我们作为固定利率支付方的利率互换合约,具体条款如下:

名义本金:1亿美元

合约有效期:3年

固定利率支付方:利息每年终了支付一次

浮动利率支付方:利息每年终了支付一次

利息计算方法:复利计算,利息每年结算一次

初始浮动利率值:每年4%

根据合约条款,我们必须连续3年,于每年年底向另一方支付,在1亿美元名义本金基础上,按固定利率计算的利息。我们的交易对方也必须连续3年,于每年年底向我们支付,在1亿美元名义本金基础上,按浮动利率计算的利息。这里的关键问题在于,为了保持交易的公允性,固定利率应定为多少?

利率互换合约中公允固定利率的计算可以采用以下这一方法:

- 第一步:计算浮动利率支付方未来将支付的现金流数额。

由于我们是浮动利率接收方,因此浮动利率支付方支付的现金流对我们来说是正的。如表A.6所示,浮动利率支付方在第1年年底,应向我们支付400万美元的浮动利息。假设确定的第2年和第3年远期利率分别等于前面计算的$F_{1\times2}$远期利率(每年6.01%)和$F_{2\times3}$远期利率(每年8.03%)。因此,浮动利率支付方在第2年和第3年年底,应分别支付601万美元和803万美元的利息。

表 A.6　　　　　　　　　　浮动利息现金流

年度	名义本金 (百万美元)	浮动利率	利率值(每年%)	浮动利息现金流(百万美元)
1	100	$Z_{0\times1}$	4.00	4.00
2	100	$F_{1\times2}$	6.01	6.01
3	100	$F_{2\times3}$	8.03	8.03

- 第二步:根据即期利率计算这些浮动利息现金流的现值。

为了简化计算过程，我们可以用每笔现金流的数额乘以对应的贴现系数，如表 A.7 所示。

表 A.7　　　　　　　　　　　　浮动利息现金流的现值

年度	名义本金 （百万美元）	浮动利息现金流 （百万美元）	贴现系数	现值 （百万美元）
1	100	4.00	0.96153846	3.85
2	100	6.01	0.90702948	5.45
3	100	8.03	0.83961928	6.74
			总和：	16.04

在等价互换合约交易中，浮动利息和固定利息未来现金流的现值之和等于零。换言之，浮动利息现金流的现值将与固定利息现金流的现值完全抵销。交易双方的预期支付均为零，哪一方都无须向另一方支付利息差额。在我们的例子中，假设我们与交易对方签署的是等价互换合约，我们则需要计算出使固定利息现金流现值总和等于 -1 604 万美元的固定利率。

- 第三步：计算使固定利息现金流现值总和等于浮动利息现金流现值总和的公允固定利率。

在我们的例子中，固定利息现金流是负的，因为我们是固定利率支付方。我们可以根据远期利率和贴现系数计算出这一固定利率。利率值等于以 $DF_{0\times1}$、$DF_{0\times2}$ 和 $DF_{0\times3}$ 这些贴现系数作为权重的 $Z_{0\times1}$ 即期利率、$F_{1\times2}$ 远期利率和 $F_{2\times3}$ 远期利率的加权平均数。

公允固定利率 =
$$\frac{(0.04 \times 0.96153846) + (0.0601 \times 0.90702948) + (0.0803 \times 0.83961928)}{(0.96153846 + 0.90702948 + 0.83961928)}$$
$= 0.0592 = 5.92\%$

如表 A.8 所示，如果固定利率定为 5.92%，每年的固定利息现金流均等于 -592 万美元，固定利息现金流的现值总和等于 -1 604 万美元，刚好抵销浮动利息现金流的现值总和。

表 A.8　　　　　　　　　固定利息现金流及其现值

年度	名义本金 (百万美元)	浮动利息现 金流(百万美元)	贴现系数	现值 (百万美元)
1	100	-5.92	0.96153846	-5.69
2	100	-5.92	0.90702948	-5.37
3	100	-5.92	0.83961928	-4.97
			总和:	-16.04

布莱克—斯科尔斯期权合约定价模型

对于无息股票的欧式看涨期权合约而言,布莱克—斯科尔斯公式是:
$$C = [S \times N(d_1)] - [E \times e^{-rt} \times N(d_2)]$$

其中,C 表示看涨期权合约的价格;S 表示标的股票的即期价格;E 表示期权合约的行使价格;$d_1 = \dfrac{\ln(S/E) + (r \times t) + (\sigma^2 \cdot t/2)}{\sigma \times \sqrt{t}}$;$d_2 = d_1 - (\sigma \times \sqrt{t})$。

d_1 和 d_2 计算公式中的一些参数含义如下:

$N(d)$ 表示标准正态累积分布函数,即平均值为 0,方差为 1 的标准正态分布曲线自变量取 d 时左边的面积。对应的 Excel 软件函数是 NORMSDIST( )。

ln( ) 表示括号中数值的自然对数,底约等于 2.71828。对应的 Excel 软件函数是 LN( )。

σ 表示即期价格年波动率(小数形式)。

t 表示剩余有效期(以年为单位)。

r 表示连续复利利率(小数形式),Excel 软件中的 EXP( ) 函数能进行 e(自然对数的底)的幂运算。

看涨期权合约的价格等于将期权合约交易预期支付贴现至合约购买之时的现值。如公式所表明的,看涨期权合约的价格等于标的股票即期价格(S)与行使价格(E)现值之差,S 和 E 分别经 $N(d_1)$ 和 $N(d_2)$ 这两个因子加权。$N(d_1)$ 是期权合约的 δ 值。$N(d_2)$ 是期权最终被行使的概率。模型在计算现值时,使用的是连续复利利率。

下面,我们利用布莱克—斯科尔斯模型计算包含以下条款看涨期权合约的价格:

期权类型:欧式看涨期权

标的资产:不支付股息的 *XYZ* 股票

标的资产即期价格(S):100 美元

行使价格(E) = 100 美元
剩余有效期(t) = 0.25 年
标的资产即期价格波动率(σ) = 20% = 0.2
年利率(r) = 5% = 0.05
期权合约价格公式中用到的参数计算如下：
LN(100/100) = 0.00
d_1 = 0.1750
d_2 = 0.0750
NORMSIDST(0.1750) = 0.56946
NORMSIDST(0.0750) = 0.52989
100 × EXP(-0.05 × 0.25) = 98.7578(美元)
看涨期权合约的价格(C) = (100 × 0.56946) - (98.7578 × 0.52989) = 4.615(美元)

基于不支付股息股票的欧式看跌期权合约的价格(P)公式为：

$$P = [E \times e^{-rt} \times N(-d_2)] - [S \times N(-d_1)]$$

布莱克—斯科尔斯定价模型也可以用于计算基于付息股票欧式看涨和看跌期权合约的价格。下列计算公式假设，期权合约的标的股票是持续付息股票。以下公式也通常用于股票指数和货币期权合约的定价。

$$C = [S \times e^{-qt} \times N(d_1)] - [E \times e^{-rt} \times N(d_2)]$$
$$P = [E \times e^{-rt} \times N(-d_2)] - [S \times e^{-qt} \times N(-d_1)]$$

其中，C 表示看涨期权合约的价格；P 表示看跌期权合约的价格；q 表示小数形式的标的股票连续股息收益率；

$$d_1 = \frac{\ln(S/E) + [(r-q) \times t] + (\sigma^2 \times t/2)}{\sigma \times \sqrt{t}}; d_2 = d_1 - (\sigma \times \sqrt{t})。$$

当我们利用这一模型计算货币期权合约的价格时，代入公式中的数值含义将发生变化。例如，如果我们需要计算一张英镑看涨/美元看跌期权合约的价格，这张合约赋予了买方用固定数额的美元购买英镑的权利，S 将变为英镑兑美元的即期汇率；σ 将变为即期汇率的波动率；q 则变为英镑利率，期权合约买方通过行使期权将获得货币的回报率；r 则变为美元利率，买方通过行使期权将出售货币而获得的回报率。

历史波动率

资产价格历史波动率的衡量指标是，过去某段历史时期内，资产投资回报率的标准差。回报率是通过自然对数运算计算出的,对应的 Excel 软件函数是 LN( )。使用自然对数,而不是简单的价格变动率的好处是,价格变动率是附加的。若使用价格变动率,价格变动率则不是附加的。例如,假设某只股票当前的价格为 100 美元,股价在跌至 95 美元后又涨到 104 美元。

$$\ln(95/100) = -5.1293\%$$

$$\ln(104/95) = 9.0514\%$$

所以:$\ln(95/100) + \ln(104/95) = 3.9221\%$

$$\ln(104/100) = 3.9221\%$$

如果我们使用价格变动率,股价从 100 美元跌至 95 美元的变动率为 -5%,股价从 95 美元涨至 104 美元的变动率为 9.4737%。变动率之和不等于 4%,即股价从最初的 100 美元涨至 104 美元的变动率。表 A.9 给出了使用自然对数计算历史波动率的步骤。标的股票价格在第 0 天的初始水平为 500 美元。第(2)栏是股票在随后 10 个交易日(时间跨度为 2 个日历周)的收盘价。第(3)栏是股价变动率。例如,股价在第 0 天和第 1 天之间的变动率为 1.59% [ln(508/500)]。股价每日平均变动率为 + 0.22%。第(4)栏表示,股价每日波动率偏离平均水平的程度。例如,1.59% 与 0.22% 的平均值偏离了 1.37%。第(5)栏计算了前一栏偏离度数值的平方,所有偏离度的平方和等于 0.33%。

表 A.9　　　　　　　　历史波动率的计算步骤

(1) 交易日	(2) 股价(美元)	(3) 股价变动率(%)	(4) 偏离率(%)	(5) 偏离率的平方(%)
0	500			
1	508	1.59	1.37	0.02
2	492	-3.20	-3.42	0.12
3	498	1.21	0.99	0.01
4	489	-1.82	-2.04	0.04
5	502	2.62	2.41	0.06
6	507	0.99	0.77	0.01
7	500	-1.39	-1.61	0.03
8	502	0.40	0.18	0.00
9	499	-0.60	-0.82	0.01
10	511	2.38	2.16	0.05
		平均值 = 0.22		总和 = 0.33

样本方差是衡量样本一系列观察值偏离平均值或中值程度的统计指标。在表 A.9 中,我们使用了表示股价 2 个日历周内变动率的 10 个观察值。该样本方差的计算如下:

方差 σ^2 = 偏差率的平方和/（观察值数量 -1）

$$= 0.33\%/9 = 0.0033/9 = 0.000367 = 0.0367\%$$

分母取观察值数量减 1 的原因是，我们使用的是一个样本，一个容量相对很小的样本。历史变动率的定义是，股票回报率的标准差。标准差等于方差的平方根：

$$标准差(\sigma) = \sqrt{方差} = \sqrt{0.000367} = 0.0192 = 1.92\%$$

1.92% 实际上是股票回报率的日历史波动率。历史波动率通常表示为以整年为基础的形式。假设 1 年中有 252 个交易日，年历史波动率就等于日历史波动率与 252 平方根的乘积：

$$年历史波动率 = 日历史波动率 \times \sqrt{全年交易天数}$$
$$= 1.92\% \times \sqrt{252} = 30.4\%（每年）$$

从直觉上看，年历史波动率远远小于日历史波动率与全年交易天数乘积的原因是，假设股价的波动是随机的。一年中，股价由于受到改变合约预期支付的新信息的影响而不断上下波动。这在一定程度上缓和了股价在较短时间内的剧烈波动。

参考文献

[1] "场外金融衍生产品市场监管问题研究"课题组:《场外金融衍生产品市场监管国际经验与中国实践》,中国金融出版社 2009 年版。

[2] 安瑛晖、张维:《期权博弈理论的方法模型分析与发展》,《管理科学学报》,2001 年第 1 期。

[3] 常清主编:《期货、期权与金融衍生品概论》,教育科学出版社 2009 年版。

[4] 陈荣达:《基于 Delta – Gamma – Theta 模型的外汇期权风险度量》,《系统工程理论与实践》,2005 年第 7 期。

[5] 陈蓉、郑振龙:《无偏估计、价格发现与期货市场效率——期货与现货价格关系》,《系统工程理论与实践》,2008 年第 8 期。

[6] 陈欣:《衍生金融监管模式国际比较与借鉴》,《商业时代》,2005 年第 8 期。

[7] 陈信华:《金融衍生工具:定价原理与实际运用》,上海财经大学出版社 2009 年版。

[8] 陈勇、叶茂:《二元树形结构法定价期权的技巧》,《深圳大学学报(理工版)》,2006 年第 4 期。

[9] 迟国泰、余方平、李洪江、刘轶芳、王玉刚:《单个期货合约市场风险 VAR-GARCH 评估模型及其应用研究》,《大连理工大学学报》,2006 年第 1 期。

[10] 代兴:《GARCH 模型在 VAR 分析中的应用研究:基于上证指数的实例分析》,中国人民大学 2009 年硕士论文。

[11] 段丽平:《对外汇远期选择 VAR 计算方法的应用研究》,西南财经大学 2007 年硕士论文。

[12] 范从来、王宇伟等:《公司金融研究》,商务印书馆 2006 年版。

[13] 费利穆·鲍意尔、费德利·鲍意尔著,加拿大中国金融协会译:《金融衍生产品:改变现代金融的利器》,中国金融出版社 2006 年版。

[14] 傅德伟:《随机二叉树期权定价模型及模拟分析》,厦门大学 2008 年博士论文。

[15] 高扬、梁进:《连续支付美式分期付款期权的计算》,《哈尔滨工程大学学报》,2008 年第 12 期。

[16] 耿建新主编:《商品期货与衍生金融工具会计》,西南财经大学出版社1998年版。

[17] 古铃:《机构投资者和股价波动的实证研究》,西南财经大学2008年硕士论文。

[18] 郭丽虹、王安兴编著:《公司金融学》,上海财经大学出版社2008年版。

[19] 韩复龄主编:《外汇交易工具与避险操作》,中国时代经济出版社2006年版。

[20] 何靖:《中国上市公司债务期限结构研究》,湖南大学2008年博士论文。

[21] 何晓光:《期权定价理论的发展与应用》,《经济论坛》,2009年第9期。

[22] 赫什·舍夫林著,郑晓蕾译:《行为公司金融:创造价值的决策》,中国人民大学出版社2007年版。

[23] 华佳:《中国权证价格和股票价格间线性与非线性Granger因果关系分析》,厦门大学2008年硕士论文。

[24] 黄国安、邓国和:《随机波动率下跳扩散模型的远期生效期权》,《广西师范大学学报(自然科学版)》,2009年第3期。

[25] 黄河等编著:《互换交易》,武汉大学出版社2005年版。

[26] 黄颖利:《衍生金融工具风险信息实时披露与预警研究》,东北林业大学出版社2006年版。

[27] 贾炜莹、兰凤云、陈宝峰:《衍生工具运用对上市公司风险影响的实证研究》,《会计之友》,2009年第22期。

[28] 姜宝军:《衍生金融工具的价格风险、收益及其非对称性研究》,中国人民大学1998年博士论文。

[29] 姜礼尚:《期权定价的数学模型和方法》,高等教育出版社2008年版。

[30] 姜礼尚等:《金融衍生产品定价的数学模型与案例分析》,高等教育出版社2008年版。

[31] 寇日明等编著:《掉期理论与实务》,湖南科学技术出版社1997年版。

[32] 冷刚:《金融工具与套期会计研究:基于风险管理的视角》,财政部财政科学研究所2006年博士论文。

[33] 李畅:《结构性金融衍生产品定价研究》,经济科学出版社2008年版。

[34] 李兰军:《衍生金融工具的确认与计量》,《河南科技学院学报(自然科学版)》,2009年第1期。

[35] 李念祖编著:《外汇交易原理与实务》,立信会计出版社2002年版。

[36] 李小平、冯芸、吴冲锋:《远期汇率的异常波动与波动期限结构》,《系统工程理论与实践》,2009年第12期。

[37] 李艳:《衍生金融工具会计与风险控制》,兰州大学出版社2009年版。

[38] 连大祥:《论掉期有效性衡量指标的运用》,《上海金融学院学报》,2005年第1期。

[39] 梁缤尹、姜纯成:《期权定价模型的非金融衍生因素分析》,《系统工程》,2005年第7期。

[40] 林清泉主编:《金融工程》,中国人民大学出版社2009年版。

[41] 林孝贵:《期货套期保值C VaR风险的敏感度分析》,《数学的实践与认识》,2009年第4期。

[42] 刘超:《中外期货期权交易理论与实务》,天津大学出版社2009年版。

[43] 刘凡永:《外汇期权定价模型研究》,华南理工大学2007年博士论文。

[44] 卢文莹编著:《利率期货与期权》,复旦大学出版社2008年版。

[45] 陆新之、瑞邦金融专业团队合著:《决胜华尔街:北美股票和期权的策略与案例》,湖南人民出版社2009年版。

[46] 吕若彬:《商业银行衍生金融工具会计信息披露研究》,北京师范大学2007年博士论文。

[47] 马瑾、曹廷贵:《商品期货风险溢价与市场结构》,《西南民族大学学报(人文社科版)》,2008年第3期。

[48] 马俊海、张维、刘凤琴、熊熊:《金融衍生证券定价中蒙特卡罗模拟技术的改进》,《天津大学学报》,2000年第4期。

[49] [美]Salih N. Neftci著,陈典发译:《金融工程原理》,人民邮电出版社2009年版。

[50] [美]Salih N. Neftci著,朱波译:《金融衍生工具中的数学》,西南财经大学出版社2008年版。

[51] [美]Steven Roman著,邓欣雨译:《金融数学引论:从风险管理到期权定价》,科学出版社2008年版。

[52] [美]盖伊·科恩著,张莹译:《期权策略》,机械工业出版社2007年版。

[53] [美]杰姆斯·B.比德曼著,陈建瑜等译:《股票期权交易:股票投资者如何运用期权来提高和保护投资收益》,中国财政经济出版社2008年版。

[54] [美]杰姆斯·B.比德曼著,傅德伟译:《股指期权交易》,中国财政经济出版社2008年版。

[55] [美]劳伦斯G.麦克米伦著,郑学勤、朱玉辰译:《麦克米伦谈期权》,机械工业出版社2008年版。

[56] [美]唐·M.钱斯著,郑磊译:《衍生金融工具与风险管理》,中信出版社2004年版。

[57] 佩里·H.博蒙特著,杨丰、张建龙、荣祺等译:《金融工程》,中国人民大学出

版社 2007 年版。
[58] 彭斌:《期权定价与应用有关问题研究》,厦门大学 2008 年博士后报告。
[59] 彭红枫主编:《衍生金融工具实验教程》,武汉大学出版社 2008 年版。
[60] 曲锴:《基于市场微观结构理论的远期汇率决定研究》,武汉大学 2007 年博士论文。
[61] 任学敏、李少华:《期货与期权的组合在套期保值策略中的应用》,《同济大学学报(自然科学版)》,2002 年第 6 期。
[62] 沈庆劼:《金融衍生产品定价的数值方法研究》,《华北金融》,2009 年第 8 期。
[63] 石榴红主编:《期货与期权交易——理论和实务》,科学出版社 2009 年版。
[64] 舒苏平、程呈主编:《期货与期权交易》,经济科学出版社 2009 年版。
[65] 苏树军、鄢杰:《衍生金融交易风险的识别、评估与控制》,《新疆财经》,2002 年第 3 期。
[66] 孙良、张俊国、潘德惠:《金融衍生证券定价理论进展评述》,《东北大学学报(自然科学版)》,1998 年第 5 期。
[67] 孙鹏:《金融衍生产品中美式与亚式期权定价问题的数值方法研究》,山东大学 2007 年博士论文。
[68] 田政主编:《系统的外汇交易解析》,中国建材工业出版社 2004 年版。
[69] 托马斯·S. Y. 霍、李尚斌著,蔡明超、张健、季俊哲译:《金融建模:应用于资本市场、公司金融、风险管理与金融机构》,上海财经大学出版社 2007 年版。
[70] 汪昌云编著:《金融衍生工具》,中国人民大学出版社 2009 年版。
[71] 王超:《从国际外汇衍生品市场变迁看我国外汇远期市场的构建》,北京工商大学 2005 年硕士论文。
[72] 王鸿齐:《企业资本结构的国际比较与我国上市公司资本结构的研究》,中国人民大学 2008 年博士论文。
[73] 王加胜:《西方行为金融理论述评》,《山东社会科学》,2009 年第 5 期。
[74] 邬瑜骏、黄丽清、汤震宇编著:《金融衍生产品:衍生金融工具理论与应用》,清华大学出版社 2007 年版。
[75] 邬瑜骏主编:《现代金融风险管理:衍生金融工具的使用与风险管理技术的应用》,南京大学出版社 2007 年版。
[76] 吴海峰:《国外最新期权交易方式及技巧:期权专业交易实证分析》,中国商业出版社 2007 年版。
[77] 吴争程:《论金融衍生工具定价思想及技术》,《大众科技》,2005 年第 5 期。
[78] 向文彬、向开理:《蒙特卡罗模拟方法在期权定价中的应用》,《西南金融》,2008 年第 5 期。

[79] 肖文编著:《远期利率协议》,武汉大学出版社 2004 年版。
[80] 谢赤:《随机利率条件下的货币期货期权的估值》,《湖南大学学报(自然科学版)》,2002 年第 5 期。
[81] 徐剑刚、唐国兴:《期货波动与交易量和市场深度关系的实证研究》,《管理科学学报》,2006 年第 2 期。
[82] 徐林:《我国股市与债市(国债)相关性研究》,西南财经大学 2006 年博士论文。
[83] 杨春鹏、吴冲锋、吴国富:《实物期权中放弃期权与增长期权的相互影响研究》,《系统工程理论与实践》,2005 年第 1 期。
[84] 杨海珍、鄢宏亮:《股指期货跨期套利交易保证金设置方法的比较》,《系统工程理论与实践》,2008 年第 8 期。
[85] 姚铮:《证券与期货》,清华大学出版社 2008 年版。
[86] 叶永刚、黄河:《衍生金融工具的发展、演变及其动因分析》,《武汉大学学报(哲学社会科学版)》,2004 年第 2 期。
[87] 叶永刚、黄志坚等编著:《外汇期权》,武汉大学出版社 2004 年版。
[88] 叶永刚等编著:《股票价格指数期货》,武汉大学出版社 2004 年版。
[89] 叶永刚主编:《衍生金融工具》,中国金融出版社 2004 年版。
[90] 于延超:《股指期权:合约设计与运作模式》,中国财政经济出版社 2007 年版。
[91] [英]菲尔·亨特、朱尼·肯尼迪著,朱波译:《金融衍生工具理论与实践》,南财经大学出版社 2007 年版。
[92] [英]汉斯-皮特·多伊奇著,何瑛、范力、沙金译:《金融衍生工具与内部模型》,经济管理出版社 2009 年版。
[93] 约翰·赫尔著,张陶伟译:《期权、期货及其他衍生产品》,人民邮电出版社 2009 年版。
[94] 曾勇等:《不确定条件下技术创新投资决策:实物期权模型及应用》,科学出版社 2007 年版。
[95] 张国永:《衍生金融工具会计信息披露问题研究》,哈尔滨工业大学 2007 年博士论文。
[96] 张景华:《行为金融视野下的资本结构研究》,《上海金融学院学报》,2006 年第 1 期。
[97] 张卫国、肖炜麟、徐维军、张惜丽:《分数布朗运动下欧式汇率期权的定价》,《系统工程理论与实践》,2009 年第 6 期。
[98] 张屹山主编:《金融衍生证券理论与实务》,经济科学出版社 2007 年版。
[99] 张宗成、王骏:《基于 VAR 模型的硬麦期货价格发现研究》,《华中科技大学学

报(自然科学版)》,2005年第7期。
[100] 赵胜民主编:《衍生金融工具定价》,中国财政经济出版社2008年版。
[101] 赵旸:《金融工具信息披露影响因素及质量与风险识别研究》,对外经济贸易大学2008年博士论文。
[102] 郑振龙、张雯:《各国衍生金融市场监管比较研究》,中国金融出版社2003年版。
[103] 中国金融期货交易所编:《股指期货应用策略与风险控制:首届金融期货与期权研究征文大赛获奖论文选编》,中国金融出版社2009年版。
[104] 周建胜、蔡幸:《现代金融衍生工具前沿》,广西民族出版社2007年版。
[105] 周娟、韩立岩:《基于外汇期货期权的隐含风险中性概率的复原与市场情绪》,《系统工程理论与实践》,2008年第8期。
[106] 周子康、陈芬菲、张强劲:《国债期货中的最便宜交割债券分析》,《中国管理科学》,2008年第2期。
[107] 朱健卫:《衍生金融:市场、产品与模型》,南开大学出版社2009年版。
[108] 朱新春:《商业银行开展外币掉期业务的困难与对策》,《新金融》,2006年第8期。
[109] 朱堰徽等编著:《股票期货》,武汉大学出版社2005年版。
[110] 朱叶编著:《公司金融》,北京大学出版社2009年版。
[111] 祝敏毅、白钦先:《金融衍生产品风险的价值认识》,中国金融出版社2009年版。